Katharina Pommer

Nicht mein Zirkus, nicht meine Affen

KATHARINA POMMER

Nicht mein ZIRKUS, *nicht meine* AFFEN

WIE DU LERNST, DICH NICHT MEHR FÜR ALLES VERANTWORTLICH ZU FÜHLEN

GOLDEGG

Rechte Umschlag: Kathrin Steigerwald, Hamburg unter Verwendung von Motiven Adobe Stock/ONYXprj
Rechte Autorinnenfoto: Alexander Gigele

Der Verlag und seine Autor:innen sind für Reaktionen, Hinweise oder Meinungen dankbar. Bitte wenden Sie sich diesbezüglich an verlag@goldegg-verlag.com.

Der Goldegg Verlag achtet bei seinen Büchern und Magazinen auf nachhaltiges Produzieren. Goldegg-Bücher sind umweltfreundlich produziert und orientieren sich in Materialien, Herstellungsorten, Arbeitsbedingungen und Produktionsformen an den Bedürfnissen von Gesellschaft und Umwelt.

ISBN: 978-3-99060398-7

Unter den Linden 21 • D-10117 Berlin
Telefon: +49 800 505 43 76-0

Goldegg Verlag GmbH, Österreich
Mommsengasse 4/2 • A-1040 Wien
Telefon: +43 1 505 43 76-0

E-Mail: office@goldegg-verlag.com
www.goldegg-verlag.com

Layout, Satz und Herstellung: Goldegg Verlag GmbH, Wien
Printed in the EU

Inhaltsverzeichnis

Willkommen im Zirkus des Lebens: Dompteurin, Zirkusdirektorin, Artistin – alles deine Jobs?

An all diejenigen da draußen, die in einem wahrhaftigen Jonglierakt des Lebens gefangen sind, an diejenigen, die unermüdlich versuchen, die Erwartungen anderer zu erfüllen, an diejenigen, die ständig mit einem Lächeln auf den Lippen auftreten, auch wenn es im Inneren schmerzt, und an diejenigen, die von schlechtem Gewissen geplagt sind, obgleich sie bereit sind, alles für andere zu geben – dieses Buch ist für dich.

In der heutigen hektischen Welt fühlen wir uns manchmal wie Artistinnen in der Zirkusmanege des Lebens. Wir jonglieren mit den Bällen der beruflichen Anforderungen, den Höhen und Tiefen unserer persönlichen Beziehungen, den fliegenden Tellern sozialer Verpflichtungen und den schwer fassbaren Diabolos unserer individuellen Ziele. Es ist, als ob wir versuchen würden, gleichzeitig eine Pizza zu backen, einen Marathon zu laufen, mit unserer Katze zu schmusen und die neuesten Nachrichten zu verfolgen – während wir auf einem Bein balancieren. Wie realistisch ist es, all diese Bälle gleichzeitig in der Luft zu halten und dabei noch eine gute Figur zu machen? Gerade wir Frauen sind Weltmeisterinnen im »Uns-Kümmern« – sogar, wenn wir es gar nicht müssten. Wir fühlen uns zuständig und verantwortlich, bekommen verschiedene Zuständigkeiten unterschwellig zugeschoben und touchieren dabei oft die Grenzen der Belastbarkeit.

Frauen zerbrechen sich den Kopf über Ernährung, Arzttermine, Stundenpläne der Kinder und ihre Freizeitgestaltung, organisieren Feste, pflegen Angehörige, springen ein, wenn jemand Hilfe braucht, bekommen im Büro

Aufgaben, für die sie »als Frauen« besonders prädestiniert seien, zugewiesen und engagieren sich in Vereinen oder wohltätiger Arbeit. Gehörst du dazu? Zeigst du von selbst auf, wenn Unterstützung nötig wird? Sogar die Pflege des innigst gewünschten und heiß geliebten Familienhundes bleibt im Alltag oft an den Frauen hängen. Social Media sind voll mit Profilen mit Frauen, die das alles scheinbar mühelos gewuppt bekommen, und es drängt sich der Gedanke auf, ob wir uns in Klischees und Rollenbildern langsam wieder an die 1950er-Jahre annähern. Laut zahlreichen Studien gibt etwa jede dritte (!) Frau im deutschsprachigen Raum an, dass gesellschaftliche Erwartungen, Vereinbarkeit von Familie und Beruf, zu hohe Arbeitsanforderungen sowie mangelnde Unterstützung zu Stress und Erschöpfung führen. Das ist aber noch nicht alles: Eine Untersuchung von Statista zeigte sogar, dass 44 % der berufstätigen Frauen an Burn-out, Mental Overload (mentale Überlastung) oder anderen psychischen Gesundheitsproblemen leiden oder darunter gelitten haben. Das entspringt jedoch nicht einer Laune der neuen Generation von Frauen, die im Gegensatz zu früher, wie häufig argumentiert, keine Belastungen mehr gewohnt sind. Vielmehr spiegeln diese Zahlen wider, dass Frauen zunehmend überlastet sind, und das darf bitte nicht länger als individuelles Versagen abgestempelt werden.

Nach diesem kurzen Schock drängt sich womöglich die große Frage auf: *Wie?* Wie soll es gehen, besser für sich einzustehen, gesunde und notwendige Grenzen zu ziehen, aus Stereotypen auszutreten und dabei den eigenen Werten treu zu bleiben, ohne andere vor den Kopf zu stoßen? Du erlebst dich als gutherzig und möchtest anderen gerne helfen, du möchtest auf keinen Fall als egoistisch gelten, aber du bist erschöpft und spürst tief in dir, dass es nun an der Zeit ist, dir selbst zu helfen.

Vielleicht hast du Sorge, nicht mehr so beliebt zu sein, wenn du den Wünschen der anderen nicht nachkommst?

Vielleicht hast du Sorge, als egozentrischer Mensch abgestempelt zu werden, sobald du besser auf dich achtest?

Vielleicht hast du aber auch Sorge, bei anderen anzuecken und Konflikte austragen zu müssen, weil dein Umfeld ein Nein nicht akzeptieren würde?

Du kennst vielleicht die Situation, dass du zwar vorhast, mehr auf dich zu achten, aber im Alltag Schwierigkeiten hast, dich abzugrenzen? Du sagst immer noch zu oft Ja, obwohl du eigentlich Nein sagen wolltest, oder du leidest unter einem Gefühl der Schuld, wenn du dir selbst Priorität einräumen möchtest, und versuchst, endlich zu verstehen, warum das so ist?

Vielleicht hast du, weil es gar nicht so einfach ist, für dich selbst einzustehen, sogar den ein oder anderen Traum aufgegeben, den du dir selbst erfüllen wolltest, nur um jemand anders den Vortritt zu lassen, aber du denkst dir still und leise: *»Wann bin ich denn endlich dran?«*

Vielleicht liegst du abends völlig erschöpft im Bett und wälzt die To-do-Liste deiner Familie, deines Arbeitgebers oder deines Vereins und fühlst dich unendlich ausgelaugt. Du bist Dompteurin, Artistin und Direktorin – nicht nur für deinen eigenen Zirkus und deine eigenen Affen, sondern auch für den Zirkus und die Affen deines Umfeldes –, aber du fragst dich: *»Warum mache ich das eigentlich alles?«*

Der Preis, den du dafür zahlst, die Bedürfnisse anderer über deine eigenen zu stellen, deren Belange zu managen und Probleme zu lösen, ist auch für dich persönlich mittlerweile zu hoch geworden. Du fühlst dich zunehmend kraftlos, abgekämpft und irgendwie *»wie der Depp vom Dienst«*. Denn die Bereitschaft, für andere da zu sein, wird heutzutage nicht selten ausgenutzt. Menschen, die scheinbar riechen können, wen sie für ihre Aufgaben vor den Karren spannen können, gibt es mindestens genauso häufig wie jene, die sich davorspannen lassen. Langsam, aber sicher erkennst du, dass dieses ständige Jasagen und Dich-selbst-hinten-Anstellen dein eigenes Wohlbefinden gefährdet und damit bist du, wie du gerade erfahren hast, nicht allein.

Womöglich ist jetzt der Punkt gekommen, an dem auch du nach gangbaren Wegen suchen musst, besser auf dich zu achten und »dein Ding« durchzuziehen, ohne dabei die wichtigsten Beziehungen und Werte in deinem Leben zu riskieren oder gleich die gesamte Lebensplanung auf den Kopf zu stellen. Gerade in einer Welt, in der die Anforderungen und Erwartungen anderer oft überwältigend sind, Burn-out und Mental Overload, aber auch toxische Beziehungen mittlerweile alltäglich geworden sind, ist es an der Zeit, die Kontrolle über dein Leben zurückzugewinnen! Wie gut, dass wir einander begegnet sind und du dieses Buch, gefüllt mit meinem Erfahrungsschatz als angewandte Psychologin, Mama von fünf Kindern und Tochter einer Landwirtsfamilie (wo es üblich war, von klein auf mitzuarbeiten), in deinen Händen hältst. Denn ich kann dir direkt mitteilen: All diese Gefühle kenne auch ich persönlich und von den unzähligen Erfahrungsberichten all jener Frauen, mit denen ich in den vergangenen knapp 20 Jahren in meiner Praxis arbeiten durfte. Du bist demnach wirklich nicht alleine, auch wenn es sich für dich womöglich so anfühlt! Gerade wenn wir uns auf Social Media umsehen, sehen wir unzählige Frauen, in deren Leben alles zu funktionieren scheint, wodurch sich die Frage aufdrängt, ob mit uns selbst etwas womöglich nicht stimmt. Ich möchte dich direkt zu Beginn des Buches beruhigen.

> ***Das Einzige, was hier nicht stimmt, ist die Art und Weise, wie die Bewältigung des Alltags auf den sozialen Netzwerken dargestellt wird.***

Gemeinsam werden wir möglichen Ursachen und hinderlichen Verhaltensmustern auf den Grund gehen, sodass es dir gelingt, dich selbst besser zu verstehen, aber auch Schritt für Schritt zu lernen, gesunde Grenzen zu setzen, deine Bedürfnisse wahrzunehmen und klar zu kommunizieren. Denn das Letzte, was wir gebrauchen können, ist eine Portion Schuldgefühle, wenn es darum geht, notwendige Selbstfürsorge zu betreiben.

Übrigens spreche ich dich bewusst in der Du-Form an, das ich dir auch im realen Leben anbieten würde. Damit möchte ich deine persönlichen Grenzen nicht überschreiten, aber da du beim Lesen weder meine Stimme noch meinen Tonfall hörst, fällt es mir so leichter, miteinander in Resonanz zu gehen. Es sind sehr private Themen, die ich mit dir besprechen möchte.

Direkt zu Beginn lade ich dich deshalb auf eine kleine Gedankenreise ein und bitte dich, wahrzunehmen, was diese kleine Reise in dir auslöst: Stell dir vor, dein älteres Ich steht vor dir. Sagen wir, es ist zehn oder 15 Jahre älter als du. Dein Karmakonto ist gefüllt, du musst also nichts mehr »in Ordnung bringen«, weil alles genau so, wie es ist, gut ist. Die Menschen um dich herum achten aufeinander, niemand lebt im Soll, und jeder hat einen Platz an deinem Tisch – ohne etwas Besonderes dafür zu tun oder zu sein. Auch du selbst. Stell dir vor, in deinem Umfeld wohnt das Herz auf der Zunge, jeder sagt, was er braucht, und die anderen hören zu. Du nimmst dich und die anderen nehmen sich ernst. Keine Gefühle werden unterdrückt oder runtergespielt. Wie fühlt sich dein älteres Ich in dieser Umgebung? Wie würde es sich anfühlen, ernst genommen zu werden und feinfühlig miteinander zu agieren?

Es geht eben nicht darum, zu lernen, sich für alles verantwortlich zu fühlen, sondern für das Wesentliche. Und für diejenigen, die in deinem Leben wirklich zählen. Es geht darum, dass du deine Energie und deinen Fokus, deine

Liebe und deine Leidenschaft genau dort einbringst, wo es wirklich zählt.

Du meinst vielleicht, diese Vorstellung ist eine Utopie, vielleicht ist es aber einfach eine Art neue Heimat, die du nach der Lektüre dieses Buches in der Lage bist zu erbauen? Vielleicht fühlt es sich so an, als wäre dieses Bild weit entfernt, aber du wirst beim Lesen dieses Buches feststellen, dass es Brücken gibt, die dich dorthin führen können. Ich lade dich dazu ein, dich darauf einzulassen, um herauszufinden, wie es sich anfühlen würde, eine Person zu sein, die über Bedürfnisse sprechen und sich gesund abgrenzen kann und trotzdem die eigenen Werte nicht verraten muss. Eine Person, die nicht nur funktioniert, sondern mit ihrem Leben aufrichtig zufrieden ist. Das ist eine Vision, die dir zusteht.

> ***Du hast so viel gegeben und getan,***
> ***du darfst auch ernten.***

Nun werden wir gemeinsam Schritt für Schritt erkunden, wie dir das gelingen kann.

Kapitel 1

HEREINSPAZIERT, MEINE DAMEN UND HERREN!

Wir leben heute in einer Gesellschaft, die vieles von uns fordert – uns häufig sogar überfordert. Von allen Seiten prasseln Wünsche, Anforderungen und Dringlichkeiten auf uns ein. Die permanente Erreichbarkeit durch Smartphones und die Digitalisierung haben unser Leben tiefgreifend verändert und die Informationsflut massiv erhöht: Laut einer Schätzung der University of Southern California produziert die Welt heute jeden Tag etwa 2,5 *Trillionen* Bytes an Daten. Diese immense Datenmenge, die ständige Verfügbarkeit von Informationen und ununterbrochene Kommunikation erzeugen Druck, sofort zu reagieren und immer auf dem neuesten Stand zu bleiben. Dabei ist unser Gehirn nicht dafür ausgelegt, so viele Informationen gleichzeitig zu verarbeiten. Die Auswirkungen dieser andauernden Reizüberflutung und des dadurch erhöhten Stressniveaus sind erheblich, dazu gehören Schlafstörungen, Erschöpfungszustände, ein Gefühl der Überforderung, Konzentrationsstörungen, Herz-Kreislauf-Erkrankungen, Burn-out und Depressionen. Hinter diesen stressbedingten Gesundheitsproblemen stehen aber auch tiefgreifende gesellschaftliche Veränderungen. Die Globalisierung und der Wettbewerb auf dem Arbeitsmarkt erhöhen den Druck auf die Arbeitnehmerinnen und Arbeiter, immer produktiver zu sein. Gleichzeitig ist eine klare Trennung zwischen Arbeitszeit und Freizeit durch die Digitalisierung nicht mehr gegeben, so arbeiten viele Menschen auch außerhalb der regulären Arbeitszeiten und haben Schwierigkeiten, abzuschalten. Die steigenden wirtschaftlichen Herausforderungen und die weltweit politisch sehr angespannte Situation tun ihr Übriges dazu.

Künstliche Intelligenz (KI) – für die einen ist sie die Zukunftshoffnung, die Daten- und Informationsflut endlich in den Griff zu bekommen, für die anderen ist sie die Horrorvision, nicht mehr gebraucht zu werden. In jedem Fall ist KI zweifelsfrei der größte anstehende Wandel in der Menschheitsgeschichte. Wir werden in den nächsten Jahren erleben, wie KI repetitive Aufgaben übernimmt, aber auch, wie neue Berufsfelder entstehen und die Bildungslandschaft verändert wird. Das alles erfordert neue Kompetenzen und wird uns vor völlig neue Herausforderungen stellen. Jede und jeder von uns wird beispielsweise seinen eigenen KI-Assistenten haben, der über das Weltwissen verfügt und den wir nach und nach im Laufe unseres Lebens mit unseren ganz persönlichen Daten füttern. Er wird deine Aufgabenbereiche kennen, die Termine in deinem Kalender so optimiert planen, dass sichergestellt ist, dass nicht nur die Deadlines für dringende Aufgaben eingehalten werden, sondern dir auch mehr Zeit für Pausen bleibt, und dadurch entscheidend Einfluss auf deine berufliche Karriere und auf private Lebensbereiche nehmen. Doch die KI ist am Ende nur so schlau wie die Qualität ihrer Daten und Informationen. Der menschliche Faktor wird also bis auf Weiteres eine wesentliche Rolle spielen, damit die Effizienzsteigerung überhaupt stattfinden kann. Um diese wertvollen Hilfsmittel, die zukünftig in sämtlichen Lebensbereichen eine hohe Relevanz haben werden, effektiv und in deinem Sinne einsetzen zu können, brauchst du die in diesem Buch beschriebenen Kompetenzen. Genauso wie du eine KI trainieren müsstest, musst du auch deine menschlichen Fähigkeiten trainieren, um die Zukunftstechnologien für dich nutzbar zu machen.

Manchmal können wir uns bei all dem technischen Fortschritt wie auf einem Jahrmarkt fühlen, in dessen Mitte als Hauptattraktion das Zirkuszelt mit seiner unvergleichlichen Show steht. Dieses Zirkuszelt bist du, du bist der Mittelpunkt, um den sich alles dreht, und du bist, weil du ein fürsorglicher Mensch bist, auch bereit, für alles um dich herum die Verantwortung zu übernehmen. So kümmerst du dich neben deinen allabendlichen Vorstellungen auch noch um die Schießbude, das Spiegelkabinett, die Hochschaubahn und das Riesenrad. Du kämpfst dich durchs Gewusel und Gelächter der Jahrmarktsbesucher und versuchst, an allen Ecken und Enden auszuhelfen, wenn Not am Mann ist. Ohne dich würde ja nichts funktionieren! Aber – ehrlich gesagt – wie geht es dir damit? Wünschst du dir nicht ein Leben, in dem das wilde Treiben nicht mehr dein Leben dominiert?

Die Kunst des Neinsagens und der gesunden Abgrenzung

Eines der mächtigsten Worte in unserer Sprache ist zweifellos »Nein«. Es besteht lediglich aus vier Buchstaben, hat aber die Kraft, Rosenkriege, Konflikte, Gewalt, Übergriffe, ja sogar Kriege zu verhindern. Menschen, die Schwierigkeiten haben, dieses Wort in den Mund zu nehmen und zur richtigen Zeit einzusetzen, erleben, so zeigen es unzählige wissenschaftliche Untersuchungen und Erfahrungsberichte, häufig Stress, Angst- und Erschöpfungszustände. Diese Probleme entstehen durch Überforderung und zu viel übernommener Verantwortung, was letztlich zu Burn-out führen kann. Trotz dieser Tatsachen mutierten diese vier Buchstaben für viele zum Unwort des Lebens, selbst wenn es darum geht, die eigenen Bedürfnisse und Grenzen zu verteidigen. Warum ist das so? Die Hauptursachen liegen in den sozialen Erwartungen, gewissen Rollenbildern, der Erziehung, der Angst vor Ablehnung und der Sorge um Kontroll- oder Machtverlust.

In unserer Gesellschaft wird es nicht selten als unhöflich, schwach oder egoistisch angesehen, Anforderungen abzulehnen. Vor allem der Generation jener, die vor 1980 geboren sind, fällt es aufgrund der damaligen Erziehungswerte häufig noch schwerer. Erhöhte Erwartungshaltungen und Anforderungen führen dazu, dass wir uns verpflichtet fühlen, Ja zu sagen, auch wenn es uns nicht guttut. Wir wollen nicht als unfreundlich, unkooperativ oder gar faul gelten. Eine Studie der Universität Bielefeld ergab, dass 60 % der Befragten angaben, sich aus sozialen Gründen verpflichtet zu fühlen, Anfragen nicht abzulehnen. Auch eine Umfrage von Statista zeigt, dass 70 % der ArbeitnehmerInnen Schwierigkeiten haben, ihren Vorgesetzten gegenüber Nein zu sagen, selbst wenn sie überlastet sind. Wir sagen Ja zum cholerischen Chef, Ja zur unhöflichen Kundin, Ja zur übergriffigen Schwiegermutter und Ja zum Elternbeirat, um noch ein Amt zu übernehmen.

Doch viele von uns sagen auch Ja, um endlich ein ersehntes Ziel zu erreichen, selbst wenn es nicht unser eigenes ist, um niemanden zu verletzen oder gesellschaftlich besser dazustehen. Dann sagen wir Ja zum Jobangebot in einer Stadt, die weit entfernt von unserer großen Liebe liegt, weil unsere Eltern dann endlich mal stolz auf uns sind, Ja zur verbotenen Affäre, weil wir dort Entlastung suchen, Ja zum Heiratsantrag eines Menschen, den wir eigentlich nicht wirklich lieben, und möglicherweise auch Ja zur Frage, ob wir noch ein weiteres Kind möchten, obwohl wir eigentlich andere Pläne für unser Leben hatten. Das persönliche Ja kann unterschiedliche Auswirkungen auf unser Leben haben. Mal sind sie leichter zu tragen, mal schwerer und reicher an Konsequenzen. Die alles entscheidende Frage ist, ob es sich dabei wirklich um unser persönliches Ja handelt oder lediglich um eine Erwartungshaltung anderer, die wir tunlichst erfüllen möchten?

Die Falle des Gefallens: Wege aus dem People-Pleasing im Zirkus des Lebens

Menschen, die ständig Ja sagen, haben sogar einen Begriff zugesprochen bekommen: People-Pleaser. Immer freundlich. Immer hilfsbereit. Immer da. Immer kommt ein Ja. Wenn du keine Anglizismen magst, könntest du diese Menschen im Grunde auch »Deppen vom Dienst« nennen, aber das klingt weder angenehm noch wertschätzend, eher provokant und verletzend, deshalb einigen wir uns auf diesen Anglizismus. People-Pleaser fühlen sich bei Anforderungen, die an sie gestellt werden, schnell in eine Ecke gedrängt und bekommen Schnappatmung, sobald es um das Einstehen für ihre eigenen Bedürfnisse geht.

Permanentes Jasagen kann zu einem Gefühl der Unzufriedenheit, Frustration und des Überfordert-Seins führen, da du dich wiederkehrend in Situationen begibst, die dir eigentlich nicht guttun. Aber auch, weil es an der eigenen Authentizität vorbeigeht. Irgendwann fühlen sich die Ergebnisse des Jasagens einfach nicht mehr nach dem eigenen Ich an. Die Fähigkeit, wahrnehmen zu können: *»Das tut mir nicht gut«*, setzt allerdings Selbstreflexion, Achtsamkeit und auch den Umstand, mit sich in Kontakt treten zu können, voraus. Diese Fähigkeit muss häufig erst erlernt werden, vor allem dann, wenn wir nie beigebracht bekommen haben, auf unsere Bedürfnisse und Sehnsüchte einzugehen. Das zu »fühlen«, was wir brauchen, und es sowohl mit unserer Vernunft als auch mit unserem Herzen abzustimmen, können wir nicht automatisch. Das müssen wir gelernt und anschließend trainiert haben. Es reicht nicht, nur festzustellen, was wir brauchen, sondern es ist auch wichtig, diese Gefühle mit Herz und Verstand abzugleichen. Das bedeutet, unsere emotionalen Bedürfnisse rational zu reflektieren und sicherzustellen, dass sie im Einklang mit unseren langfristigen Zielen und Werten stehen. Gab es niemanden, der uns dieses Können vermittelt hat, fehlt uns die Fähigkeit dazu, ein gesundes Gleichgewicht zwischen dem Ich, dem Du und dem Wir zu finden. Das Ich steht für unsere eigenen Bedürfnisse und Wünsche, das Du für die Bedürfnisse und Wünsche der anderen und das Wir für die gemeinsamen Ziele und die Zusammenarbeit in Beziehungen.

Meist arbeiten wir erst viele Jahre später selbst daran, das ungesunde Muster permanenten Jasagens zu durchbrechen, wenn wir mit unserem Leben unzufrieden sind und uns ständig in Situationen wiederfinden, die sich fremd und weit weg von unseren eigenen Interessen, den eigenen Vorlieben, Bedürfnissen und in gewisser Weise auch unserem eigenen Selbst anfühlen. Kurzum: wenn es gar nicht mehr anders geht.

Anhalten und Präzisieren: Wenn es zu viel wird im Zirkus des Lebens

Die Feststellung *»Es geht nicht mehr«* kann erst mal niederschmetternd und erschreckend sein und erfordert ein behutsames und mildes Betrachten der eigenen Verhaltensstrukturen. Vor allem dann, wenn wir gewohnt waren zu »funktionieren« und die Erkenntnis, nicht mehr alles schaffen zu können, schmerzt. Deshalb ist es wichtig, dass wir nicht damit anfangen, zu verallgemeinern und zu sagen: *»Mein gesamtes Leben ist unbefriedigend! Ich habe es doch gesagt, ich bin einfach unfähig!«*, oder: *»Alle nutzen mich nur aus!«* Diese recht dramatischen Aussagen sind wie eine riesige, schwarze Wolke, ein heftiger Tornado, der die Kleider völlig durchnässt. Denn sie veranlassen uns dazu, uns selbst, die eigene Ängstlichkeit, das eigene Versagen und die eigenen Begrenzungen in den Vordergrund zu stellen, kurzum: Mit diesen Gedanken werfen wir eine Granate auf unser perfektionistisches Lebensfeld. Dieser Sprengkörper zerstört nicht nur das Selbstbild, sondern häufig auch die Beziehungsgeflechte. Immerhin zeigen wir damit nicht nur in schmälender Weise auf uns selbst, sondern auch auf das »böse Umfeld«, welches nicht dazu in der Lage ist, zu erkennen, wie bedeutungsvoll unser Einsatz und Dasein sind. Viel sinnvoller ist, an konkreten Beispielen festzuhalten und ganz klar zu differenzieren.

Frag dich:

- *»Welcher Lebensbereich und welche Beziehungen überfordern meine wahrhaftigen Bedürfnisse?«*
- *»Wann genau fühle ich mich von wem und in welchen Situationen übergangen?«*
- *»Wie fühlt es sich genau an, wenn mir alles zu eng und zu viel wird?«*
- *»Was genau sind meine Verhaltensmuster, wenn es mir zu viel wird und ich mich übergangen oder überlastet fühle?«*
- *»Was genau kosten mich diese Verhaltensmuster?«*
- *»Was würde ich mir stattdessen wünschen?«*
- *»Wenn eine Fee vor mir stehen würde und mir alles ermöglichen könnte, wie genau würde ich mich stattdessen verhalten wollen?«*

Fühle erst mal in dich hinein, welche Gedanken du beim Lesen dieser Fragen hast, wer dir als Erstes in den Sinn kommt und welche Situationen dir spontan einfallen. Mit »Hineinfühlen« ist gemeint, dass du diese Gedanken einfach kurz wahrnehmen und anschließend notieren kannst, ohne ihnen eine größere Bedeutung zuzusprechen oder sie zu bewerten. Versuche, nicht zu sagen: »Oh Gott, wie furchtbar!«, oder: »Oh nein, das wird sich ja nie ändern!« Gleiche vielmehr dein Gefühl mit deiner Vernunft ab, indem du dich mit der Wahrnehmung in erster Instanz nur einmal zufriedengibst. Das bedeutet, akzeptiere deine Gedanken und Gefühle so, wie sie sind, ohne sofort eine negative Interpretation oder dramatische Schlussfolgerung daraus zu ziehen. Erlaube dir, die Dinge nüchtern zu betrachten und realistisch einzuschätzen, bevor du weitere Schlüsse ziehst.

Wir werden uns in diesem Buch mit Bedacht und Ruhe mit den Ursachen deiner Verhaltensweisen befassen, der frühen Kindheit, deinen unbewussten Glaubenssätzen und jenen Mechanismen, die dich verstehen lassen, warum du dich in unangenehmen Zirkusmanegen befindest. Wir werden aber auch konkrete Lösungen besprechen, um eine Veränderung des unerwünschten Verhaltens herbeiführen zu können. Und du wirst lernen, genau zu verstehen, warum es dir so schwerfällt, in gewissen Lebensbereichen klare Grenzen zu setzen. Gib dir bitte die Zeit und den Raum dafür.

Das ist ein Tipp, den ich meinen Klientinnen gern mitgebe: Schreibe!

Wenn ein Kind Fieber hat, dann macht es einen Entwicklungsschub durch. In der Persönlichkeitsentwicklung ist das genauso. Manches Mal erleben wir Engpässe und haben Fieber. Das ist erst einmal unangenehm, gleichzeitig aber auch eine Einladung, Neues zu lernen. Wir müssen uns bis auf Weiteres hinlegen, ausruhen und uns Gutes tun, ehe wir mit neuer Kraft in den Alltag zurückkehren können.

Als berufstätige Mama von fünf Kindern, deren Großeltern jeweils 700 Kilometer weit entfernt leben, weiß ich nur zu gut, wie herausfordernd der Alltag sein kann und dass Fieber, in welcher Form auch immer, die Alarmglocken schrillen lässt – weil es nach einer Pause verlangt, die wir uns meist aufgrund der Umstände aber nicht leisten können. Ich weiß genau, wie es sich anfühlt zu denken: *»Das geht schon«*, *»Das schaff ich schon«*, *»Ist doch alles nicht so schlimm.«*

Mit dem Lesen des Buches beschwörst du deinen Fieberschub herauf, denn du konfrontierst dich bewusst damit, dass eine Veränderung ansteht. Das fühlt sich erst einmal seltsam an, weil es an die innere Substanz geht, aber ich versichere dir: Ist das Fieber dann überstanden, wirst du neue Perspektiven und Möglichkeiten, ja sogar eine neue Freiheit feststellen, die du zuvor nur erahnen konntest.

Vorausschauende Lebensführung: Die Kunst, für dich selbst rechtzeitig zu sorgen und die Zukunft zu planen

Schamanen sagen: »Weise Menschen kümmern sich um ihre Angelegenheiten und Probleme, bevor sich das Leben darum kümmert.« Das bedeutet: Wenn du dich bewusst darum kümmerst, dich von den Affen der anderen zu befreien, muss es nicht so weit kommen, dass diese dein Leben kapern. Es muss folglich auch nicht zu einer schmerzvollen Themenverfehlung des eigenen Lebensplans kommen.

Warte nicht erst eine Eskalation ab. Warte nicht ab,

bis eines deiner Kinder sagt: *»Mama, du bist nur noch gestresst und schreist ständig rum.«* Warte nicht ab, deinen Mann bei einer aufregenden Affäre zu entdecken, und auch nicht den Tag, an dem du deprimiert feststellst: *»Leb ich eigentlich mein Leben oder nur noch das der anderen?«*

Ich provoziere an diesem Punkt ungern, aber dennoch sehr bewusst. Denn wir Menschen lernen entweder durch Schmerz oder durch Freude. Was genau meine ich damit? Das Freude-/Schmerz-Prinzip besagt, dass wir entweder aus positiven Erfahrungen und Momenten des Glücks und der Zufriedenheit lernen oder aus negativen Erlebnissen und schmerzhaften Situationen. Wenn wir uns proaktiv mit unseren eigenen Bedürfnissen und Zielen auseinandersetzen und uns darum kümmern, bevor uns das Leben dazu zwingt, können wir auf eine Weise lernen, die auf Freude basiert. Das bedeutet, wir schaffen bewusst positive Veränderungen und verfolgen unsere eigenen Interessen. Andernfalls zwingt uns der Schmerz von Vernachlässigung und Konflikten dazu, notwendige Veränderungen vorzunehmen. Diese sind oft viel belastender und schwieriger. Wenn du aber lernst, die Freude an einem Leben (wieder) zu entdecken, in dem du die eigenen Verantwortlichkeiten von jenen deines Umfeldes unterscheiden und sinnvoll ausgleichen kannst, du ausreichend Unterstützung und auch erholsame Auszeiten hast, wirst du es nie wieder eintauschen wollen. Du wirst dir selbst und deinen Bedürfnissen Priorität einräumen können, ohne dich dabei schlecht zu fühlen oder von dir Unmögliches zu erwarten.

Ein Leben, das auf Kosten deines eigenen Wohlbefindens geht, kann auf Dauer bedauerlicherweise nicht gut gehen. Deshalb, weil du in gewisser Weise mit einer Maske durch die Welt gehst und dich nicht wirklich traust, dich mit all deinen Unzulänglichkeiten, Grenzen, Einschränkungen, Sehnsüchten und Bedürfnissen zu zeigen – und das ist auf lange Sicht einfach ein zu hoher Preis, aber auch das große Problem der Leistungsgesellschaft. Die berechtigten Fragen sind also: »*Gibt es womöglich einen gesunden Mittelweg? Kann ich verantwortungsbewusst sein, mich um wichtige Lebensbereiche kümmern und gleichzeitig auf mich achten? Kann ich mich als liebenswert erkennen, ohne dafür eine bestimmte Leistung erbringen zu müssen?*« Die Antwort ist: *Ja!* Aber du musst lernen, wie. Keiner von uns hat in die Wiege gelegt bekommen, ein gesunder Lebensmanager zu sein. Das gelingt am besten durch ein ausgewogenes Miteinander mit anderen, die uns unterstützen und reflektieren. Ein ausgeglichenes Umfeld, also Menschen, die ebenfalls in Balance sind, helfen uns dabei, unser eigenes Gleichgewicht zu finden. Das bedeutet, dass wir in Beziehungen und Interaktionen mit anderen Menschen, die selbst stabil und ausgeglichen sind, lernen, wie wir gesunde Grenzen setzen, auf uns selbst achten und gleichzeitig für andere da sind. Diese Menschen bieten uns Feedback, spiegeln unser Verhalten und unsere Emotionen wider und unterstützen uns dabei, unsere Stärken und Schwächen besser zu erkennen und anzunehmen. Mangelt es in unserem Leben an diesen Menschen, sind wir dazu aufgerufen, uns die notwendige Balance eigenständig herzustellen.

Vielleicht hast du bereits erste Ideen oder Ansätze, die dir dabei helfen können, besser für dich selbst zu sorgen, gefunden. Oder du bist bereit, neue Wege zu erkunden und dich auf eine Reise der Selbstentdeckung und Selbstfürsorge zu begeben. Egal wo du stehst, wir werden gemeinsam Schritte erarbeiten, die dich dabei unterstützen, ein erfülltes und ausgewogenes Leben zu führen, denn am Ende des Tages ist es wichtig, dass du dich in deinem Leben wohlfühlst.

Im ersten Schritt könnte dir dabei das Modell des Lebensrades helfen, um einmal grundlegend herauszufinden, welche Lebensbereiche für dich überhaupt wichtig sind und wie viel Aufmerksamkeit diese benötigen, aber auch, wie zufrieden du damit bist.

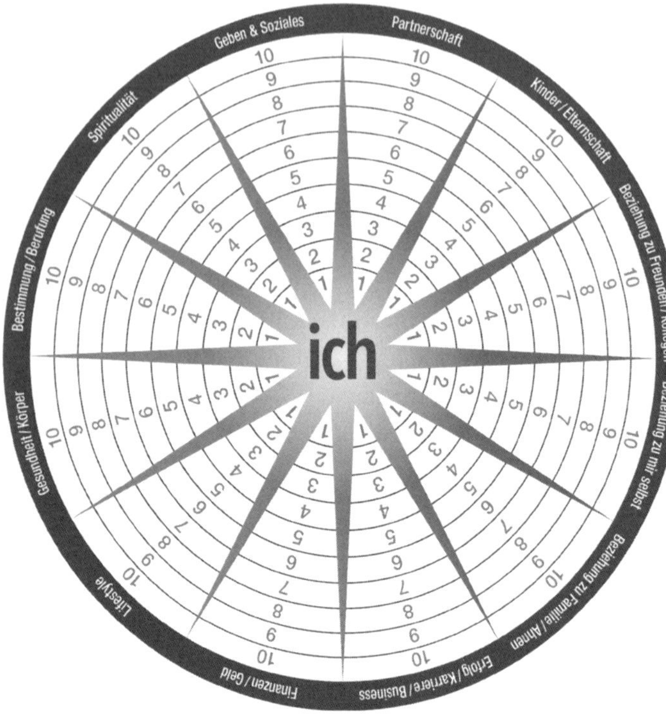

Nimm dir etwas Zeit, um darüber nachzudenken, welche der Lebensbereiche für dich besonders wichtig sind und wie es dir in jedem Bereich gerade geht. Gibt es Kategorien, in denen du dich überlastet fühlst, und andere, für die du gern mehr Zeit gehabt hättest?

Skaliere deine Zufriedenheit in jedem einzelnen Lebensbereich von 1 bis 10, wobei 1 für »sehr unzufrieden« und 10 für »sehr zufrieden« steht. Vielleicht stellst du fest, dass dein Rad durchaus rundläuft, wenn auch nur halt durchgängig weiter unten auf der Skala. Oder du stellst fest, dass dein Rad gar nicht rundlaufen kann, weil ein zu großes Ungleichgewicht herrscht. In diesem Fall fühlst du womöglich Ärger, Wut, Hilflosigkeit, Trauer oder Ohnmacht. Vielleicht aber auch einfach gar nichts. Nimm an dieser Stelle deine Erkenntnis und die damit verbundenen Emotionen bitte nur mal an, ohne weiter daran herumzuschrauben. Gib dir bitte die Zeit, um das Festgestellte nur zu verdauen, ohne dein Leben sofort komplett umzukrempeln. Im Moment soll nur das Erkennen und Annehmen deiner aktuellen Situation im Vordergrund stehen. Denn verfrühte Veränderungen können erst recht deinen Ärger, deine Wut, Hilflosigkeit, Trauer, Gleichgültigkeit oder Ohnmacht verstärken. Das liegt daran, dass unüberlegte oder hastige Veränderungen oft zu zusätzlichen Stressoren führen können, die die bestehenden negativen Gefühle intensivieren. Wenn wir uns zu früh zu Veränderungen zwingen, ohne die zugrundeliegenden Probleme vollständig verstanden und akzeptiert zu haben, riskieren wir, neue Konflikte zu schaffen oder die alten zu verschärfen.

Es ist deshalb notwendig, zunächst eine stabile Basis des Verständnisses und der Akzeptanz zu schaffen, bevor wir uns auf den Weg der Veränderung begeben. In diesem Kapitel haben wir uns nur mit dem Ist-Zustand befasst, im nächsten schauen wir uns an, warum wir eigentlich Grenzen brauchen.

Kapitel 2

AKROBATIK DER GRENZEN: DIE KUNST, EIN GLEICHGEWICHT ZWISCHEN HILFSBEREITSCHAFT UND SELBSTSCHUTZ ZU FINDEN

Vielleicht stellst du dir die Frage: »*Wozu braucht es eigentlich Grenzen?*« Im Grunde entstehen viele alltägliche Probleme erst dadurch, dass wir meist zu schnell Ja und zu spät Nein sagen. Wir werden immer damit konfrontiert sein, dass andere unachtsam, unsensibel und unliebsam unsere Grenzen verletzen. Es gibt nun mal unzählige Menschen, die durch ihre Prägungen, Erziehung oder durch Krankheit nicht dazu in der Lage sind, achtsam mit ihren Mitmenschen umzugehen. Das ist eine bittere, aber wahre Tatsache, die wir akzeptieren müssen.

Es gibt aber auch viel zu hohe Erwartungen, die wir selbst an unser Umfeld haben, ohne diese je zu kommunizieren. Darauf zu warten, dass der andere »weiß«, wie es uns geht und was wir brauchen, und darauf auch noch Rücksicht nimmt, ist, als würden wir im Eisladen auf den nächsten Zug warten. Kein Zug wird sich dorthin verirren und kein Mensch ist in der Lage, zu wissen, was du brauchst. Wir müssen lernen, es ihnen mitzuteilen. Als Säugling gelang das recht gut. Im Laufe der Entwicklung lernten wir allerdings, dass es eine Balance zwischen Zurückhaltung und Einfordern braucht. So manche unter uns fanden diese

Balance nicht und nehmen sich mehr zurück, als ihnen guttun würde. Grenzen sind notwendig, weil sie Klarheit und Sicherheit in zwischenmenschlichen Beziehungen schaffen. Sie helfen uns, unsere Bedürfnisse und Wünsche zu kommunizieren, und schützen uns vor Überforderung und Ausbeutung. Grenzen setzen bedeutet, Verantwortung für unser eigenes Wohlbefinden zu übernehmen und den Raum zu schaffen, den wir brauchen, um uns sicher und respektiert zu fühlen. Das erfordert, je nach Umfeld, Mut und Ausdauer. Solltest du Schwierigkeiten damit haben, anderen Menschen mitzuteilen, was du brauchst oder fühlst, stelle ich dir später konkrete Sätze und Kommunikationstechniken vor, die dir dabei helfen. Aber schauen wir uns weiter an, warum Grenzen in zwischenmenschlichen Beziehungen notwendig sind.

Wir alle kennen sie, diese Menschen, die uns für ihr Leid verantwortlich machen. Die Gründe dafür können vielfältig sein: Entweder haben sie sich völlig übernommen und fühlen sich aus Hilflosigkeit gezwungen, die eigenen Affen auf den Schultern anderer zu verteilen, oder sie haben gelernt, dass sie es deutlich einfacher haben, wenn sie eigene Verantwortlichkeiten an andere abgeben. Das ist ähnlich wie jemand, der an Dyskalkulie, einer Rechenschwäche, leidet, die anfangs unerkannt bleibt. Diese Kinder mogeln sich geschickt durch den Matheunterricht, schaffen die Versetzung und eignen sich Strategien an, um mithalten zu können. Dieses »Durchmogeln« tun sie aus der Not heraus, nicht als doof abgestempelt zu werden. Aber wirkliche Unterstützung erfahren sie erst, wenn die Diagnose »Dyskalkulie« gestellt und ihnen innerhalb einer Lerntherapie geholfen wird. Was möchte ich damit sagen? Es gibt Menschen, die können (in erster Instanz) nicht anders, als ihre Affen abzugeben, und es gibt Menschen, die können (in erster Instanz) nicht anders, als sich um alles und jeden zu kümmern. Das ist ein fester Bestandteil ihres Lebens. Die

Ursachen sind nicht in einer Unfähigkeit oder Dummheit begründet, sondern vielfach schlicht in negativen Verhaltensweisen, Hilflosigkeit, Ohnmacht, Angst, Überheblichkeit oder Unwissenheit. Genau wie bei Dyskalkulie geht es nicht darum, dass die betroffenen Menschen grundsätzlich schwach sind, sondern dass sie Strategien entwickelt haben, um mit ihren Herausforderungen umzugehen, bis sie die notwendige Unterstützung erhalten.

Grenzen zu setzen und klar zu kommunizieren, entspricht einem lebenslangen Prozess und ist absolut wichtig für gesunde Beziehungen. Egal wie viel Erfahrung wir damit haben, jeder Mensch kommt irgendwann an den Punkt, an dem er seine Grenzen verteidigen und mitteilen muss. Diese Fähigkeit muss ständig geübt und verbessert werden. Warum? Weil Grenzen ein wesentlicher Bestandteil unserer psychischen Gesundheit sind. Sie definieren, was für uns akzeptabel ist und was nicht, und helfen uns, unser Wohlbefinden zu schützen. Grenzen ermöglichen es uns, uns abzugrenzen und gleichzeitig gesunde Beziehungen zu anderen zu pflegen.

Psychologisch gesehen bieten Grenzen Schutz vor emotionaler Ausbeutung und helfen, Stress und Überlastung zu reduzieren. Wenn wir klare Grenzen setzen, kommunizieren wir unsere Bedürfnisse und Erwartungen deutlich, was Missverständnisse und Konflikte minimiert. Viele fundierte Studien zeigen, dass Menschen, die gesunde Grenzen setzen können, weniger Reibungspunkte und mehr Zufriedenheit in ihren Beziehungen erleben. Das kontinuierliche Üben und Verbessern dieser Fähigkeit stellt sicher, dass wir flexibel auf neue Herausforderungen reagieren können und uns nicht überfordern. Deshalb braucht es Grenzen.

Die Kunst, uns selbst zu schützen und unseren Selbstwert zu wahren

Grenzen zu setzen hat viel mit unserem Selbstwertgefühl zu tun. Du kannst deine Grenzen mit der Glasur eines frisch gebackenen Kuchens, der dein Selbstwertgefühl darstellt, vergleichen. Wenn du nicht in der Lage bist, Grenzen zu setzen, wird der köstliche Überzug von allen anderen an- und weggeknabbert, die in deiner Nähe sind und die dem Duft nicht widerstehen können. Das wäre ein Zustand, den selbst der einfältigste Kuchenbäcker nicht akzeptieren würde. Grenzen haben zudem eine ethische und moralische Bedeutung. Sie ermöglichen es uns, den Respekt für die Autonomie uns selbst und anderen Menschen gegenüber zu wahren. Grenzen geben die Freiheit, zu erkennen, wie das Ich mit dem Du zu einem ausgewogenen Wir wachsen kann. Wenn wir klar kommunizieren, was für uns akzeptabel ist und was nicht, tragen wir zur Schaffung gerechter und harmonischer zwischenmenschlicher Beziehungen bei. Im Garten zwischenmenschlicher Beziehungen sind Grenzen die Zäune, die die verschiedenen Gärten umgeben. Die Gärten repräsentieren unsere Beziehungen im Leben, und die Zäune sorgen dafür, dass alle Pflanzen in den einzelnen Gärten blühen können, ohne von den benachbarten überwuchert zu werden. Natürlich gibt es die Annahme, dass gewisse Beziehungen keine Zäune brauchen, das ist, sofern das für dich auf allen Ebenen vernünftig ist, auch in Ordnung. Es kommt auf den Zweck und die Motivation der Zaunsetzung an, nicht auf den Zaun per se. Aber es gibt auch Beziehungen, wo Zäune nicht reichen, sondern nur dicke Mauern ein (Über-)Leben ermöglichen. Ich denke da an Helga, die mehr als 25 Jahre mit Fritz verheiratet war, ehe sie die Kraft fand, sich zu trennen.

Fritz war ein spielsüchtiger Alkoholiker. Er war durchaus liebenswert, aber nun mal suchtkrank. Helga meinte lange, es wäre ihre Pflicht als treusorgende Ehefrau, alles dafür zu tun, dass es Fritz wieder besser gehen würde. Sie opferte nicht nur ihren Beruf, um sich um ihn und sämtliche andere familiäre Belange zu kümmern, sondern auch die Beziehung zu ihren Eltern, Freunden und später auch zu ihren Kindern. Im Grunde diente ihre gesamte Lebensplanung nur noch dem Suff ihres Mannes. Keiner wollte mehr etwas mit ihnen zu tun haben, weil Fritz das Leben aller durch sein Verhalten durcheinandergebracht hatte. Nicht nur, dass er unausstehlich wurde, sobald er betrunken war, auch das hart erarbeitete und geliehene Geld seiner Schwiegereltern und später auch das der Kinder verspielte er. Helga wehrte sich zu lange dagegen, Zäune zu bauen, und fand sich letzten Endes in der Situation, eine dicke Mauer bauen zu müssen, um ihr Leben frei und unabhängig von Fritz weiterführen zu können. Dafür musste sie allerdings die Annahme aufgeben, es wäre ihr möglich, Fritz' Sucht zu kontrollieren, zu heilen oder zu ändern. Diese Erkenntnis war Helgas größte Herausforderung. Denn sie musste sich regelrecht dazu überwinden zu verstehen, ihre inneren Dogmen aufzugeben und ihr eigenes Unvermögen zu akzeptieren. Letztendlich musste sie erkennen, dass sie ihre eigenen Grenzen respektieren musste, um notwendige Grenzen gegenüber Fritz setzen zu können.

Notwendige Grenzen können wie starke Mauern sein, die dich sowohl vor deinen eigenen Unzulänglichkeiten als auch vor Energiesaugern und Lebenskrafträubern schützen. Jenen Menschen, die nicht an gemeinsamen Lösungen interessiert sind oder eben über eigene Unzulänglichkeiten hinwegsehen möchten. Die Erkenntnis, dass wir nicht nur die eigenen Grenzen verkennen, sondern auch jene der anderen, kann erst mal schmerzvoll sein. Zu verstehen, viel zu lange auf den Zug im Eisladen gewartet zu haben, tut nun mal weh. Gesunde Grenzen sind der Schlüssel zu einem ausgeglichenen und erfüllten Leben.

Vor allem dann, wenn es keine andere Möglichkeit gibt, sich vor den Taten der anderen zu schützen. Aber hier liegt der springende Punkt: Es kann oft herausfordernd sein, zu erkennen, wann das Abstecken von Grenzen notwendig ist und wann nicht. Auch dann, wenn es darum geht, dem eigenen Handeln und Denken notwendige Grenzen zu setzen.

Wo fängt Hilfsbereitschaft an, und wo artet sie in Selbstaufgabe aus?

Dieses Dilemma, vor dem viele von uns stehen, ergibt sich aus der Tatsache, dass das Festlegen von Grenzen manchmal mit einem unangenehmen Gefühl von Schuld einhergehen kann. Helga empfand tiefe Schuldgefühle bei dem Gedanken: *»Ich lasse den armen Fritz sitzen und überlasse ihn so seinem Schicksal.«* Dieser Gedanke lähmte sie so lange, bis sie ihn umkehren und so formulieren konnte: *»Indem ich meinen Weg unabhängig von Fritz gehe, ermögliche ich mir, aber auch ihm, Verantwortung für das eigene Schicksal und Leben zu übernehmen.«* Durch die neue Zugangsweise an ihren ursprünglich lähmenden Gedanken, der nun von Selbstermächtigung statt von Schuldgefühlen getragen war, konnte sie sich von ihren Schuldgefühlen befreien und endlich aktiv werden.

Verstehst du, warum Helga das endlich konnte? Sie erkannte ihre eigenen Grenzen an und akzeptierte, dass sie nicht für Fritz' Handlungen verantwortlich war. Sie stellte sich nicht länger über Fritz, in der Annahme, zu wissen, was das Beste für ihn wäre. So fand sie den Mut, die schmerzhafte Wahrheit zu akzeptieren, dass Fritz seine Sucht nicht ihr zuliebe aufgeben würde. Sie erkannte, dass Fritz seine eigene Motivation finden musste und dass sie nicht die Verantwortung für seine Genesung tragen konnte.

Dieses Beispiel zeigt, dass es bei der Definition gesunder Grenzen nicht um Schuld oder Unschuld geht, sondern um die Fähigkeit, Verantwortung für das eigene Wohlbefinden zu übernehmen. Es geht darum, sich in die Perspektive der anderen hineinzuversetzen und vernünftig abzuwägen, was dem Wohle aller Beteiligten am ehesten dient. Indem Helga ihre eigenen Grenzen anerkannte und respektierte, konnte sie eine gesündere und ausgewogenere Beziehung zu Fritz entwickeln, auch wenn die Konsequenz die Trennung beinhaltete.

Aber warum gibt es überhaupt Schuldgefühle, wenn es sich doch viel schöner ohne sie leben ließe?

> *Schuldgefühle sind die heimtückischen kleinen Stimmen in unseren Köpfen, die uns zuflüstern, egoistisch zu sein, sobald wir unsere Grenzen ziehen.*

Schuldgefühle können mitunter wie der lästige Nachbar erscheinen, der immer dann klingelt, wenn wir es uns gerade auf der Couch gemütlich gemacht haben. Doch anders als dieser störende Nachbar erfüllten Schuldgefühle in der Evolution einen Zweck und bevor wir diese unangenehmen Stimmen endgültig zum Verstummen bringen, sollten wir kurz darüber nachdenken, warum sie sich überhaupt immer wieder melden. Schuldgefühle haben ihre Wurzeln in längst vergangenen Zeiten. Als unsere Vorfahren in losen Gruppen lebten, spielten sie eine entscheidende Rolle bei der Aufrechterhaltung der zwischenmenschlichen Kooperation. Sie dienten als eine Art sozialer Regulator, der sicherstellte, dass jedes Gruppenmitglied seinen Beitrag zur Gemeinschaft leistete. Wenn jemand gegen gängige Regeln oder Normen verstieß, wurden Schuldgefühle ausgelöst, um dieser Person ihre Verfehlungen bewusst zu machen und sie dazu zu bringen, ihr Verhalten anzupassen. Dieser natürliche Vorgang förderte das Überleben der Gemeinschaft als Ganzes. Das hat sich bis heute nicht verändert. Und auch ein weiteres evolutionär in uns angelegtes Verhalten ist seit den Anfängen der Menschheit gleich geblieben: Hilfsbereitschaft diente schon immer als eine der wichtigsten sozialen Überlebensgrundlagen.

In der heutigen modernen Gesellschaft haben sich die sozialen Strukturen und Anforderungen im Vergleich zu früher jedoch deutlich gewandelt. Dank zahlreicher kommunaler, familiärer oder staatlicher Netzwerke lastet das Überleben Einzelner nicht mehr ausschließlich auf den Schultern weniger. Trotzdem bestehen Schuldgefühle immer noch wie ein veraltetes Relikt in unserem mentalen Repertoire. Es ist daher wichtig, darüber nachzudenken, wer in unserem persönlichen Leben eigentlich die Verantwortung trägt. Mit »Verantwortung« meine ich die Verpflichtung, für das eigene Wohl und die eigenen Handlungen einzustehen. In unseren Beziehungen bedeutet das, dass jeder Einzelne dafür verantwortlich ist, seine eigenen Bedürfnisse zu erkennen und zu kommunizieren, anstatt sie unbewusst auf andere zu projizieren. Das macht im Grunde den Unterschied zwischen einem Säugling und einem Erwachsenen aus. Wenn wir unsere eigenen Grenzen respektieren und Verantwortung für unsere Gefühle und Handlungen übernehmen, beeinflusst dies unsere Beziehungen zu anderen positiv, da wir nicht automatisch erwarten, dass andere unsere unausgesprochenen Bedürfnisse erkennen und erfüllen. Gleichzeitig hilft es uns, ein klareres und gesünderes Selbstverständnis zu entwickeln, da wir erkennen, dass wir selbst die Kontrolle über unser Leben haben und nicht von den Handlungen oder Erwartungen anderer abhängig sind.

Unsere moderne Welt erfordert eine aktualisierte Version dieses sozialen Zusammenhalts, eine Art »gesunde Intelligenz«, die uns liebevoll sagt: *»Du darfst darüber entscheiden, wo die Grenzen deiner Hilfsbereitschaft beginnen und enden. Dabei ist es in Ordnung und notwendig, für dich selbst einzutreten.«* Denn letztendlich führen klug gesetzte Grenzen eben nicht zu einer Isolation oder einem unangebrachten Egoismus, sondern zu einer tieferen Verbindung zu uns selbst und anderen, die auf Respekt und Selbstachtung basiert. Besonders gut sind wir darin, Grenzen zu setzen, wenn wir einen Sinn, eine gewisse Notwendigkeit darin sehen. Was genau das bedeutet, klären wir jetzt.

Sinn – Die Perle in der Schatzkiste des Lebens

Stell dir vor, du bist in einem Flugzeug und es kommt zu einem Druckabfall. Die Durchsage lautet, dass du zuerst deine eigene Sauerstoffmaske anlegen sollst, bevor du anderen hilfst. Warum ist das so? Weil du nur dann anderen effektiv helfen kannst, wenn du handlungsfähig bleibst. Ähnlich verhält es sich mit der Hilfsbereitschaft im Alltag. Nur wenn du selbst in einer guten Verfassung bist, kannst du dich für das Wohlergehen anderer einsetzen, ohne dabei dein eigenes zu vernachlässigen.

> **Wir möchten alle, dass unser Lebensrad rundläuft, und nicht nur das, wir möchten auch, dass es sich gut anfühlt und Sinn macht!**

Wenn unser Lebensrad nicht rundläuft, ist nicht selten der Sinn unseres Handelns mehr darauf ausgerichtet, es anderen recht zu machen als uns selbst. Ein Ungleichgewicht entsteht ja nur dann, wenn wir auf der einen Seite mehr einzahlen, als wir auf der anderen erhalten. Wäre unser individueller und persönlicher Sinn im Leben ausschließlich darin zu finden, für andere da zu sein und ihnen von Herzen zu dienen, würden wir uns weder wütend noch traurig, hilflos oder deprimiert fühlen. Im Gegenteil. Wir würden in der Aufgabe aufblühen, uns um andere zu sorgen und deren Wohlergehen zu sichern. Junge Eltern finden beispielsweise Sinn darin, sich ausschließlich um ihr Neugeborenes zu kümmern. Logisch. Immerhin ist das Kind komplett von deren Fürsorge abhängig. Die Eltern vermissen während dieser kurzen Zeitspanne erst mal wenig. Es fällt ihnen leicht, auf Kino, Pärchenzeit, Arbeit und Hobbys zu verzichten, sie genießen vielmehr ihre neue Aufgabe. Krankenschwestern, Pfleger, Lehrerinnen oder Erzieher finden häufig auch Sinn darin, für andere da zu sein und die eigenen Bedürfnisse für den Zeitraum ihres Tuns hintanzustellen. Deshalb sind viele von ihnen auch bereit, Überstunden zu machen oder auf Urlaube zu verzichten. Aber selbst Menschen, die von Herzen gern für andere da sind, kommen an ihre Grenzen. Das ist nicht nur natürlich, sondern ebenso sinnvoll. Grenzen sind also auch etwas, das uns davor bewahrt, krank oder todunglücklich zu werden.

Die Fürsorge für andere wird meist erst zum Problem, wenn entweder ein Ungleichgewicht herrscht oder kein Sinn mehr in den Aufgaben gesehen wird. Die alles entscheidenden Fragen sind deshalb: Wann siehst du persönlich einen Sinn darin, dich um andere zu kümmern, und wann, dich um dich selbst zu kümmern? Wozu tust du, was du tust? Was ist deine aufrichtige Motivation hinter deinem Tun?

Es ist unerlässlich, zuerst herauszufinden, welche Motivation hinter unserem Handeln steht. Es macht einen Unterschied, ob wir uns dazu verpflichtet sehen, etwas Bestimmtes als Gegenleistung erwarten oder ob wir uns freiwillig entscheiden, für jemanden zu sorgen. Zudem macht es einen Unterschied, ob wir uns durch Lob und Anerkennung motiviert fühlen oder einfach nur gern für andere da sind, selbst wenn das Lob ausbleibt.

Du wirst erst Nein sagen können, wenn du deine Motivation dahinter ausreichend geprüft und realisiert hast, dass das permanente Jasagen für deinen schlechten Gesundheitszustand oder andere Schieflagen im Leben verantwortlich ist. Je länger aber ein größerer innerer Wille im Streben nach Lob und Anerkennung besteht, desto länger wirst du deine Gesundheit hintanstellen oder gewisse Missstände dulden. Das ist einzig und allein der Tatsache geschuldet, dass du davon ausgehst, die Anerkennung würde dir mehr bringen als ein guter Gesundheitszustand oder ausbalancierte Lebensbereiche.

Erinnerst du dich an das zuvor erwähnte Freude-/Schmerz-Prinzip? Je mehr Freude du am möglichen Lob hast, desto weniger wirst du Bitten anderer ablehnen können. Das macht auf den ersten Blick sicherlich keinen Sinn, und vielleicht schüttelst du den Kopf. Aber hast du dich mal mit jemandem unterhalten, der raucht? Raucher wissen, dass das, was sie tun, ihrer Gesundheit schadet, sie tun es dennoch, weil das Rauchen für sie Sinn macht – weil es sie beruhigt, entstresst oder der gesellschaftliche Anschluss ansonsten fehlen würde. Nicht alles, was wir tun, macht auf den ersten Blick Sinn, auf den zweiten aber sehr wohl. Deshalb ist es wichtig, zu erkennen, dass ausgewogene Selbstfürsorge nicht nur eine Option, sondern eine Notwendigkeit ist, die beinhaltet, herauszufinden, was uns wirklich zum Jasagen motiviert und vom Neinsagen abhält.

Die Frage lautet: Warum sagst du in bestimmten Situationen Ja, obwohl ein Nein sinnvoller wäre?

Dabei definiert jeder von uns »Sinnhaftigkeit« unterschiedlich. Für die eine macht es Sinn, sich für andere aufzuopfern, für den anderen, sein eigenes Wohlergehen über das anderer zu stellen. Um also etwas zu verändern oder zumindest verstehen zu können, dass eine Veränderung notwendig ist, müssen wir zuerst einen Sinn darin erkennen, etwas zu verändern.

Sobald wir das Gefühl haben, dass bestimmte Verhaltensweisen einfach keinen Sinn mehr machen, fühlen wir uns innerlich dazu aufgerufen, etwas zu ändern. Und genau das kann sich unheimlich gruselig anfühlen. Wer will schon feststellen, dass etwas Gewohntes keinen Sinn mehr macht? Wer will schon feststellen, dass etwas dringend verändert werden muss? Das Wissen um die Notwendigkeit von Veränderung kann erst mal Gefühle von Ohnmacht und Hilflosigkeit heraufbeschwören. Genau hier liegt der kritische Punkt. Denn diese unglaublich starken Gefühle hindern uns häufig an einer Veränderung. Dabei sind sie wertvolle Hinweisgeber: Wenn du dich ohnmächtig fühlst, brauchst du das Gefühl der Macht, um dich aus einer Situation herauszubegeben, die im Ungleichgewicht ist.

Wenn du dich hilflos fühlst, benötigst du Hilfe, um dich aus deiner Lage zu befreien. Meist beinhaltet die Umkehrung des Gefühls, in dem du feststeckst, auch die Lösung. Doch sogar dieser Punkt ist kritisch. Du darfst an dieser Stelle nicht den Fehler machen und alles hinschmeißen, den Job kündigen, die Ehe auflösen, die Teenager aus dem Haus werfen, die kranken Eltern alleine im Heim lassen und auf die einsame Insel ziehen, auf der es weder Affen noch andere Menschen gibt, nur weil du denkst: *»Ich hole mir dadurch meine Macht zurück!«*, oder: *»Ich lasse alles liegen und stehen, damit ich endlich Ruhe habe!«*

Diese Gefühle sind genau das Fieber, von dem ich zuvor gesprochen habe. Du zeigst deinen Gefühlen, dass der Zeitpunkt gekommen ist, sich mit sich selbst, deinen Möglichkeiten, aber auch Grenzen auseinanderzusetzen. Wann immer du glaubst, in deinem Handlungsspielraum begrenzt zu sein, machen dir diese Grenzen Angst – mit der Folge, dass du dich noch mehr begrenzt, weil du versucht bist, alles liegen und stehen zu lassen, was bisher Bedeutung hatte, oder so weiterzumachen wie bisher.

Erkennst du den Teufelskreis? Der nächste notwendige Schritt ist die Erkenntnis, dass Selbstbemächtigung der Schlüssel zum Weg aus der Ohnmacht ist – und sich Unterstützung zu holen, der Weg aus der Hilflosigkeit.

Jeder von uns braucht das Gefühl: *»Ja, das, was ich tue und wer ich bin, macht Sinn, für mich und für andere, und ich kann eigenmächtig handeln.«* Dadurch lassen sich Krisenzeiten oder Probleme in zwischenmenschlichen Beziehungen auch überwinden und Veränderungen initiieren. Denke an Helga und Fritz. Wäre Fritz bereit gewesen, sich ernsthaft einer Suchttherapie zu unterziehen und sich bei allen Beteiligten für sein Handeln zu entschuldigen, und nicht immer wieder in alte Muster gekippt, hätte Helga der Beziehung womöglich noch einen Sinn zuschreiben können. Sie hätte dadurch einen Weg gesehen, sich aus der ohnmächtigen Situation zu befreien, in der sie sich sah, ohne ihre Ehe dabei aufzugeben. Da Fritz aber nichts an seinem Verhalten ändern wollte oder konnte, verlor sich der Sinn und die Ehe ging zu Ende.

> *Richten wir unseren Sinn danach aus, anderen zu gefallen, ist es, als würden wir ohne Pause und Zweck im Kreis laufen. Wir erschöpfen uns, bis die Wahrnehmung des Selbst nicht mehr möglich ist.*

Das Bedürfnis, anderen zu gefallen, ist so tief in uns verankert, dass wir die eigenen Ressourcen und Grenzen häufig überschreiten. Eine meiner Klientinnen beschrieb es wie folgt: »Ich laufe in Beziehung der Liebe hinterher und verliere dabei mich selbst.« Ein essenzieller Faktor dabei ist, dass wir unserem Streben nach Liebe, das auch Sinn macht und von Bedeutung ist, erst dann auf *gesunde* Weise nachgeben können, wenn unsere grundlegenden Bedürfnisse nach Sicherheit, Anerkennung und sozialer Zugehörigkeit weitgehend erfüllt sind. Das bedeutet, wir müssen uns existenziell und emotional in der Beziehung zum anderen erst mal sicher und verbunden wissen, ehe wir dazu in der Lage sind, ihm unsere Bedürfnisse und Grenzen mitzuteilen, aber auch diese wahrzunehmen. Haben wir hingegen den Eindruck, unsere Wünsche und Belange werden sowieso nicht gehört, schweigen wir, geben auf oder uns den Umständen hin, wie Helga es lange getan hat. Das liegt daran, dass wir Menschen ein hohes Streben nach Zugehörigkeit haben und auf keinen Fall riskieren möchten, von unserem Umfeld ausgeschlossen zu werden. Vor allem dann, wenn eine finanzielle oder emotionale Abhängigkeit besteht, gehen wir ungern das Risiko ein, vom anderen abgelehnt zu werden, und wägen gut ab, ehe wir uns ihm öffnen. Menschen, die in extrem herausfordernden Lebenssituationen gefangen sind, haben oft kaum Raum oder Ressourcen, um sich mit Fragen nach dem Sinn ihres Lebens oder dem Sinn ihrer womöglich instabilen Beziehungen zu beschäftigen. Zum Beispiel hat jemand, der obdachlos ist oder in einem Kriegsgebiet lebt, wahrscheinlich andere, dringlichere Sorgen als die Frage nach dem Sinn seines Daseins. Dieser Mensch muss sich darum kümmern, zu überleben. Ebenso wird ein Kind, das Angst vor seiner Mathelehrerin hat, Schwierigkeiten haben, sich ihr zu öffnen oder sich auf den Unterricht zu konzentrieren. Es wird sich erst gar nicht die Frage stellen, auf welche Weise Mathematik Sinn in seinem Leben machen würde, weil es vordergründig damit beschäftigt ist, in seiner Umgebung nicht aufzufallen. Genauso wenig wird sich eine Frau, die mit einem Alkoholiker zusammenlebt, Gedanken über den Sinn ihres Lebens machen können, solange sie damit beschäftigt ist, den Trinker zu bekehren oder über die Runden zu kommen.

Diese Beispiele machen deutlich, dass Menschen, die sich in Abhängigkeiten oder Bedrohungsszenarien befinden, keine freien Kapazitäten haben, die Sinnfrage zu stellen oder eine Veränderung zu initiieren. Sie fühlen sich oft wie Gefangene in ihrem eigenen Leben, ohnmächtig und hilflos. Sie fühlen sich eingeengt und können sich nur schwer vorstellen, etwas zu ändern oder sich gesund abzugrenzen. Dabei ist wichtig zu erwähnen, dass die Definition eines »Bedrohungsszenarios« sehr individuell und persönlich sein kann. Ein Mensch muss nicht zwingend in einem Kriegsgebiet leben, um sich bedroht zu fühlen. Für die Empfindung einer Bedrohung reicht, je nach Biografie, schon die Tatsache aus, zu wenig Geld zu haben, um sich ein eigenständiges Leben aufbauen zu können, keinen oder einen ungeliebten Job, wenig Freunde oder schlicht das Gefühl zu haben: *»Ich bin wertlos und kein anderer würde mich nehmen.«* Wenn diese Menschen gefragt werden, warum sie nicht klar formulieren, was genau sie brauchen, um ihre Situation zu verändern, antworten sie oft mit: *»Es geht nicht, weil ich Angst habe.«* Dieses tiefe Empfinden von Gefangenschaft und Ohnmacht kann Menschen daran hindern, sich selbst aus schwierigen Situationen zu befreien oder Unterstützung zu suchen. Das zeigt ganz deutlich die Bedeutung von Sicherheit und Stabilität auf, um sich überhaupt mit Fragen nach dem Sinn des Lebens oder dem persönlichen Wachstum auseinandersetzen zu können. Abraham Maslow hat in seiner Hierarchie der menschlichen Bedürfnisse ähnliche Ideen vertreten. Er argumentierte, dass existenzielle Fragen und Selbstverwirklichung erst dann relevant werden, wenn grundlegende Bedürfnisse wie Sicherheit, Nahrung und Unterkunft erfüllt sind. Menschen, die in prekären Lebensumständen leben, verwenden ihre Ressourcen hauptsächlich, um sich um die Befriedigung ihrer grundlegenden Bedürfnisse zu kümmern. Da bleibt kein Platz für emotionale, existenzielle Fragen. Auch verschiedene soziologische Studien zeigen, wie sich Armut, Traumata und soziale Ungleichheiten auf das psychische Wohlbefinden und die persönliche Entwicklung auswirken. Das heißt, dass wir uns erst einmal darum kümmern müssen, uns gedanklich nicht mehr als Gefangene zu betrachten, ehe es uns möglich ist, notwendige Verantwortlichkeiten abzugeben, Grenzen zu setzen oder um Hilfe zu bitten. Wir müssen erkennen: *»Auch wenn es gerade nicht danach aussieht, ich werde mich wieder aufrappeln können und mir entsprechende Unterstützung holen.«*

Wenn wir verinnerlichen, dass Verantwortung uns selbst und anderen gegenüber notwendig ist, um ein lebenswertes Miteinander zu gestalten, können wir die Kraft finden, trotz aller Umstände etwas an unserer Lebenssituation zu ändern. Wenn wir uns aber für uns und andere verantwortlich fühlen, um einen inneren Mangel auszugleichen, laufen wir Gefahr, unseren eigentlichen Sinn, unsere Leidenschaften, Talente und Gaben zu verlieren.

Erst wenn existenzielle Anliegen zufriedenstellend gelöst sind, öffnet sich vor uns ein Raum, der es uns ermöglicht, über das schlichte Überleben hinauszudenken, ohne von Ängsten oder Limitationen geplagt zu sein. Im Fall von Helga fragst du dich womöglich, wie sie es geschafft hat, sich von Fritz zu trennen. Nun, eines ihrer Kinder bot an, Helga vorübergehend aufzunehmen, und besorgte ihr einen Job als Köchin in der nahegelegenen Grundschule. Helga hatte dadurch wieder eine Perspektive auf ein von Fritz unabhängiges Leben und erkannte ihre Chance nicht nur, sie nutzte sie auch.

Menschen brauchen Perspektiven in ihrem Leben, um Verantwortung zu übernehmen und Veränderungen anstossen zu können.

Stell dir vor, du würdest sämtliche Entscheidungen basierend auf Sorgen, Ängsten oder Pflichtgefühlen treffen. Dadurch würde kaum Raum für die entscheidende Frage bleiben: *»Was genau würde mich wirklich erfüllen?«* Du würdest dich immer mehr vom eigenen Ich entfernen und irgendwann vielleicht gar nicht mehr wissen, wer du eigentlich bist. Dieses Dilemma lässt sich auch auf Bereiche wie Familie oder Partnerschaft übertragen. Wir sagen aus Pflichtgefühl Ja zu etwas oder jemandem, obwohl es uns eigentlich missfällt, nur um gewissen Erwartungen zu entsprechen. Das mag zwar lobenswert wirken, aber ist nur dann dienlich, wenn Bauch, Herz und Vernunft dem Tun zustimmen können. Machen wir es uns aber zur Gewohnheit, das eigene Erleben zu übergehen, wachen wir eines Tages auf und fühlen uns fremd und unglücklich. Erst dann, wenn wir einen für uns ganzheitlichen Sinn in Form einer alternativen, besseren Perspektive für unsere Zukunft durch die von uns initiierte Veränderung erkennen können, kann sich ein Gefühl der Zufriedenheit einstellen.

Ich erinnere mich an dieser Stelle an Sofie. Sofie war

mit Ludwig verheiratet und das, nach eigener Angabe, welche ihr große Anstrengung abverlangte, unglücklich. Auf die Frage, warum sie denn in einer unglücklichen Beziehung verharre, meinte sie nur schulterzuckend: »*Ich kann doch nicht einfach sagen, dass es mir nicht gut geht? Was würden unsere Eltern von uns denken? Mir sollte es doch gut gehen, ich hab doch alles!*« Sofie hing in Erwartungshaltungen und Pflichtgefühlen fest, die ihrer eigenen Zufriedenheit und ihrem Glück im Wege standen. Diese Situation kennen viele von uns. Denn leider limitieren wir uns besonders in der Leistungsgesellschaft häufig und meinen nur allzu oft, bestimmte Dinge tun zu müssen, um zu genügen. Solche Annahmen machen uns ebenso zu Gefangenen der eigenen Limitation. Plötzlich gibt es nur noch »schwarz oder weiß«, »rechts oder links« oder »entweder – oder«.

Wenn wir beispielsweise gerne malen, backen oder gärtnern, müssen wir das nicht zwingend beruflich machen, sondern könnten diese Aktivitäten einfach in unseren Alltag integrieren. Nicht jede Tätigkeit muss Geld in die Kasse spülen, sondern darf rein dazu dienen, die Freude in unsere Herzen zurückbringen! In einem meiner Vorträge meinte eine Teilnehmerin, sie würde von Herzen gern nähen, verdiene damit aber kein Geld und überlege deshalb, das Nähen sein zu lassen, weil es keinen Nutzen bringt. Ich erinnerte sie daran, dass der Wert einer Tätigkeit nicht ausschließlich darin besteht, damit Geld zu verdienen, sondern ein Hobby auch zu unserem reinen Vergnügen beitragen darf. Tätigkeiten, die Freude machen, haben Sinn. Miss ihnen ruhig einen entsprechenden Wert bei und begrenze dich nicht.

Auch Sofie begrenzte sich, aber in einer anderen Weise. Wenn Sofie sich unglücklich in ihrer Ehe fühlt, darf sie lernen, das auszudrücken. Sie muss es nicht als gegeben hinnehmen, sondern darf für sich einstehen. Deshalb bringt uns dieses Kapitel unweigerlich zu der Frage: »Was genau tust du aus welcher Motivation heraus?« Limitierst du dich womöglich selbst, indem du dein geliebtes Hobby auf Eis legst, nur weil du damit sowieso kein Geld verdienst? Steckst du in einer unglücklichen Beziehung fest, nur weil du dich verpflichtet fühlst, den Anschein von Glück vorgaukeln zu müssen? Wenn ja, vor wem meinst du, dich erklären zu müssen? Wer oder was sind deine moralischen Instanzen?

Als Sofie erkannte, dass sie der Moral ihrer Eltern unterlag, sie habe als Ehefrau klaglos hinzunehmen, wie die häusliche Situation ist, konnte sie sich ihrem Ehemann endlich öffnen und klar mitteilen, was sie brauchte und wollte. Berührend war an diesem Punkt die Reaktion von Ludwig. Er meinte: »Zum ersten Mal habe ich das Gefühl, dass wir einander aufrichtig nah sein können. Da war immer so eine Distanz zwischen uns, die ich mir nicht erklären konnte. Ich habe mich auch nicht getraut, anzusprechen, was ich fühlte, weil ich, genau wie Sofie, gewissen Anforderungen unterlag.« Hier hatten also jahrelang zwei Menschen zusammengelebt, deren Entscheidungs- und Handlungsinstanz im Außen lagen. Was will ich dir an dieser Stelle mitgeben?

Das Streben oder die Sehnsucht nach einem Sinn im Leben ist menschlich und muss nicht zwangsläufig bedeuten, den Job sofort zu kündigen oder eine drastische Veränderung in Beziehungen vorzunehmen, sondern vielmehr kleine Schritte zu tun, um unsere Leidenschaften, Sehnsüchte und Interessen in unserem Alltag zu pflegen. Du darfst dabei natürlich genauso gut entscheiden, dass dein Pflichtgefühl über deinem eigenen Glück steht, solange du für dich einen Sinn daraus schöpfen kannst, ist das in Ordnung. Solltest du aber feststellen, dass du permanent das eigene Glück hintanstellst, wird es ungesund. Denn wir sind nun mal Wesen, die nicht nur aus Pflichtgefühl handeln möchten, sondern auch aus dem Bedürfnis nach Sinn, Glück und Zufriedenheit. Auch damit übernehmen wir Verantwortung uns selbst und anderen gegenüber. Das gelingt allerdings erst, wenn wir uns erlauben, ein gesundes Gleichgewicht zwischen Pflichtgefühl und Glückserleben zu finden.

In der Auseinandersetzung mit Bedürfnissen, Grenzen und dem persönlichen Sinn können wir auf Erkenntnisse von Viktor Frankl zurückgreifen. Frankl, ein jüdischer Psychiater, wurde von den Nazis in ein Konzentrationslager verschleppt und erkannte unter diesen menschenunwürdigen Umständen, dass wir alle nach einem Sinn in unserem Leben suchen. Er beschrieb es als eine innere Sehnsucht nach einem höheren Zweck, der über das bloße Überleben hinausgeht. In dieser barbarischen Umgebung fand er die Freiheit in seinen Gedanken und erkannte, dass niemand ihm diese nehmen konnte. So konnte er sich ein Leben außerhalb des Konzentrationslagers vorstellen, was ihm ausreichend Sinn gab, um die Kraft zu finden, diese Hölle durchzustehen. Frankl betonte auch die entscheidende Rolle des Glaubens an eine Zukunft für das Überleben in extremen Situationen. Er erzählte von Mithäftlingen, die trotz der grausamen Umstände die Hoffnung auf Rettung und ein besseres Morgen bewahrten, während andere, die den Glauben daran verloren hatten, oft aufgaben und starben. Ähnliches berichtete auch Nelson Mandela, der mehr als 30 Jahre seines Lebens unter furchtbaren Bedingungen im Gefängnis verbringen musste. Diese beiden Beispiele verdeutlichen, wie stark das Bedürfnis nach Sinn und Bedeutung selbst in den extremsten Lebensumständen ist und wie es Menschen hilft, in aussichtslosen Situationen Hoffnung und Stärke zu finden.

Sehen wir einen Sinn in unserem Tun, haben wir auch die Kraft, an dem uns Wichtigen festzuhalten.

Wir bewahren uns die Hoffnung auf eine positive Zukunft. Stirbt der Sinn, stirbt die Leidenschaft fürs Dranbleiben, aber auch die Lebenskraft.

Die Schamanen mancher Kulturen drücken das wie folgt aus: »*Wenn die fünfte Generation nach dir deinen Namen noch kennt, dann hatte dein Leben Bedeutung.*« Ein recht hochgestecktes Ziel, aber es verdeutlicht, wie sehr der Mensch bestrebt ist, bedeutungsvoll für andere zu sein, und das Bedürfnis, eigene Spuren zu hinterlassen, im Grunde dazugehört. Jeder Mensch möchte von Bedeutung sein, das ist ein Grundbedürfnis, das uns alle eint. Aber nicht alle hinterlassen Spuren, die von positiver Bedeutung sind. Wenn wir an so manch einen Menschen aus der Historie denken, weißt du, was damit gemeint ist. Diese Tatsache verdeutlicht, dass es unserem freien Willen obliegt, wie wir den Sinn unseres Lebens definieren und ausüben. Menschen, die an einer Depression leiden, haben häufig ihre eigene Bedeutung, den Sinn ihrer Existenz aus den Augen verloren und fühlen sich deshalb womöglich hoffnungslos und fehl am Platz. Besonders dramatisch ist, wenn sie sich deshalb nicht mehr in der Lage dazu sehen, zu fühlen, was sie brauchen und wollen, aber auch nicht mehr auf gesunde Weise definieren können, wie der Sinn ihres Daseins aussehen könnte. Sie fühlen ihre Daseinsberechtigung womöglich gar nicht mehr oder haben eine so komplexe, kaum zu erfüllende Vorstellung davon, was genau passieren müsste, um sich von Bedeutung zu fühlen, dass sie die Hoffnung auf Erfüllung aufgeben. An dieser Stelle ist es dringend notwendig, wieder den kleinen Dingen im eigenen Leben Bedeutung zuzuschreiben. Beispielsweise in der Anerkennung, dass selbst das morgendliche Aufstehen schon eine große Leistung und ein Schritt in die richtige Richtung ist.

Die Frage ist: Was war zuerst da? Das Gefühl, nicht mehr zu wissen, was wir brauchen, oder das Gefühl, keinen

Sinn im eigenen Leben zu sehen? Der Teufelskreis beginnt an der Stelle, an der wir aufhören, für uns einzustehen, weil wir denken, dass es sinnlos ist. Weil unser Umfeld sowieso nicht auf unsere Bedürfnisse reagiert oder die Umstände eine Veränderung nicht zulassen. Das kann sich anfühlen, als würden wir in einer Falle sitzen. Mit dieser Falle geht jeder anders um. Manche von uns sind in der Lage, Hoffnung und Halt in der Zukunft zu finden, andere in ihren Mitmenschen, die dabei helfen können, diese Krise zu überwinden. Aber viele bleiben auch einfach stecken. Genauso kann sich eine Depression anfühlen: als würden wir in einer Falle sitzen, aus der es kein Entkommen zu geben scheint. Spätestens dann ist es dringend notwendig, sich Hilfe und professionelle Unterstützung zu holen. Denn aus einer Falle können wir uns häufig nicht selbst befreien. Es braucht andere, hilfreiche Hände, die mit anpacken und einen Weg aus der gefühlten Gefangenschaft heraus ermöglichen oder aufzeigen.

Manches Mal, wenn die Falle noch nicht gänzlich geschlossen ist, kann es auch helfen, einen Perspektivenwechsel vorzunehmen und sich die Frage zu stellen: »*Was brauche ich und wie könnte ich dafür einstehen?*« Die Findung einer Antwort kann unter gewissen Umständen allerdings auch mehr Kraft, Ressourcen und Resilienz erfordern, als du vielleicht erwarten würdest. Denn es macht einen enormen Unterschied, ob wir in einer 50 Zentimeter tiefen Grube stehen, aus der wir uns mühelos selbst befreien können, oder in einem fünf Meter tiefen Loch festsitzen, wo wir auf externe Hilfe angewiesen sind. Somit spielt die Art unserer Probleme auch eine entscheidende Rolle für die Findung einer Lösung. Wenn wir an diesem Punkt den allgemeingültigen Rat hören: »Bleib einfach hartnäckig dran, und zwar so lange, bis du eine Antwort für dein Problem findest«, ist es, als würde uns jemand einen Fahrradflickkasten überreichen, um mit seinem Inhalt ein großes Loch in unserem

Schlauchboot zu reparieren, auf dem wir mitten im Ozean treiben. Wir brauchen unseren Problemen entsprechende Unterstützung und Lösungen, die uns in der konkreten Situation Erleichterung bieten. Mögliche Antworten könnten sein: Ich brauche eine Psychotherapie. Ich brauche eine Kur. Ich brauche Urlaub. Ich brauche mehr Zeit. Ich brauche Abstand. Ich brauche mehr Nähe. Ich brauche einen anderen Job. Ich brauche mehr Fokus.

Aber so manch einer kann nicht einmal das mehr sehen und annehmen. Je tiefer die Grube, umso weniger erkennen wir mögliche Hilfestellungen und Auswege, weil wir in Panik geraten und der Gedanke »Ich komme da nie mehr raus« dominiert. Erinnerst du dich an eine scheinbar ausweglose Situation in deinem Leben, die du letztendlich aber meistern konntest? Zu Beginn fühltest du dich womöglich panisch, erst zur Ruhe kommend lassen sich Lösungsansätze wahrnehmen und greifen. Es braucht an dem Punkt häufig jemand Außenstehenden, der, ausgerüstet mit notwendigen und wichtigen Werkzeugen, in die Grube runterklettert und uns von dort rausholt, damit wir überhaupt wieder erkennen können, was genau wir brauchen, und die Kraft finden können, das Problem zu lösen. Sobald du weißt, was du brauchst, um Erleichterung zu erlangen, tust du sicherlich auch alles dafür, um sie zu erhalten. Kein Mensch quält sich bewusst selbst, und befindet er sich in einer solchen Situation, benötigt er schlichtweg Hilfe. Aber Achtung: Spiel nicht die Retterin oder den Helden! Wenn du jemand bist, der sich gern in die Gruben anderer setzt, ohne jedoch über die entsprechende Ausrüstung, die Kapazitäten und das Know-how zu verfügen, wirst du früher oder später selbst zum Grubensitzer! An dieser Stelle ist es unerlässlich, sich einzugestehen: »Hey, ich muss mich nicht selbst in das tiefe Loch begeben, um zu helfen. Dafür gibt es Menschen, die das gelernt haben und genau wissen, was sie tun.«

Und gleich vorneweg, falls du zufällig in der Grube sitzend an dieses Buch gelangt bist: Schon alleine die Tatsache, dass du hier bist, atmest, liest, existierst, reicht aus. Mach es dir bitte nicht selbst zu schwer, indem du viel zu hohe Ansprüche und Erwartungen an dich stellst und womöglich sagst: »Erst wenn ich XY erreicht habe, macht mein Leben Sinn und ist von Bedeutung.« Dein Leben macht jeden Tag, an dem du über und nicht unter der Erde bist, Sinn, ist wichtig und von Bedeutung. Dieser Gedanke muss zu einem Grundkonzept werden. Lass dir von keinen Widrigkeiten der Welt deine Zuversicht nehmen. Nichts und niemand hat das Recht dazu, auch du selbst nicht. Das wäre, als würdest du dich weigern, kurz vor dem Verdursten das volle Glas Wasser, das vor dir steht, zu trinken. Es gibt Hilfe, Unterstützung und genug Menschen, die ihren Lebensunterhalt damit verdienen, anderen zu helfen, und das von Herzen gerne tun. Wende dich an sie. Denk bitte nicht daran, dass du ihnen zur Last fallen könntest. Um aus dem Gefühl der Sinnlosigkeit herauszukommen, hilft es, sich immer und immer wieder zu sagen: *»Doch, es macht Sinn weiterzumachen! Ich hole mir Hilfe und bleibe zuversichtlich!«*

Es ist so wichtig, zu spüren, von Bedeutung und Sinn erfüllt zu sein, dass wir Menschen im Grunde bereit sind, alles dafür zu tun. So kann das Streben nach einem höheren Sinn auch in die Irre führen. Eben wenn Menschen glauben, sie seien für das Wohl anderer verantwortlich oder hätten die Macht, sämtliche Probleme der Welt zu lösen. Aber auch, wenn sie suizidale Gedanken entwickeln aufgrund der Annahme, nicht von Bedeutung zu sein. Gerade Menschen, die sich ständig übermäßig um das Wohlergehen anderer sorgen und ihre eigenen Bedürfnisse vernachlässigen, fühlen sich für das Glück und die Zufriedenheit ihrer Mitmenschen verantwortlich. Sie setzen ihre eigenen Grenzen oft nicht angemessen, weil sie denken, nur dann von Bedeutung zu sein, wenn sie sich in gewisser Weise aufopfern. Genau darin liegt der fatale Irrtum.

> *Von Bedeutung zu sein, hat nichts damit zu tun, sein Leben oder sich zu opfern.*

Dieser Gedanke kann zu einem Teufelskreis führen, in dem du dich permanent überfordert und gestresst fühlst, aber auch dein eigenes Leben in Gefahr bringst. Die gesunde Suche nach Sinn ist wie ein Quell der Inspiration, der Motivation und des persönlichen Wachstums und keineswegs ein Ort der Selbstaufgabe, Schuld und Scham. In einer Welt, in der niemand die eigene Bedeutung auf die Probe stellen oder beweisen müsste, wären wir deutlich zufriedener und seltener mit Depression, Hass und Zwietracht konfrontiert. Aber wir leben nun mal nicht in so einer idealen Welt, und deshalb ist es unerlässlich, gut auf die eigenen Möglichkeiten, Bedürfnisse, Gedanken und Grenzen zu achten. Wir werden immer versucht sein, erneut in die Falle zu tappen, die uns glauben lässt, wir müssten uns aufopfern, um geliebt und anerkannt zu werden, aber du hast nun den Wissensvorsprung, dass es eine Falle und somit nicht erstrebenswert ist.

Letztendlich sollten wir uns bewusst machen, dass jeder Mensch seinen eigenen Weg zur Findung eines Sinns hat und es eine gesellschaftliche und pädagogische Verpflichtung darstellen müsste, dieser Entwicklung Raum zu geben. Es liegt zwar an uns persönlich, die Balance zwischen unserer Verantwortung gegenüber anderen und gegenüber uns selbst zu finden, aber auch in der Hand der Gesellschaft, den notwendigen Rahmen dafür bereitzustellen. Im Grunde müssten Schulen ein weiteres Fach in ihren Lehrplan aufnehmen: Lebenskompetenzen, Ethik und Selbstwertbildung.

Da wir bisher nicht in das Vergnügen dieser Bildung gekommen sind, müssen wir uns eigenständig auf diese Reise begeben, um ein erfülltes und zufriedenes Leben zu führen – wären da nicht die unzähligen, erwartungsvollen Zuschauerinnen und Zuschauer in unserem Zirkus …

Kapitel 3

DIE ZUSCHAUER UND IHR EINFLUSS

In diesem Kapitel lernst du die sechs Stufen der Verantwortungsübernahme kennen. Die sechs Stufen dienen dazu, zu verdeutlichen, wie sich die individuelle Verantwortung im Laufe der Zeit graduell entwickeln und welche Auswirkungen dies unter anderem auf deine Beziehungen haben kann, sowohl im positiven als auch im negativen Sinne.

Stufe 1:
Passiver Zuschauer

Auf dieser ersten Stufe übernehmen wir kaum oder gar keine Verantwortung für die eigenen Handlungen oder die Umgebung. Wir sind passive Beobachter des Geschehens und überlassen die Entscheidungen anderen. Im Grunde ist das die Phase, die wir alle als Säuglinge erlebt haben. Wir waren vollkommen abhängig von der Fürsorge unseres Umfeldes und konnten nichts weiter dafür tun. Bleiben wir in dieser Phase »hängen«, bleiben wir Zuschauer im eigenen Lebenstheater und glauben, weder Einfluss auf die Protagonisten noch auf die Umgebung nehmen zu können. Wir neigen dazu, uns von Verantwortung zu distanzieren, uns stattdessen zurückzulehnen und zu denken beziehungsweise zu sagen:

- ★ *»Die anderen werden sich schon kümmern. Ich lass die mal machen.«*
- ★ *»Wohin fahren wir auf Urlaub?« – »Ist mir egal, entscheide du!«*
- ★ *»Ich würde gern italienisch essen gehen, und du?« – »Ist mir egal, sag du!«*
- ★ *»Ich will heute gemütlich Netflix schauen, und du?« – »Egal, mir ist alles recht!«*

Dialoge, die einen auf die Palme bringen können, weil es so offensichtlich ist, dass einer aufgrund seiner Panik vor Verantwortung und klarer Haltung den anderen zum Entscheidungsträger macht. Diese Zwangsbeglückung kann ungemein anstrengend und zermürbend für das Umfeld sein. Im Grunde ist das Gegenüber in der infantilen Phase stecken geblieben. Und wenn wir Kind bleiben, muss das Gegenüber zu Mama oder Papa mutieren, die alles entscheiden. Hauptsache, wir selbst sind raus – aus der Mühle der Verantwortung. Noch erschwerend kommt hinzu, dass auf dieser Stufe auch das Bewusstsein für die eigenen Handlungen fehlt. Das Gefühl, keine Kontrolle über uns, unser Leben und andere zu haben, dominiert uns. Unserem Umfeld wird es ähnlich gehen, denn die Bekanntschaft mit einem Menschen, der so gar kein Gefühl für Verantwortlichkeit hat, kann nicht nur frustrieren, sondern auch wütend machen. Deshalb sind passive Menschen auf dieser Stufe häufig mit Beziehungskonflikten konfrontiert oder leiden unter Einsamkeit. Vielleicht fällt dir beim Lesen jemand ein, der derart passiv und in gewisser Weise auch als Opfer des Lebens durch den Alltag marschiert. Vielleicht lebst oder lebtest du mit so jemandem in Beziehung oder du stellst gewisse Züge auch bei dir selbst fest? Du fragst dich womöglich, welche Hintergründe und Ursachen zu Passivität führen? Nun, es gibt unterschiedliche Gründe dafür:

1. *Erziehung und Umfeld:* Die Erziehung und das Umfeld, in dem eine Person aufwächst, hat einen starken Einfluss darauf, wie sie Verantwortung wahrnimmt. Ist der kleine Johann der König im Haus, dem Mami alles hinterherträgt und für den Papi alles checkt, hat Johann das Potenzial, sich zu jemandem zu entwickeln, der sich sagt: »Hinter mir die Sintflut, egal, was ich tue, Mama und Papa werden es schon richten.« Stell dir nun Marie vor, die als junge Frau auf den mittlerweile erwachsenen Johann trifft und mit ihm eine Beziehung eingeht. Du wird schnell feststellen, dass Johann erwartet, dass sie sich um alles kümmert, haben die beiden sogar gemeinsame Kinder, wird Marie mit Johann immer ein Kind mehr an ihrer Seite haben. Wie frustrierend das sein kann, können wir uns gewiss ausmalen.
   Wenn jemand in einem Umfeld aufwächst, in dem Verantwortung überwiegend von anderen übernommen wird oder in dem passives Verhalten akzeptiert wird, kann das dazu führen, dass diese Person selbst passiv bleibt. Was kann Marie also tun? Sie hat natürlich die Möglichkeit, dauerhaft frustriert zu reagieren, vielleicht übernimmt sie aber auch wortlos alle Aufgaben und endet in beiden Fällen in einem Mental Overload oder Burn-out. Vielleicht wirkt sie mit der Zeit auf ihr eigenes Umfeld immer unausgeglichener und gestresster, womöglich verändert sie sich durch die Beziehung zu Johann zu jemandem, der sich selbst gar nicht mehr wahrnimmt und spürt. Deshalb, weil ihr im Alltag oft einfach keine Wahl bleibt. Irgendjemand muss sich schließlich um alles kümmern.
   In Beziehung mit einem passiven Menschen finden wir uns schnell in längst vergangenen Rollenbildern aus den 1950ern wieder. Eine emanzipierte und selbstbewusste Marie wird vermutlich gar nicht erst in die Lage geraten, sich auf eine Familiengründung mit den Johanns dieser

Welt einzulassen. Stammt Marie jedoch selbst aus einer Familie, in der sie gelernt hat, dass ihre eigenen Bedürfnisse wenig Gewicht haben, wird sie Johanns Verhalten nicht weiter hinterfragen und als ganz »normal« ansehen. Der Johann an ihrer Seite wird zur unüberwindbaren Selbstverständlichkeit, der sie sich ausgeliefert fühlt. Es kann womöglich viele Jahre dauern, ehe Marie sich emanzipiert und ausreichend Selbstvertrauen aufgebaut hat, um ohne Gewissensbisse *»Halt, stopp«* sagen zu können. In der Generation unserer Eltern gibt es viele Johanns und Maries. Was könntest du tun, wenn du so jemanden in deinem Umfeld hast? Ein Satz, der Wirkung zeigt, ist: *»Ich traue dir zu, dass du eine Lösung dafür findest.«* Lass diese Menschen mit einem Gefühl des Vertrauens zurück. Anstatt dir Sorgen zu machen, wütend zu sein oder sie verändern zu wollen, sag dir: *»XY wird seinen Weg schon gehen, so wie ich meinen gehe.«* Steht dir diese Person näher, ist es natürlich herausfordernder. Handelt es sich um den eigenen Partner, das eigene erwachsene Kind oder eine Arbeitskollegin, bist du selbst direkt von dem Verhalten betroffen. Solche Menschen brauchen Klarheit, Struktur und ein starkes Gegenüber. Lass dich auf keine Diskussion ein, verhandle nicht, sondern leg fest, was getan werden muss, und fordere das Handeln, inklusive Konsequenzen, auch ein. Nur so nimmt dich dein Gegenüber ernst. Nur so kann sich auch etwas ändern.

2. *Angst vor Versagen:* Die Angst vor dem Versagen oder vor den Konsequenzen von Handlungen kann natürlich auch dazu führen, dass jemand sich von Verantwortung distanziert. Wenn wir befürchten, dass wir den Erwartungen nicht gerecht werden können oder dass wir Fehler machen und aufgrund dieser womöglich Ablehnung erfahren, führt das zwangsläufig dazu, dass

wir lieber passiv bleiben, um uns unangenehmen Situationen zu entziehen. Es ist nicht leicht, die Angst vor negativen Konsequenzen bei Fehlern zu verlieren, aber es ist möglich. Meist durch einen bewussten Perspektivenwechsel und der damit verbundenen Anstrengung, der Versagensangst die Stirn zu bieten.

Als ich zwölf Jahre alt war, besuchte ich mit meinem Vater ein Motorradrennen. Mein Vater fuhr das Safety-Car vorneweg, ich durfte auf der Rückbank mitfahren und war sehr aufgeregt. Der Duft des Motoröls, die aufgeregten Menschen und das laute Brummen der Motorräder – es war herrlich. Und weil ich mich so sehr freute, jubelte ich von meiner Rückbank aus ganz freundlich den Rennfahrern hinter mir zu. Ich lächelte, strahlte und winkte wie verrückt. Plötzlich winkte einer der Rennfahrer zurück, und dann passierte es. Er stürzte. Mein Vater war außer sich, als er erfuhr, dass ich, wie er sagte, dafür verantwortlich sei. Ich hätte mich benehmen sollen und den armen Mann nicht ablenken dürfen. Weinend zog ich mich in eine Ecke zurück und wollte nie wieder rauskommen. Nach circa zwei Stunden erfolgreichen Versteckens wurde ich von dem Rennfahrer gefunden, der zuvor gestürzt war. Er hörte mich weinen und kam zu mir. Es schien ihm sehr wichtig zu sein, mir Folgendes mitzuteilen: *»Hör mal, du trägst keine Schuld. Du wolltest nur freundlich sein, und das ist legitim. Du bist ein Kind, du darfst das. Weißt du was? Ich hatte heute die ganze Zeit über schon kein gutes Gefühl beim Rennen und bin dankbar, dass ich jetzt hier bei dir bin und nicht da draußen auf der Strecke am Bike sitzen muss.«* Er reichte mir seine Hand und kaufte mir ein Eis. Ich habe diesen Moment nie vergessen, denn er lehrte mich, dass Menschen gütig sind und verzeihen können. Aber auch, dass es menschlich ist, Fehler zu machen. Nicht jeder von uns hat das Glück, dass prägende Ereignisse wieder »geradegerückt« werden können. Es hätte genauso gut sein können, dass er mich nicht gefunden hätte, kein Gespräch zustande gekommen wäre oder ein Fahrer gestürzt wäre, der mir, meinem Vater oder der Rennleitung dann womöglich die Hölle heiß gemacht hätte. Im Leben gibt es nie eine Garantie, wie Menschen auf Umstände oder Ereignisse reagieren. Aber es gibt die Garantie dafür, dass wir selbst entscheiden können, wie wir mit einer Situation in unserem Leben umgehen. Wir können entscheiden, wie wir Ereignisse interpretieren. Das nennen wir freier Wille. Wir haben immer und allseits die Wahl, ob wir dem, was passiert ist, die Bedeutung zuschreiben: *»Das ist das Ende!«*, oder: *»Das ist der Anfang!«* Deshalb ist eine Lösung für Versagensangst: Milde, Zuversicht und Perspektivenwechsel. Sei milde mit dir und anderen und nimm eine andere Perspektive ein.

Wenn wir die Erfahrung machten, dass uns das Leben, selbst im Angesicht von Rückschlägen, wohlgesinnt ist, werden wir Ereignissen eine völlig andere Gewichtung zuschreiben, als wenn wir davon ausgehen müssen, dass uns das Leben feindlich gegenübersteht. Ich hatte die große Freude und Ehre, ein längeres Podcast-Gespräch mit Samuel Koch zu führen. Er verunglückte vor vielen Jahren bei der TV-Show »Wetten, dass ...?« schwer und verbringt sein Leben seither im Rollstuhl. Doch das ist nicht richtig ausgedrückt. Samuel wirkt auf mich wie jemand, der sein Leben weit über das Sichtbare, über den Rollstuhl hinaus lebt. Seine Augen strahlen, sein Geist ist wach und er sprüht nur so vor Lebensfreude und Tiefsinn. Er scheint, woher auch immer, einen unbändigen Willen in sich zu tragen, das Optimistische und Positive im Leben wirklich und wahrhaftig zu empfinden – trotz der Umstände. Eine sehr inspirierende Eigenschaft, die sicherlich viele Mitmenschen dazu ermutigt, eigene Krisen zu überstehen und sich, anstatt in Bitterkeit oder Passivität zu versinken, in Lebensfreude zu üben. Es tut gut zu sehen, dass Menschen aufgrund ihrer Willenskraft und inneren Ressourcen sämtlichen Widerständen trotzen können.

Vielleicht ermutigt dich das auch? Übe dich darin, so lange die Perspektive zu ändern, bis du inneren Frieden mit Ereignissen erlangst. Manches Mal gelingt uns das nicht alleine, dann müssen wir uns einer Therapeutin oder einem Freund anvertrauen und um deren Sichtweise bitten. Andere Male reicht selbst das nicht. In diesem Fall lege Gott oder wie auch immer du die Kraft nennst, an die du glaubst, das Problem vor die Füße und bitte darum, dass er/sie dir einen anderen Blickwinkel schenkt, sodass du innerlich wieder ruhiger werden kannst. Vielleicht sind gewisse Fronten schon sehr verhärtet, umso mehr ist es notwendig, alles daranzusetzen, die Ereignisse in einem anderen Licht wahrzunehmen. Lass dir bitte von niemandem einreden, dass etwas in deiner Biografie »zu schwerwiegend« ist, um gelöst oder geheilt zu werden.

Wusstest du, dass wir Menschen einander Erinnerungen an Ereignisse, die womöglich so gar nie stattgefunden haben, auch einreden können? Im *False-Memory*-Experiment wurde dieses Phänomen ersichtlich. Je öfter uns jemand – emotional aufgeladen – seinen Blickwinkel als Wahrheit aufdrängt, umso eher glauben wir, was er sagt. Wenn also andere Menschen dazu in der Lage sind, uns von etwas zu überzeugen, können wir uns doch auch selbst dahingehend prägen, was wir glauben wollen! Wenn du bisher dachtest, du wärst für einen Umstand oder ein Unglück verantwortlich und müsstest in der tiefen Grube sitzen bleiben, sag dir stattdessen bitte selbst eine neue Wahrheit und kau nicht länger auf dem alten Knochen herum.

Verliere dich dabei allerdings nicht auf der Suche nach dem Warum. Warum bestimmte Dinge im Leben passieren, können und müssen wir nicht immer verstehen. Such lieber nach Lösungen. Warte nicht, bis das Leben dir Antworten präsentiert, fang an, selbst nach ihnen zu suchen – aber nicht im Außen, sondern in deinem Inneren. Auch wenn du meinst, es gäbe in dir nichts zu finden – du irrst dich. Hast du erst einmal entdeckt, wie kostbar du trotz aller Fehler, die du vielleicht gemacht hast, bist, wird auch dein inneres Licht wieder zu leuchten beginnen. Woher ich das weiß? Erfahrung! Erfahrung ist auch der Grund, warum ich dieses Buch geschrieben habe. An der Uni lernte ich die Thesen, Ursachen und Statistiken kennen, im Leben deren Anwendung und Irrtümer. Lass es dir also nicht nehmen, am Leben aktiv teilzuhaben, nur weil passive Menschen dir den Aktionsradius nehmen.

3. *Mangelndes Selbstvertrauen:* Ein geringes Selbstvertrauen kann auch dazu führen, dass wir uns nicht zutrauen, Verantwortung zu übernehmen oder Entscheidungen zu treffen. Entweder in Bezug auf andere oder für uns selbst. Das Gefühl, nicht kompetent genug zu sein oder nicht über die nötigen Fähigkeiten zu verfügen, kann dazu führen, dass wir uns lieber zurückhalten und anderen die Führung überlassen. Natürlich auch ein Problem. Vor allem in einer Zeit, in der Menschen in Überschallgeschwindigkeit Entscheidungen und Taten einfordern. Gerade durch die Digitalisierung drängen wir einander immer mehr zu raschen Entscheidungen und geben einander immer weniger Zeit, in Ruhe darüber nachzudenken. Zeit ist aber genau das, was Menschen mit wenig Selbstvertrauen benötigen. Sie wägen gern ab, denken nach und wollen sich innerlich sicher fühlen, ehe sie entscheiden

und entsprechend handeln. Hier hilft nur eines: ganz klare Grenzen zu setzen und immer wieder um die nötige Zeit zu bitten. Doch erneut beginnt der Teufelskreis, denn Grenzen zu setzen ist etwas, das jemandem mit mangelndem Selbstvertrauen nun mal verdammt schwerfällt. Deshalb verfällt er in die Passivität – den Ort des geringsten Widerstandes. Aber wie du bereits ahnst, führt Passivität meist in noch größere Schwierigkeiten.

Im Extremfall führt sie zum *Imposter*-Syndrom. Menschen haben dann das Gefühl, Erfolg, Zuwendung oder Glück gar nicht erst verdient zu haben. Wusstest du, dass vor allem Frauen unter diesem Syndrom leiden?

Also: Was können wir da tun? Stell dir vor, du gehst zur Bank und willst 500 Euro von deinem Konto abheben. Die Bankberaterin händigt dir einen zerknüllten Schein aus und sagt: »Tut mir leid, das ist der letzte 500-Euro-Schein, den wir heute hier haben.« Da du es eilig hast, nimmst du ihn, immerhin ist er nicht zerrissen, sondern nur zerknüllt – also, was solls. Wenn du damit dein neues Sofa zahlen willst, wundert sich der Verkäufer kurz, nimmt aber den Schein an. Er hat ja schließlich an Wert nicht verloren. Ähnlich ist es mit unserem Selbstvertrauen. Im Laufe des Lebens bekommt es Knicke. Aber das Selbst verliert dadurch nicht seinen Wert. Mach dir das immer und immer wieder bewusst. Sag dir: *»Nein, mein Selbst hat nichts an Wert verloren, nur das Vertrauen in mich, und darum kümmere ich mich jetzt. Ich bügle es wieder glatt!«* Lass dir Zeit und sei milde und geduldig mit dir.

Ein bekanntes Modell, um sich selbst wieder mehr zuzutrauen, ist das Selbstwertmodell des amerikanischen Psychotherapeuten Nathaniel Branden. Es umfasst sechs Säulen des Selbstwerts, um die wir uns im Laufe des Buches sehr ausführlich kümmern werden:

- ★ *Bewusstsein:* Übe dich darin, dir deiner eigenen Gedanken, Gefühle und Handlungen bewusst zu werden.
- ★ *Akzeptanz:* Arbeite daran, dich selbst zu akzeptieren, inklusive deiner Stärken und Schwächen.
- ★ *Verantwortung:* Nähere dich dem Gedanken an, nach und nach in immer mehr Lebensbereichen Verantwortung für dein Leben zu übernehmen und die Konsequenzen deiner Handlungen und Nicht-Handlungen zu akzeptieren.
- ★ *Zielgerichtetheit:* Setze dir kleine Ziele und strebe danach, sie zu erreichen. Feiere die Erfolge und mach dir das Erreichen der Ziele dadurch bewusst.
- ★ *Integrität:* Lebe, so gut es geht, im Einklang mit deinen eigenen Werten und Überzeugungen.
- ★ *Selbstbehauptung:* Lerne dich selbst zu verteidigen und deine eigenen Bedürfnisse angemessen zu kommunizieren.

Der Aufbau von Selbstwert ist ein individueller Prozess, und die Ergebnisse können von Person zu Person variieren. Manche Menschen können alleine durch Selbsthilfebücher, Onlineseminare oder Selbstreflexion Fortschritte erzielen, während andere möglicherweise die Hilfe einer Therapeutin oder einer Gruppe benötigen. Der erste Schritt besteht darin, gut in dich hineinzufühlen, was du brauchst, und es mit deiner Vernunft abzugleichen. Denn nicht immer ist das Ergebnis des »Nach-innen-Spürens« nur positiv für uns. Die Fühler nach innen sind häufig mit Prägungen behaftet, die sowohl von Vor- als auch von Nachteil für uns sein können, deshalb müssen wir den Faktencheck nebenbei stets mitlaufen lassen und unser Empfinden überprüfen. Reicht das Lesen eines Buches oder brauchst du mehr Unterstützung? Du kannst das herausfinden, indem du im Alltag beobachtest, wie du mit Situationen umgehst, in denen Anforderungen an dich gestellt werden.

Fühlst du dich noch immer unsicher, wenn du diese nicht erfüllst – und das nicht nur wenige Minuten, sondern Stunden oder gar Tage? Fühlst du dich weiterhin darin gehemmt, klar auszusprechen, was du brauchst, und ergibt der Faktencheck selbiges? Dann leg noch eine Schippe auf dieses Buch drauf und sprich mit einer Freundin oder einem guten Coach, Therapeuten oder einer Psychologin darüber. Vielleicht helfen aber auch Videos, Meditationen, Übungen und der Austausch mit anderen? Ich habe eine Plattform eingerichtet, auf die du mithilfe des QR-Codes im Anhang kostenlos auf all das Genannte zugreifen kannst. Verzage nicht, alles braucht seine Zeit. Dein Selbstwert will besondere Zuwendung, und sobald du ihm diese regelmäßig zukommen lässt, wird er es dir mit Steigerung danken.

4. *Mangelnde Selbstreflexion:* Wenn wir uns nicht bewusst mit den eigenen Handlungen und Motivationen auseinandersetzen, kann das dazu führen, dass wir keine Verantwortung übernehmen. Ohne Selbstreflexion kann es schwierig sein, die eigenen Prioritäten und Werte zu erkennen und entsprechend zu handeln. Es ist, als würdest du eine Angel in einen trockenen See hängen und darauf warten, dass ein Fisch anbeißt. Klingt lächerlich, aber jemand, der sich selbst nicht reflektiert, ist schlichtweg ein Angler an einem ausgetrockneten Gewässer. Er will im großen Teich mitspielen, bemerkt dabei aber nicht, dass die wichtigste Zutat, das Wasser, fehlt. Mit Menschen in einer Beziehung zu leben, die sich wenig bis kaum reflektieren, kann sich genauso anfühlen. Sie mutieren selbst zum Angler ohne Chance, Fische zu fangen. Vielleicht hast du dein Gegenüber immer und immer wieder darauf aufmerksam gemacht, was sein eigener Anteil am Geschehen ist, aber es fehlt ihm schlichtweg an Einsicht. *»Schuld sind die*

anderen!« wird zum Credo seines Lebens. Ich kann dir sagen, dass das auf Dauer ziemlich zermürbend sein kann und vermutlich auf Kosten deines eigenen Wohlbefindens geht. Vielleicht verwandelst du dich an der Seite eines unreflektierten Menschen selbst zu jemandem, den du gar nicht mehr wiedererkennst. Vielleicht brüllst du ihn an, verhältst dich gemein und herablassend oder schaltest auf stur und redest gar nicht mehr mit dieser Person. Alles sinnlose, aber nachvollziehbare Reaktionen.

Um mit jemandem, der wenig reflektiert ist, ins Gespräch zu gehen, müsstest du zum einen in der Verantwortung für deine eigenen Gefühle bleiben können und dir zum anderen die Zeit nehmen, dich selbst zu regulieren, sobald du bemerkst, dass du den eigenen grünen Bereich verlassen hast. Wir können für unser Verhalten stets die Verantwortung übernehmen, für jenes unseres Gegenübers allerdings nicht. Ich denke dabei an Lizzy. Sie fühlte sich permanent für alles zuständig, was ihr Freund Xaver ihr vor die Füße warf. Sie war nicht mehr dazu in der Lage, zwischen seinen Verantwortlichkeiten und ihren eigenen zu unterscheiden. Die notwendige Differenzierung ist im Grunde nichts anderes als eine Einladung zur eigenen Stabilisierung: *»Nein, es ist nicht meine Aufgabe, XY zu ändern. Es ist auch nicht meine Aufgabe, ihn dazu zu bewegen, endlich über seine Handlungen reflektiert nachzudenken. Ich bin nicht dafür zuständig, seinen emotionalen Müll zu entsorgen. Es ist einzig und allein meine Aufgabe, gut für mich innerhalb dieser Beziehung zu sorgen und darauf zu achten, in mir stabil zu bleiben. Ich selbst bin dazu aufgefordert, herauszufinden, ob mir das in dieser Beziehung überhaupt gelingen kann.«*

Gerade dann, wenn die Begegnungen mit unreflektierten Menschen immer und immer wieder deinen Magen verkrampfen und deine Schultern schwer werden lassen, deinen Kopf zum Dröhnen bringen und deine Stimmung in den Keller sinkt, zeigt dir dein Körper: *Nein*. Dann ist es deine Aufgabe, selbst zu reflektieren und damit aufzuhören, den anderen dazu bringen zu wollen, besser auf dich zu achten. Achte du stattdessen auf dich. Das Nein des Gegenübers hast du schon, es weigert sich, näher auf dich einzugehen. Hörst du auch auf das Nein deines Körpers?

Es ist spannend, zu beobachten, dass vieles von dem, was uns an anderen stört, im Grunde eine Aufforderung an uns selbst ist, das Geforderte von uns aus einzubringen. Wir fordern in diesem Fall Reflexion. Die Lösung ist nicht, beim anderen darauf zu beharren, sondern sie selbst einzubringen und zu sagen: *»Je länger ich darüber nachdenke, umso mehr merke ich, dass mir dieses Verhalten nicht guttut. Ich werde mir selbst genau zuhören, was ich brauche, und entsprechend handeln.«* Genau das ist Reflexion.

5. *Normen und Erwartungen:* Gesellschaftliche Normen und Erwartungen können ebenso dazu beitragen, dass passives Verhalten gefördert wird. Ist es etwa üblich, dass Frauen den Großteil der Pflege ihrer Kinder oder Verwandten übernehmen, dafür nicht bezahlt werden und, sobald sie sich darüber aufregen, von ihren weiblichen Familienmitgliedern lediglich zu hören bekommen: *»Stellt euch nicht so an, früher mussten wir das auch tun«*, ist das eine passive Gesellschaft, die die Verantwortung füreinander abgibt und das mit Plattitüden aus vergangenen Zeiten rechtfertigt. Selbst in scheinbar sehr fortschrittlichen Gesellschaften und Kulturen gibt es blinde Flecken und eine gesamtgesellschaftliche Passivität steht in einigen Bereichen nach wie vor auf der Tagesordnung. In Erinnerung blieb mir hier

etwa der 8. März 2018, als in Spanien Hunderttausende Menschen auf die Straßen gingen und für eine bessere Bezahlung des Pflegepersonals protestierten. Mit der Konsequenz, dass darüber diskutiert wurde, Care-Arbeit einen höheren Stellenwert zu geben. Die Aufmerksamkeit war sehr groß, aber die notwendigen Konsequenzen? Dann kam wohl doch wieder etwas Wichtigeres dazwischen – und das trotz der Pandemie, wo es schließlich offensichtlich wurde, wie notwendig Pflegepersonal weltweit ist. Du merkst, gesellschaftliche Normen und Erwartungen haben weitreichende Folgen und sind, trotz so fortschrittlicher Zeiten, noch immer einer der Hauptgründe für Passivität im großen Sinne. Wenn etwas schon immer so war, ist der Schritt in Richtung einer Änderung der bestehenden Verhältnisse wohl die größte Hürde – selbst wenn ganz klar ist, dass es einer Veränderung bedarf. Wir finden diese Dramatik im Kleinen wie im Großen. Familien, die an Passivität zerbrechen, bis hin zu einer gesellschaftlichen Spaltung oder geduldeter Diskriminierung. Wie sollen wir also damit umgehen? Am besten übernimmst du den Teil der Verantwortung, der zu dir gehört und von dir übernommen und getragen werden kann. Mehr kannst du in deinem Mikrokosmos nicht tun. Von der Mülltrennung über das Zahlen deiner Steuern bis hin zum Einhalten allgemeingültiger Regeln und Gesetze – all das trägt zu einem verantwortungsbewussten Miteinander bei, und jeder von uns ist hier gefragt und von Bedeutung. Finde deinen individuellen Weg, um einen Beitrag zu leisten, den du gut tragen und halten kannst. Genau das liegt in deinem Verantwortungsbereich. Es bringt nichts, dich auf Stühle zu setzen, die du nicht voll und ganz einnehmen kannst, genauso wenig, wie sich Aufgaben aufzubürden, die die eigenen Ressourcen auffressen. Es gibt Menschen, die ihr Leben danach ausrichten, sich für andere einzusetzen. Sie gehen in die Politik, in die Forschung, belegen höhere Ämter oder kämpfen als Mitarbeiterinnen von NGOs unerbittlich für Menschenrechte. Aber nicht jeder von uns kann und muss diese Aufgaben erfüllen. Anstatt also in Selbstvorwürfen oder Schuldgefühlen zu versinken, weil du dich nicht so einsetzen kannst, wie du gern würdest, bring dich lieber in kleinen Bereichen vollumfänglich ein und genieße das Vorankommen. Wertschätze deinen Einsatz und anerkenne diesen.

6. *Rollenbilder und Schubladendenken:* Es gab eine Zeit, in der vor allem Mädchen sowohl im Elternhaus als auch in der Schule beigebracht wurde, je fleißiger, angepasster, freundlicher, lieber und aufopfernder sie wären, umso anerkannter und erwünschter würden sie in der Gesellschaft sein. Je mehr Affen auf der Schulter, umso besser und beliebter. Ein fatales Denkmuster, denn sobald das Umsorgen fremder Affen als erstrebenswert gesehen wird, springt innerlich ein spannender Mechanismus an: der Belohnungsmechanismus des Gehirns. Wenn das Verhätscheln fremder Affen mit Applaus und Anerkennung verknüpft wird, löst dies im Gehirn eine positive Verstärkung aus. Wir lernen, dass fürsorgliches Verhalten, selbst dann, wenn es über unsere eigenen Grenzen geht, belohnt wird, und das motiviert uns, es weiterhin an den Tag zu legen, um diese Belohnung zu erhalten. So entsteht ein Teufelskreis, in dem das Verhalten verstärkt wird, um die erwartete Anerkennung aufrechtzuerhalten. Das kann dazu führen, dass Menschen ihre eigenen Bedürfnisse stark vernachlässigen, um die Zustimmung anderer zu erhalten.
   Im Gegensatz dazu wurden Jungen oft unter der Prämisse erzogen: »Setz dich durch, mein Junge!«, oder: »Das Leben ist kein Ponyhof, nimm keine Rücksicht auf

andere und mach dein Ding!« Auch diese Denkmuster können dazu führen, dass der Belohnungsmechanismus des Gehirns aktiviert wird. Wenn ein Junge viel Lob für seine Durchsetzungskraft und Stärke erhält, wird er darauf konditioniert, dieses Verhalten anzustreben. Natürlich sind dies Stereotype, und dieser Mechanismus kann genauso gut umgekehrt eintreten. Mir ist in meiner 20-jährigen Arbeit mit Menschen allerdings aufgefallen, dass es den meisten Männern leichter fällt, sich abzugrenzen, Nein zu sagen und etwas einzufordern als Frauen. Viele Frauen (nicht alle!) versuchen eher, den Anforderungen gerecht zu werden, und unterliegen dem Glauben, multitaskingfähiger zu sein als Männer. Dieser Irrtum basiert auf Rollenerwartungen und nicht auf wissenschaftlich fundierten Fakten. Was allerdings belegt ist und in einer Studie, veröffentlicht im »Psychological Bulletin« 2018, präsentiert wurde, ist die Tatsache, dass Männer im Durchschnitt höhere Werte in den Bereichen Dominanz, Selbstbewusstsein und Unabhängigkeit aufweisen, während Frauen tendenziell höhere Werte bei Empathie, Kooperation und Fürsorge zeigen. Diese Studie befeuert natürlich wieder Stereotype, wie also aus den Schubladen herauskommen?

Denn es ist nun mal eine Tatsache, dass Frauen auch heute noch mit stereotypen Vorstellungen von Weiblichkeit konfrontiert sind, die von der Gesellschaft auferlegt werden. Das führt häufig dazu, dass sie eher Probleme haben können, auf sich und ihre Bedürfnisse zu achten. Stereotype stellen Frauen als fürsorglich, empfindsam und nachgiebig dar. Wenn Frauen sich in sozialen Interaktionen behaupten oder klare Grenzen setzen, werden sie häufig mit negativen Attributen wie »zickig« oder »unfreundlich« betitelt. Das wiederum kann dazu führen, dass Frauen eher zögern, ihre Bedürfnisse und Grenzen klar auszudrücken. Häufig berichten mir Klientinnen, die sich mit Grenzensetzen und Neinsagen schwertun, dass sie auf Unverständnis ihres Umfeldes stoßen und als »schwach« eingestuft werden. Greta etwa meinte einmal zu mir: *»Ich habe das Gefühl, nicht ernst genommen zu werden, wenn ich mal sage, dass mir etwas zu viel ist. Als würde mein Umfeld wie eine Dampflok einfach weiterfahren, irgendwie über mich hinweg, und keine Rücksicht darauf nehmen, ob ich da bin oder nicht.«* Deshalb liegt es zu einem Teil immer auch in der gesellschaftlichen Verantwortung des Umfeldes, Frauen auf gesunde Weise zu unterstützen, indem es diese beispielsweise ermutigt und bestärkt, Grenzen zu setzen, und nicht etwa mit Ablehnung, Schuldzuweisungen oder Ignoranz zu reagieren, sobald sich diese abgrenzen!

Spezifische Unterschiede zwischen den Geschlechterrollen werden schon seit Jahrzehnten mehr und mehr infrage gestellt. Gleichzeitig werden sie häufig jedoch nach wie vor durch soziale Erwartungen und geschlechtsspezifische Rollenmodelle erklärt, die Männer und Frauen dazu ermutigen, sich auf unterschiedliche Weise zu verhalten. Die Frage ist, was war zuerst da, Huhn oder Ei? Historisch gesehen waren Frauen oft in Rollen eingebunden, die eine Vielzahl von Aufgaben umfassten, wie zum Beispiel die Pflege der Familie, das Haushalten und gleichzeitig das Bewältigen anderer Aufgaben. Viele Frauen »mussten« lernen, vieles gleichzeitig handzuhaben, und wurden zu Managerinnen, aber nicht, weil sie es besser als Männer gekonnt hätten, sondern weil von ihnen schlichtweg mehr erwartet wurde. Das hat sich leider bis heute nicht grundlegend geändert, und das ist ein größeres Problem, als den meisten bewusst ist. So zeigen einige Studien, dass Mütter ein höheres Risiko für Burn-out und Depressionen haben als Väter, insbesondere aufgrund der zusätzlichen Belastungen und Erwartungen an sie. Viele Frauen können aufgrund dieser veralteten Rollenbilder einfach nicht mehr und werden dadurch passiv. Ich habe allerdings auch Männer kennengelernt, die sich sehr überlastet fühlen, weil ihnen die Motivation oder gar die Kompetenz, fürsorglich zu sein, abgesprochen wird. Du siehst, das ist ein Thema, das vermutlich eines weiteren Buches bedarf, um in seiner Gänze erfasst zu werden.

Natürlich ist der Wunsch, anderen, insbesondere Familienmitgliedern, zu helfen und für sie da zu sein, an sich positiv und notwendig für das Funktionieren einer Gesellschaft und grundsätzlich in jedem Menschen verankert, völlig unabhängig von Geschlecht oder Herkunft. Doch für einige Menschen kann dieser Wunsch zu einer Bürde werden. Da Bürden schwer sind und uns sprichwörtlich zu Boden drücken können, können Handlungsunfähigkeit und Passivität die Folgen sein. Hinzu kommt, dass viele Menschen in der Vergangenheit wie auch heute noch in gewisser Weise eine Abhängigkeit, oft finanzieller Natur, erfahren (haben). In solchen Situationen kann die passive Anpassung eine Art Überlebensstrategie darstellen. Wenn wir dazu gezwungen werden, so zu handeln, wie es von uns erwartet wird, und nicht so, wie wir gerne handeln würden, geht ein Stück unseres grundlegenden Bedürfnisses nach Autonomie und Selbstbestimmung verloren. Es gibt sicherlich Zeiten, in denen Anpassung notwendig ist, aber sie sollte nicht zur dauerhaften Realität werden.

Heutzutage wird gerade von Frauen erwartet, eine gute Mutter, fleißige Haushälterin, liebende Ehefrau, ehrgeizige Karrierefrau, aufopfernde Tochter und trainierte Sportlerin oder engagiertes Vereinsmitglied zu sein. Für viele kommen damit heute noch mehr Erwartungen an Leistungserbringung hinzu als in früheren Zeiten.

Dasselbe gilt natürlich auch für Männer. Nicht wenige Männer hatten keine väterlichen Vorbilder, denen es gelungen ist, Karriere zu machen und gleichzeitig eine gesunde und stabile Bindung zu ihren Kindern, Ehefrauen und dem eigenen Selbst aufzubauen. Auch sie befinden sich in einer Art inneren Not, weil sie im Grunde die erste Generation sind, die, meist anders als die eigenen Väter, sehr wohl das Bedürfnis nach einer guten Vater-Kind-Bindung haben, gleichzeitig aber auch, wie der Großteil der Mütter, ausreichend Geld nach Hause bringen möchten, müssten, sollten. Die Fragen, die wir uns jetzt stellen dürfen, sind: *»Wie würde ich leben, wenn ich keine Fehler machen könnte?«*, oder: *»Wenn es keine Erwartungen an mich als Mutter oder Vater, Angestellte oder Arbeiter, Frau oder Mann, Tochter oder Sohn gäbe, was würde ich dann tun?«*

Das »Growth Mindset«-Modell (Wachstumsmentalität-Modell) der Psychologin Carol Dweck, das oft in Bildung und Arbeitswelt angewendet wird, kann an dieser Stelle behilflich sein. Es basiert auf der Idee, dass die Überzeugung, dass wir uns verändern dürfen und zu klein gewordenen Schubladen und Rollenbildern entwachsen können, entscheidend für das persönliche Wachstum und Wohlbefinden ist. Im Gegensatz dazu steht das »Fixed Mindset«-Modell, das davon ausgeht, dass die eigenen Fähigkeiten, Rollenbilder und Talente festgelegt und unveränderlich sind. Um uns aus dem Schubladendenken zu befreien und von der Passivität in die Aktivität zu gelangen, ist es notwendig, das Fixed Mindset in ein Growth-Mindset zu verwandeln. In den Kapiteln 5 und 9 lernst du das noch Schritt für Schritt.

Stufe 2: Minimale Teilnahme

In dieser Stufe beginnen wir, minimale Verantwortung zu übernehmen, indem wir zu einem sehr kleinen Teil an Aktivitäten oder Entscheidungen teilhaben. Das kann bedeuten, dass wir uns in Gruppenprojekten nur am Rand beteiligen oder uns nur oberflächlich um die eigenen Belange kümmern, ohne uns tiefergehend einzubringen. Wir kümmern uns also minimal um persönliche Angelegenheiten, anstatt auch zusätzlich noch auf jene der anderen zu schauen. Auf den ersten Blick kann diese Einstellung gesund klingen, auf den zweiten kann sie gerade in nahen Beziehungen kritisch werden. Denn der minimal Teilnehmende entscheidet meist auch eigenständig und ohne Absprache mit dem anderen, was er für wichtig und für weniger wichtig hält. So erging es Heike in ihrer Ehe mit Tom. Tom ging arbeiten und zahlte die vereinbarten familiären Rechnungen pünktlich, Heike arbeitete in Teilzeit und kümmerte sich hauptsächlich um den Haushalt und die Kinder. Die Familie kam einigermaßen gut über die Runden. Stand jedoch ein Werkstattbesuch von Heikes Auto an, sah Tom keine Veranlassung, an sein Erspartes zu gehen, um Heike zu unterstützen. Er dachte sich: *»Heike soll halt sparen«*, *»Ist nicht mein Auto.«* Heike fühlte sich dadurch im Stich gelassen. Immerhin, so sagte sie, bliebe sie auch immer zu Hause, wenn eines der gemeinsamen Kinder krank sei, verzichte auf ihre Karriere und könne einfach nicht so viel Geld zur Seite legen wie Tom, der in Vollzeit arbeite. Toms Einstellung führte zu regelmäßigen Spannungen und Diskussionen in der Ehe. Aber es gab noch mehr Punkte, die Diskussionen auslösten. Tom beteiligte sich nur minimal am Haushalt. Er räumte den Geschirrspüler ein und brachte den Müll hinunter, aber auch nur dann, wenn Heike ihn vor die Tür stellte.

Aus Toms Perspektive war es schon eine große Geste, trotz Vollzeitarbeit Heike zu Hause zur Hand zu gehen. Er verstand ihre Beschwerden nicht, auch nicht, dass sie sich mehr Beteiligung in der Fürsorge der Kinder wünschte. In Toms Welt leistete er genau den Beitrag, den er aufbringen konnte. Mehr war aus seiner Sicht weder notwendig noch machbar. Doch Heike wurde immer frustrierter. Toms Affen tanzten auf ihren Schultern und trieben dort ihren Schabernack. Was sollte sie also tun?

Übernimm auf keinen Fall die Verantwortung für alle »übrig gebliebenen Bereiche«, wenn du bemerkst, dass dein Partner sich lediglich minimal beteiligt! Diesen Fehler machen noch immer zu viele, überwiegend Frauen. Sie sind es dann, die alles im Griff haben, sich um sämtliche Aufgaben und Termine kümmern und dann noch der Meinung sind, dass es sowieso schneller und besser klappt, wenn sie es erledigen und ihren Mann nicht erst »einlernen« müssen. Aber Achtung! Diese Dynamik geht vielleicht ein paar Monate oder Jahre gut, aber nicht dauerhaft. Wenn du mit einem Verantwortungsminimalisten in enger Beziehung stehst, kann ich nur dazu raten, direkt offen und ehrlich zu kommunizieren und nicht erst den Tag abzuwarten, an dem du so sauer und wütend, krank oder verletzlich bist, dass dir der Kragen platzt. Sprich mit deinem Partner über deine Gefühle. Anstatt zu sagen: »Nie hilfst du im Haushalt oder mit den Kindern!«, könntest du sagen: *»Ich fühle mich zunehmend überlastet und auch etwas im Stich gelassen. Mir wäre wirklich sehr wichtig, dass du XY an Arbeiten übernimmst, damit ich es nicht so schwer habe.«*

Erstelle am besten klare und unmissverständliche Vereinbarungen darüber, wer welche Arbeiten und Aufgaben übernimmt und wie sie aufgeteilt werden können. Vermeide das Aufzählen der Mängel, richte deinen Fokus stattdessen auf die Zukunft und eine klare Einteilung. Ansonsten läufst du Gefahr, dass sich der Minimalist noch mehr aus der Verantwortung stiehlt. So vermeidest du Missverständnisse und Frust. Bleibe bestmöglich kompromissbereit und flexibel. Lerne, mit der Erfüllung der abgesprochenen Aufgaben zufrieden zu sein, und teile deinem Partner regelmäßig mit, wie erleichternd und wertvoll dessen Unterstützung ist – sofern es der Wahrheit entspricht. Kritisiere deinen Partner nicht mit Worten wie: »Also ich sauge sorgfältiger, gib den Staubsauger bitte her!«, oder: »Ich bringe die Kinder doch lieber selbst ins Bett, bei dir dauert das immer viel zu lange!« Das führt dazu, dass du wieder eine Aufgabe mehr hast. Vertraue darauf, dass dein Partner das schon lernen wird. Akzeptiere zudem, dass dein Partner seinen eigenen Weg hat, mit Haushalt und Kindern umzugehen, und erlaube ihm, dass er Fehler machen kann. Spiegle ihn lieber. Was meine ich damit? Frage deinen Partner: »Schatz, wie geht es dir eigentlich mit dem Zubettbringen?« Hör dann aufmerksam zu und wiederhole das Gesagte, zum Beispiel: »Ich höre, dass du dich erst daran gewöhnst und deinen Weg finden musst. Ist das richtig? Falls du dir von mir Unterstützung oder Rat wünschst, gib mir gern Bescheid.« Somit hast du ihm das Gefühl gegeben, dich für seine Gedanken und Gefühle zu interessieren, und ihm Unterstützung angeboten, ohne Kritik zu üben.

Warum sprechen wir an dieser Stelle ausführlich und in konkreten Beispielen darüber? In meiner Arbeit als Familientherapeutin und angewandte Psychologin mit mittlerweile über 3 000 Paaren in den letzten knapp 20 Jahren habe ich festgestellt, dass ein Verantwortungsminimalist meist ein Pendant hat: den übermäßigen Verantwortungsträger – also jemanden, der auf den Minimalismus mit der Einladung reagiert: »Gut, wenn du dich nicht kümmerst, dann mach ich's eben!« Dieses Ursache-Wirkung-Prinzip lässt sich auf beide Parteien übertragen. Der eine minimiert, weil der andere übernimmt, und der andere übernimmt, weil der eine minimiert. Ein Teufelskreis, der den einen träge und den anderen sauer werden lässt. Eine gefährliche Kombination, die auf Dauer das Wohlbefinden beider beeinträchtigt. Der Minimalist verliert an Selbstwert, weil sich über kurz oder lang das Gefühl manifestiert: »Der andere kanns einfach besser – ich kanns nicht«, und der Übernehmer riskiert ein Burn-out und permanenten Stress.

Eine gerechte, abgesprochene Aufteilung der Care-Arbeit, Haushaltsaufgaben und finanziellen Situation ist deshalb essenziell und entscheidend, um sich in der Partnerschaft als gleichberechtigt, anerkannt und wertvoll zu fühlen. Delegiere deshalb die Aufgaben klar und deutlich, bleib zugewandt. Dasselbe gilt übrigens für Familienmitglieder wie Geschwister. Gerade wenn du dich um die Pflege der Eltern kümmerst und frustriert darüber bist, dass deine Geschwister sich nicht aktiver um die Belange kümmern, schreit die Situation danach, sich konkret auszudrücken, welche Aufteilung der Aufgaben du dir wünschst. Ähnlich verhält es sich auch im Job. Auch dort gibt es Minimalisten. Sprich direkt an, was du dir wünschst, und delegiere Aufgaben, anstatt sie wortlos und frustriert auf deinem Schreibtisch landen zu lassen. Denn eines ist klar: Der Minimalist lernt durch deine Spiegelung, Verantwortung zu übernehmen, und du lernst durch dein Mitteilen, lediglich den Teil der Verantwortung zu übernehmen, der dir guttut.

Stufe 3: Reaktive Verantwortungsübernahme

In dieser Stufe reagieren wir auf äußere Einflüsse oder Zwänge, indem wir Verantwortung übernehmen, aber nur dann, wenn wir dazu gezwungen werden oder wenn die Konsequenzen unmittelbar spürbar sind. Ein Beispiel dafür ist das Einhalten von Regeln, um Strafen zu vermeiden, anstatt aus innerer Überzeugung heraus zu handeln. Aber auch der Drang, sich automatisch für die Probleme anderer zuständig zu fühlen, wird aktiviert. Hören wir von einem Problem, geht unser »Ich kümmere mich darum«-Knopf an. Selbst dann, wenn wir von dem Problem des Außenstehenden nicht direkt betroffen sind oder es unangemessen ist, die Verantwortung zu übernehmen. Um reaktive Verantwortungsübernahme zu vermeiden, ist es wichtig, uns bewusst zu machen, wann wir tatsächlich verantwortlich sind und wann nicht. Wir sind dazu eingeladen, zu reflektieren, und zwar ganz bewusst.

Ist das wirklich meine Angelegenheit? Welchen Nutzen hätte die Lösung des Problems für mich persönlich? Was würde ich meinem Gegenüber abnehmen, wenn ich die Verantwortung für die Lösung übernehme? Welchen Preis würde ich zahlen, wenn ich mich darum kümmere? Vielleicht riskierst du eine freundschaftliche Beziehung, weil dein Gegenüber durch die »feindliche Übernahme« seines Problems das Vertrauen verliert, dich als übergriffig und sich selbst als unmündig ansieht. An diesem Punkt rate ich dringend zu einem Perspektivenwechsel. Wie würdest du dich fühlen, wenn du dich jemandem anvertraust und dein Gegenüber überfällt dich direkt mit konkreten Lösungsvorschlägen? Manches Mal möchten wir einfach nur erzählen, wie es uns gerade geht, ohne direkt eine Lösung auf dem Silbertablett serviert zu bekommen. Indem du die Bürden der anderen übernimmst, nimmst du ihnen auch die Würde, sie selbst zu lösen. Im Grunde verhältst du dich dann wie ein Pirat, der den Schatz des anderen stiehlt und dafür noch Dank haben möchte. Du suggerierst dem Mitmenschen: »Ich kann es besser als du!« Somit stellst du dich über den anderen und drückst den anderen auf eine niedrigere Stufe.

Vielleicht denkst du jetzt: *»Wie bitte? Ich helfe doch so gern, was soll schlecht daran sein?«* Ruf dir ein Problem in dein Gedächtnis, das dir früher den Schlaf geraubt hat, das du aber mittlerweile lösen konntest. Was hat diese Lösungsfindung in dir bewirkt? Wenn du ehrlich mit dir bist, hat es gewiss für den Aufbau des Selbstwertes gesorgt, des Vertrauens in dich: *»Ich kann Probleme lösen!«* Menschen wachsen und entwickeln sich durch Probleme eher weiter, als daran zu zerbrechen. Nimmst du ungefragt deren Probleme auf dich, nimmst du ihnen auch die Gelegenheit des Wachstums und der Entwicklung. Du wirst zum Räuber. Das ist gewiss nicht deine Intention, aber die Folge deines Handelns. Im Übrigen ist das auch einer der Gründe, warum so viele Menschen Angst vor künstlicher Intelligenz haben. Sie fragen sich, ob sie noch gebraucht werden, wenn es da ein »Etwas« gibt, das weitaus intelligenter, effizienter und unkontrollierbarer ist als sie selbst.

Vertraut dir jemand ein Problem an, hör erst mal einfach nur zu. Frag: »Was wünschst du dir von mir?«, und hüte dich vor übergriffigem Reaktionismus.

Stufe 4: Proaktive Verantwortungsübernahme

Auf dieser Stufe beginnen wir, Verantwortung aktiv zu übernehmen, ohne direkte äußere Zwänge. Wir handeln aus eigenem Antrieb heraus und erkennen die Bedeutung von Verantwortung für das eigene Wohlergehen und das der Gemeinschaft.

Ein Beispiel wäre die freiwillige Teilnahme an sozialen Projekten oder das Eingehen von persönlichen Verpflichtungen und verantwortungsvollen Beziehungen. Auf dieser Stufe schenken wir unseren Mitmenschen eine aufrichtige Entlastung, weil wir es möchten, und nicht, weil wir uns bewusst oder unbewusst dazu aufgerufen fühlen. Menschen, die in dieser Verantwortungsübernahme-Stufe stehen, sind sehr angenehme Zeitgenossen, weil sie in der Lage sind, zu erkennen, wann sie gebraucht werden und wann nicht.

Stufe 5: Selbstreflexive Verantwortungsübernahme

In dieser fortgeschrittenen Stufe reflektieren wir kontinuierlich über die eigenen Handlungen und ihre Auswirkungen auf andere und die Umwelt. Wir übernehmen Verantwortung nicht nur für das eigene Handeln, sondern auch für die Konsequenzen dieses Handelns auf andere Menschen und zukünftige Generationen. Das kann sich in einem bewussten Konsumverhalten oder in der Unterstützung von Nachhaltigkeitsinitiativen ausdrücken.

Diese Menschen gelten häufig als »charismatische Leader«, weil sie mit gutem Beispiel vorangehen und andere Menschen durch ihr verantwortungsbewusstes Handeln führen können. Andere orientieren sich gern an ihnen und schenken diesen Menschen ihr Vertrauen. Auf dieser Stufe geben wir, ohne zurückzufordern. Wir agieren ohne den Gedanken: »Ich tue das, damit ich mehr Respekt und Wertschätzung oder Dank zurückbekomme.« Als Resultat fühlen sich Menschen in unserer Nähe dazu inspiriert, ebenso Gutes in die Welt zu tragen – Verantwortung zu übernehmen und das Miteinander auf diesem Planeten harmonisch und friedvoll zu gestalten. Der intrinsische Antrieb des Umfeldes steigt mit der positiven Vorbildwirkung.

Kinder, die mit Eltern groß werden, die sie als kooperative Wesen betrachten, entwickeln eine automatische Motivation zur Mithilfe. Sie erkennen den Unterschied zwischen ihren eigenen Bedürfnissen und jenen der anderen, können gesunde Grenzen setzen und ihre Mitmenschen und die Umwelt unterstützen, ohne sich selbst dabei zu verlieren oder zu überlasten. Klingt wie ein Traum? Warte die nächste Stufe ab.

Stufe 6: Globale Verantwortungsübernahme

Die höchste Stufe der Verantwortungsübernahme umfasst ein globales Bewusstsein für die eigenen Handlungen und ihre Auswirkungen auf die gesamte Weltgemeinschaft und den Planeten. Wir erkennen die Interdependenz aller Lebensformen und setzen uns aktiv für eine nachhaltige und gerechte Zukunft ein.

Aber Achtung: ohne uns dabei zu überlasten! Beispiele dafür sind das Engagement für globale Menschenrechte, Umweltschutz und internationale Zusammenarbeit. Allerdings darf diese Stufe bitte nicht mit Fanatismus oder wirrem Ideologie-Verbreiten verwechselt werden. Fühlt sich ein Mensch dazu berufen, seine Glaubenssätze mit allen Mitteln durchzusetzen, stellt er sich über seine Mitmenschen. Das hat weder etwas mit gesunder Verantwortungsübernahme noch mit dem Einsatz fürs Gemeinwohl zu tun. Viele verwechseln das leider. Sie meinen, die Last der Zukunft der gesamten Welt läge auf ihren Schultern und das gäbe ihnen das Recht, mit allen Mitteln ihre Philosophien durchzusetzen. Doch sie legen sich nicht nur selbst diese Last auf, sondern auch die Anmaßung, jeden damit zwangsbeglücken zu müssen. Niemand hat das Recht, Grenzen des Miteinanders zu überschreiten oder gar Mitmenschen zu schaden, in der Annahme, der Retter der verlorenen Welt zu sein. Menschen, die sich wirklich für das Wohl anderer einsetzen, sind meistens sehr respektvoll und achten auf die Würde und Grenzen ihrer Mitmenschen.

Die Übernahme von Verantwortung bedeutet stets die Wahrung der Würde aller Beteiligten oder Nichtbeteiligten. Vielleicht wird an dieser Stelle argumentiert: »Aber wenn es um die Rettung des Planeten und der Menschheit geht, sind doch alle Mittel recht, nicht wahr?« Nein. Mehr gibt es an dieser Stelle nicht zu sagen. Verantwortung zu übernehmen, hat viel damit zu tun, die Fähigkeit zu besitzen, unterschiedliche Perspektiven im Blick zu behalten – und ich wiederhole an dieser Stelle bewusst, die Würde und Grenzen aller Beteiligten und Nichtbeteiligten im Blick zu haben und zu wahren.

In der Geschichte der Menschheit gibt es genug Beispiele von Diktatoren, die der Ansicht waren, sie würden im Sinne ihres Volkes morden. Sie haben ihre Untaten auch stets damit gerechtfertigt, zum Wohle ihres Landes zu agieren. Doch die Wahrheit ist, dass jeder Einzelne von ihnen seine eigenen Ziele und das eigene Wohl über das aller anderen gestellt hat. Wir dürfen uns von offenkundig postulierten Wohltätern nicht vereinnahmen lassen, sondern müssen stets deren wahre Intentionen hinterfragen. Auch wenn es sich um »Diktatoren des privaten Umfeldes« handelt.

Hast du dich nicht auch schon des Öfteren gefragt, warum Menschen unter dem Joch eines Tyrannen leben und sich ihm unterwerfen? Vielleicht kennst du eine Freundin, die mit einem Alkoholiker und Schläger zusammenlebt. Vielleicht schaust du dir auch Nachrichtensendungen an und fragst dich: »Warum verlassen unterdrückte Menschen nicht einfach das diktatorische Land?« Nun – die Verantwortung für das eigene Leben zu übernehmen, ist nicht immer einfach oder möglich. Es erfordert großen Mut, große Disziplin, großes Bewusstsein, aber vor allem helfende Hände. Menschen, die unter der Gewalt und Aggression eines anderen leiden, brauchen Hilfe und Unterstützung. Sie brauchen ein Gegenüber, das sie stellenweise in die Arme nimmt und ein Stück des Weges trägt. Denn das Leben unter dem Joch eines Tyrannen kostet nicht nur Kraft, sondern auch die eigene Würde, den eigenen Handlungsspielraum und das Selbstvertrauen. Aber Achtung: Solltest du jemand sein, der andere trägt, achte darauf, sie zur rechten Zeit wieder abzusetzen. Lerne den richtigen Zeitpunkt kennen und handle entsprechend. Vertrauen geht mit Verantwortung einher. Vertraue der anderen Person, dass sie, mitunter dank deiner Unterstützung, auch wieder eigenständig auf den Weg des Guten, Schönen und Wahren gelangen wird, aber übernimm die Verantwortung für dein Leben, indem du loslässt. Sitzt jemand in der Grube, setz dich bitte nicht dazu, sondern reiche ein Seil und ziehe den anderen hoch.

Jemandem zu helfen, ist etwas Wunderbares, aber nur, wenn das Ziel im Fokus bleibt: das Loslassen, im Vertrauen, dass das Gegenüber ab einem gewissen Punkt auch wieder dazu in der Lage ist, die Entscheidung für sein eigenes Leben selbst zu tragen – mit allen Konsequenzen.

Die Fähigkeit, in der Bewältigung von Problemen auf gesunde Weise Verantwortung zu übernehmen, ist ein Schlüssel zum Erfolg oder ein Schlüssel zum Misserfolg. Sie trennt die Spreu vom Weizen. Entscheidet über Leid oder Glück und formt auf eine Weise, die staunen lässt. Ich wuchs mit einem Vater auf, der Eventmanager war und mit mir an den Wochenenden politische und kulturelle Veranstaltungen besucht hat, und mit einer Mutter, die mich als Psychotherapeutin zu Obdachlosen oder ehemaligen Straftäterinnen mitgenommen hat. Dort wurde mir diese Tatsache in besonderer Weise bewusst. Ich war fasziniert von dem Kontrast der beiden Welten, aber vielmehr von deren Gleichheit. Hier saßen abhängige Menschen mit fiesen Charakteren und dort ebenso. Hier saßen liebevolle und achtsame Menschen und dort auch. Es war schon sehr beeindruckend für ein neunjähriges Mädchen, das sowohl mit hochrangigen Politikerinnen als auch mit obdachlosen ehemaligen Straftätern Karten gespielt hat, zu erkennen, dass uns allen das Leben unterschiedlich schwere Bälle in die Arme werfen kann, aber jeder auf seine Weise damit umzugehen vermag. Manche sind stark, entschlossen oder verbissen genug, die Bälle zu spielen, andere nicht. Manche raffen sich auf, andere nicht. Manche leben unter besseren Voraussetzungen und verfügen über mehr Kompetenz für das Spiel als andere, die diese Fähigkeiten erst erlernen müssen oder aber aufgrund einer inneren Einstellung aufgeben und ihre Niederlage akzeptieren.

Das Leben ist eine permanente Einladung zum Perspektivenwechsel, für Wachstum und Einsicht.

Die Auswirkungen der sechs Verantwortungsstufen können sowohl positiv als auch negativ sein. Positiv können sie zu einem tieferen Verständnis für die eigenen Handlungen und deren Auswirkungen führen, zu einem erhöhten persönlichen Wachstum und zu einer lebensbejahenden Wirkung auf die Umwelt und die Gesellschaft. Negativ können sie zu einem Gefühl der Überforderung, Schuld oder Resignation führen, wenn wir uns den Herausforderungen der Verantwortung nicht gewachsen fühlen oder wenn wir die Konsequenzen des eigenen Handelns ignorieren. Vielleicht spürst du an dieser Stelle eine große Sehnsucht danach, endlich auf der 4., 5. oder 6. Stufe ankommen zu können, und fragst dich, wie genau das gehen kann?

Kapitel 4

MANEGE FREI FÜRS NEINSAGEN!

Vor ein paar Jahren reiste ich nach Schottland. Dort angekommen, stellte ich am Flughafen fest, dass mein Koffer nicht am Band lag, also ging ich zum Schalter der Fluggesellschaft und bat um Hilfe. Doch die dort anwesende Dame fühlte sich in keiner Weise für mein Gepäck verantwortlich. Sie lächelte mich freundlich an, teilte mir mit, dass sie mir bei meinem Problem nicht helfen könnte, und verwies mich an eine andere Mitarbeiterin. Ihr war vollauf bewusst, wo ihr Zuständigkeitsbereich lag und dass meine Angelegenheit nicht darunterfiel. Und sie kommunizierte das entsprechend. Freundlich, bestimmt und klar. Es gibt Menschen, die mit einer großen Souveränität ihren Verantwortungsbereich definieren und ausdrücken können, und andere, denen das unheimlich schwerfällt. Lass uns in diesem Kapitel erkunden, woran das liegen könnte.

Die Weisheitshüter und die Kunst der Selbstachtung

Stell dir vor, dein Körper ist wie eine Burg und dein Selbstwertgefühl der Thron mitten in der Burg. Dieser Thron ist dafür vorgesehen, dass die Königin der Burg – du– darauf Platz nimmt. Ein unsichtbarer Graben, deine persönlichen Grenzen, umgibt diese Burg und wird von den inneren Wächtern, den »Weisheitshütern«, bewacht. Diese Weisheitshüter setzen sich aus Emotionen, Erfahrungen und deiner psychischen Gesundheit zusammen und sie haben eine wichtige Aufgabe: Sie signalisieren dir, wann jemand deine Grenzen überschreitet! Die Weisheitshüter greifen auf eine umfangreiche Datenbank zurück, die deine persönlichen Erfahrungen, Werte und Bedürfnisse enthält. Sie sind im Grunde wie eine App. Sobald deine Grenzen verletzt werden, erwachen sie zum Leben und senden eine klare Botschaft an dein Gehirn: *»Alarm! Hier wird eine Grenze überschritten!«* Die Weisheitshüter sind Friedensstifter und mögen es nicht, wenn sie ununterbrochen in Alarmbereitschaft sein müssen, wenn deine Grenzen also ständig herausgefordert werden. Bei wiederholten Grenzverletzungen können sie sogar sarkastisch werden und sagen: *»Du versuchst es schon wieder? Das wird nicht funktionieren.«*

Aber Weisheitshüter reagieren unterschiedlich, denn nicht jeder von uns hat die App so programmiert, dass sie sofort anspringt. Manche Weisheitshüter reagieren schneller, andere deutlich verlangsamt. Kommt aber das Alarmsignal, aktiviert dein Gehirn den Schutzmodus, und sie setzen sich zur Wehr. Einige Weisheitshüter kämpfen aktiv (»Fight«-Modus), sobald deine Grenzen bedroht sind, indem sie sich verbal oder körperlich zur Wehr setzen, andere halten inne und bewerten die Situation, ehe sie reagieren (»Freeze«-Modus), und wieder andere ziehen sich zurück, um sie zu schützen. Sie werden still und verlassen das Geschehen (»Flight«-Modus). Es gibt aber auch jene, die uns dazu bringen, uns zu unterwerfen und das Unrecht über uns ergehen zu lassen. Jetzt könnten wir meinen: *»Ist doch super, da gibt es Hüter in mir, die genau wissen, was zu tun ist.«* Nun, wenn das so einfach wäre, bräuchten wir keine Psychologinnen und Psychotherapeuten, Selbsthilfebücher oder Vergangenheitsbewältigungsstrategien. Unsere inneren Weisheitshüter *möchten* uns zwar schützen, aber *können* das im Grunde nur eingeschränkt – weil unsere App in den ersten Lebensjahren installiert und später nie wieder aktualisiert wurde. Sie ist also recht veraltet und basiert auf unserem damaligen Wissen. Jenem, das wir als Kind hatten. Ist es wirklich immer sinnvoll, den Raum zu verlassen, die Tür zuzuknallen, laut zu brüllen, nichts zu tun oder sich sogar zu unterwerfen? Ist es wirklich sinnvoll, bei Ungerechtigkeit lieber zu schweigen und bei Anforderungen Ja und Amen zu sagen? Nein. Das Programm der App bedient alte Strategien, legt deren Schablone ohne nachzudenken auf jede Situation im Hier und Jetzt und kann nur beendet werden, wenn wir den aktiven Befehl dazu geben. Warum beschützen uns die Weisheitshüter also nur eingeschränkt und nicht wirklich immer sinnvoll und passend? Ich wiederhole die Antwort an dieser Stelle noch einmal bewusst, damit verständlich wird, wie wesentlich eine Neuinstallation der App wird. Die Antwort ist, dass ihre Reaktion auf längst vergangenen und oft sogar vergessenen Erfahrungen basiert und unsere App die aktuelle Situation deshalb nicht immer richtig einschätzen kann. Deshalb funktioniert der Tipp »Fühle in dich hinein« auch nur bedingt. Denn das dort abgerufene Gefühl ist nicht gleichbedeutend mit einem allgemeingültigen.

Nehmen wir mal an, es gibt eine Frau namens Karin. Sie würde sich nur allzu gern mehr auf ihren neuen Freund Fred einlassen können. Leider schlagen ihre Weisheitshüter jedes Mal Alarm, wenn Fred davon anfängt, über eine gemeinsame Wohnung zu sprechen. Karin bekommt dann »ein seltsames Gefühl«, ihr Magen wird enger und eine Stimme im Bauch »warnt« sie. Nun ist Karin sehr an Esoterik interessiert und denkt: *»Das ist bestimmt ein Zeichen, dass Fred nicht der Richtige ist.«* Sie trennt sich von ihm. Der Schlussstrich fällt ihr leicht – immerhin sprechen »die Zeichen« dafür. Die Realität ist in diesem Fall jedoch, dass

Karins nicht sinnvoll justierte Weisheitshüter zu ihr gesprochen haben. Erst in der Therapie wird ihr bewusst, dass sie sich deshalb noch nie wirklich auf eine nahe Beziehung einlassen konnte, weil sie eine tiefsitzende, aber erst mal unerklärliche Angst davor hat, verlassen zu werden.

Nach einigen Gesprächen fällt Karin ein, dass ihr Vater plötzlich und unerwartet aus dem Elternhaus ausgezogen ist, als sie erst sechs Jahre alt war. Er war von heute auf morgen einfach nicht mehr da. Mit dem Ergebnis, dass sie ihren Papa nie wieder sah. Ihre Weisheitshüter beschlossen damals: »*Wir lassen besser keinen Mann mehr in unsere Wohnung, sonst passiert uns das gleiche Drama – denselbe Schmerz – wieder. Männer verschwinden nämlich einfach und lassen sich nicht mehr blicken. Nein, keine Chance, darauf lassen wir uns nicht mehr ein.*« Die Weisheitshüter schlugen so laut Alarm, dass Karin eine Grenze zog. In diesem Fall keine besonders gesunde, denn Karin sehnte sich in Wahrheit nach einer Partnerschaft und einer eigenen Familie. Karins Weisheitshüter hatten zwar die Bestrebung, Karin zu schützen, und schlugen Alarm, sobald ein Mann eine gemeinsame Wohnung ansprach, aber sie nahmen ihr dadurch auch die Erfahrung, zu erleben, dass es auch gesunde Beziehungen gibt und ihr nicht dasselbe Schicksal wie damals ihrer Mutter widerfahren muss.

Sobald unsere inneren Weisheitshüter der Ansicht sind, uns vor einer potenziellen Gefahr, ob sinnvoll oder nicht, schützen zu müssen, tun sie das. Irgendwann ist deren Stimme so laut, dass wir sie als »gesunden Schutzmechanismus« einordnen, ohne zu hinterfragen: »Ist das wirklich das, was ich will?«

Da kann es auch schon mal passieren, dass wir unsere Kinder anfauchen, wenn sie in Endlosschleife danach fragen, nur noch ein Mal rutschen zu dürfen, weil sich die Weisheitshüter dadurch in ihrer Freiheit und Autonomie eingeschränkt fühlen. Obwohl wir eigentlich »wissen«, dass das laute Schreien dem kleinen Zwerg nicht guttut. Oder wir ertappen uns dabei, uns unangebracht schuldig zu fühlen, weil wir die Bitte unserer Arbeitskollegin ablehnen, noch ihre Aktenberge zu übernehmen. Deshalb, weil die Weisheitshüter Alarm schlagen und uns vor einer möglichen Kündigung schützen möchten. Indem du verstehst, wie deine Weisheitshüter arbeiten, wirst du besser in der Lage sein, deine persönlichen Grenzen zu erkennen, zu respektieren und bei Bedarf anzupassen. Vor allem aber lernst du, angemessener auf dein Umfeld zu reagieren. Denn es gibt nichts Unangenehmeres als innere Weisheitshüter, die uns mit ihren Einstellungen und Gedanken daran hindern, ein gutes, schönes und wahres Leben zu führen. Wir werden uns in den nächsten Kapiteln näher damit befassen, wie es gelingen kann, die Einstellung der inneren Weisheitshüter so einzuordnen, dass uns der innere Kompass zukünftig den richtigen Weg weist. Denn diese App muss in gewisser Weise neu installiert und upgedatet werden, ehe wir in Bezug auf gesunde Grenzen rationale, neue Entscheidungen treffen können.

Popcorn oder Zuckerwatte? Grenzen versus Bindung?

Wenn wir uns mit dem Thema Grenzen und Weisheitshüter auseinandersetzen, müssen wir uns auch mit dem Thema Bindung und Beziehung befassen. Denn sowohl das gesunde Setzen von Grenzen als auch das Programm der Weisheitshüter haben viel damit zu tun, wie wir Beziehung erlernt haben. Beziehung passiert nämlich nicht einfach. Sie wird erlernt. Menschen, die in Beziehungen aufgewachsen sind, in denen ihre Bedürfnisse missachtet oder vernachlässigt wurden, können, wie du bereits im ersten Kapitel erfahren hast, Schwierigkeiten haben, ihre eigenen Grenzen zu erkennen und zu kommunizieren. »*Wenn es eh egal ist, wie es mir geht, warum sollte ich mich dann selbst ernst nehmen?*« Wir lernen Beziehung, Grenzen, Autonomie und Bindung von unseren Vorbildern. Danach übernehmen die Weisheitshüter den Job und du weißt ja, wie das enden kann. Da Bindung lebensnotwendig ist, tun deine Weisheitshüter alles, um dich in Bindung und Beziehung zu halten – selbst wenn dein Gegenüber ungesunde Verhaltensweisen aufweist.

Menschen, die sich sicher in ihren Beziehungen fühlen, haben die Fähigkeit, Grenzen klar zu setzen und ein deutliches Nein auszusprechen, ohne sich dabei schuldig zu fühlen. Diese Sicherheit gründet sich auf dem Vertrauen in die Stärke der Bindung, die sie zu ihrem Partner haben. Sie wissen, dass die Beziehung Herausforderungen überstehen kann. In der Psychologie wird dieses Verhalten oft im Kontext von Verlustangst und Bindungsangst untersucht. Menschen mit Verlustangst tun sich schwer damit, Nein zu sagen, aus der Sorge heraus, dass ihre Ablehnung zu einer Trennung führen könnte. Auf der anderen Seite könnten Menschen mit Bindungsangst Schwierigkeiten haben, sich auf Beziehungen einzulassen, und könnten sich zurückziehen, wenn sie sich emotional bedrängt fühlen. Beide Ängste wurzeln letztendlich in der Furcht vor Verletzung oder Zurückweisung. Diese Ängste mögen irrational erscheinen, doch sie dienen dem Schutz des Selbst. Selbst wenn sie dem natürlichen Bedürfnis nach Nähe entgegenwirken, ist ihr Ziel doch stets, Kränkungen zu vermeiden. Je mehr negative Erfahrungen in Beziehungen gemacht wurden, desto ausgeprägter sind diese Schutzmechanismen. Da zwischenmenschliche Beziehungen einen wesentlichen Teil unseres Lebens ausmachen, ist es wichtig, diese Mechanismen zu verstehen, da sie sich auf alle Lebensbereiche auswirken können.

Wo sind denn meine Affen hin? Warum innere »Weisheitshüter« in Bindungen Gefahrenpotenzial sehen

Die Bindungstheorie bietet, wie bereits angedeutet, einen wertvollen Einblick in die Art und Weise, wie sich unsere frühen Beziehungen und Bindungen auf die Verhaltensweise der inneren Wächter auswirken können. Sie ist eine Erklärung dafür, wie unsere Beziehungen zu unseren Eltern oder Kindheitsbegleiterinnen unsere Art zu denken, zu fühlen und zu handeln im Erwachsenenalter beeinflussen. Diese Theorie unterscheidet zwischen verschiedenen Bindungsmustern, die im Kindesalter erworben werden und sich dahingehend auswirken, wie wir Beziehungen später im Leben eingehen (können). Ein solches Muster, das sich in der Kindheit entwickelt, kann einen erheblichen Einfluss auf unsere Fähigkeit zur Selbstregulation, Traumabewältigung und auf unsere Wahrnehmung der eigenen Bedürfnisse und Grenzen haben. Gern möchte ich nun etwas näher auf die einzelnen Bindungsmuster eingehen, damit du dich selbst und deine eigenen Verhaltensweisen oder die deiner Liebsten besser einordnen und womöglich milder und achtsamer mit deinen Bedürfnissen umgehen kannst.

Sichere Bindung: Wenn ein Menschlein geboren wird, stellt es an sein Umfeld unbewusst die Frage: *»Wo bist du?«* Wo bist du, der meine Bedürfnisse erfüllt? Wo bist du, der mir Sicherheit gibt, mich kleidet, wärmt, füttert und wäscht? Wo bist du, der mich liebt, annimmt und respektiert? Wo bist du, der mir die Welt zeigt und mich dazu ermutigt, sie zu erkunden? Jeder von uns hat bestimmte Grundbedürfnisse, die uns, sofern sie erfüllt werden, ausgeglichen und gesund heranwachsen lassen. Die »Wo bist du?«-Frage basiert auf diesen Grundbedürfnissen. Diese Bedürfnisse können wir grob in folgende sechs Kategorien unterteilen: das Bedürfnis nach Sicherheit, Liebe und Verbindung, Abwechslung, Aufmerksamkeit, Weiterentwicklung und Sinn. Wenn ein Baby auf seine »Wo bist du?«-Frage die Antwort *»Ich bin da! Ich, die dich mit Nahrung, Wärme, Liebe und Geborgenheit versorgt, dich Abenteuer erfahren lässt und dich mit Wertschätzung und Respekt behandelt, dir die Welt zeigt und dich wissen lässt: Es macht Sinn, dass du da bist!«* erhält und in dieser Sicherheit und Gewissheit groß wird, kann es sich voll und ganz auf die Menschen und die Welt einlassen, sie erkunden und Vertrauen fassen. Das Baby lernt, dass es altersgerecht und bedürfnisorientiert begleitet und nicht permanent durch unrealistische Erwartungen überfordert wird. Es hat erfahren, dass seine Bedürfnisse nach Nähe und Autonomie innerhalb von Beziehungen gesund und ausgewogen begleitet und ernst genommen wurden. Als Erwachsene haben Menschen, die das in ihrer Kindheit gelernt haben, deshalb keine Angst davor, nahe Beziehungen einzugehen, und sie fühlen sich wohl dabei, ihre eigenen Bedürfnisse zu erkennen und auszudrücken. Sie können Entscheidungen treffen und sich, wenn nötig, gut und gesund abgrenzen. Es fällt ihnen leicht, ihre Emotionen zu regulieren, nicht abhängig von ihrem Umfeld zu sein und bei Not um Rat zu fragen. Es passiert selten, dass sie sich übernehmen, und wenn, können sie das gut ausdrücken. Sie sind in der Lage, um Hilfe zu bitten, und fühlen sich dadurch weder schuldig noch verantwortlich für die Lasten anderer. Kurzum: Je adäquater unser Umfeld diese Fragen beantworten konnte, umso sicherer entwickeln wir unser Erleben von Beziehung und Bindung – und umso gesünder agieren auch unsere inneren Weisheitshüter. Sie wissen, wann wirklich eine Gefahr droht und wann es an der Zeit ist, sich gesund abzugrenzen, auf sich zu achten, und sie wissen, wann es im Gegensatz dazu darum geht, sich auf den anderen einzulassen, zu verhandeln oder auf eine gesunde Weise »nachzugeben«. Sie wissen, wann der innere Kompass auf eine gesunde Weise führt, gute, wahre und schöne Wege vorgibt, und wann die innere Stimme eher einem schlechten Rat gleicht, der zu ungesunden oder gar krankhaften Beziehungen führt. Was folglich dazu führt, dass wir uns und der inneren Stimme der Weisheitshüter vertrauen. Weil es Sinn macht und wir die entsprechenden Erfahrungen daraus ziehen, die uns stärken und guttun.

Rund die Hälfte aller Menschen, vor allem jene, die nach 1980 geboren wurden, verfügen über ein sicheres Bindungsempfinden. Was ist mit der anderen Hälfte? Nun, die andere Hälfte teilt sich in drei weitere Bindungsmuster auf.

Unsicher-ambivalente Bindung: Erwachsene oder Kinder mit diesem Bindungsmuster haben großteils erlebt, dass ihre Bedürfnisse nicht zuverlässig erfüllt wurden oder an Bedingungen geknüpft waren. Ihre Eltern oder Kindheitsbegleiterinnen stellten eine wenig zuverlässige und nicht vorhersehbare Quelle für die Erfüllung der genannten Grundbedürfnisse, aber auch für Autonomie und Bindung dar, deshalb neigen diese Menschen dazu, in Beziehungen eher besorgt und unsicher zu sein. Sie sehnen sich nach Nähe, haben jedoch gleichzeitig Angst vor Ablehnung, Zurückweisung oder Kritik. Das kommt daher, dass sie häufig nur dann Nähe und Zuwendung, Bestärkung und Anerkennung erhalten haben, wenn sie irgendeine Leistung erbracht haben. Sie konnten sich also nie als geliebtes Wesen wahrnehmen und erleben, das es einfach nur verdient hat, gut umsorgt zu werden, weil es da war – frei von Bedingungen.

Als Erwachsene können diese Menschen dazu neigen, in Beziehungen intensiv nach Bestätigung zu suchen, aber auch unter Selbstzweifeln und Ängsten leiden. Sie führen lieber »kalt-warme« Beziehungen und ihre Partner erleben sie häufig als sehr wankelmütig, wenig zuverlässig und in ihren Stimmungen schwankend. Häufig gehen sie fremd, um nach Abenteuern und neuer Bestätigung zu suchen, kehren aber reumütig zurück, weil sie sich dann doch wieder nach einer zuverlässigen Bindungsquelle sehnen. Sie tun sich schwer damit, sich festzulegen, sehnen sich aber tief im Inneren sehr nach einer sicheren Beziehung. Geht es darum, die eigenen Grenzen und Bedürfnisse zu kommunizieren, warten sie die Reaktion ihres Gegenübers ab und passen ihre Ansichten eher an, als für sich selbst einzustehen. Diese Verhaltensweisen sind weder krank noch unterliegt ihnen eine Störung. Sie sind verständlich, wenn wir die Hintergründe kennen. Dieses Verständnis ist jedoch nicht gleichbedeutend mit einem Gutheißen. Wir können gewisse Verhaltensweisen nachvollziehen, ohne sie gleichzeitig verstehen oder für angebracht halten zu müssen. Immerhin sind die ersten Erfahrungen mit den Kindheitsbegleitern sehr prägend. Ein Kind legt diese Reaktionen automatisch auf den Rest der Welt um. Vermittelt Mama beispielsweise bewusst oder unbewusst die Botschaft: »*Kind du nervst. So, wie du bist, bist du anstrengend!*«, kann das für den Rest des Lebens prägen, es macht uns aber nicht zwingend krank, gestört oder beziehungsunfähig.

Die Paar-, Trauma- und Sexualtherapeutin Katharina Klees schreibt in ihrem Buch »Traumasensible Paartherapie«, dass bei uns allen »Drachen der Vergangenheit« tief in unseren Beziehungskellern sitzen und vor allem bei Stress, innerer Not oder Druck von außen aktiviert werden können. Das alte Bindungsmuster wird auch 40 Jahre später noch aktiv, wenn die inneren Weisheitshüter an alte Botschaften erinnert werden und folglich Alarm schlagen.

Unsicher-vermeidende Bindung: Menschen mit diesem Bindungsmuster neigen dazu, Unabhängigkeit zu entwickeln, da sie gelernt haben, dass ihre Bedürfnisse nicht immer beachtet werden. Sie haben gelernt, mit dem Leben auf eigene Faust klarzukommen, weil das Umfeld sich entweder weniger für sie interessiert hat oder stark überfordert beziehungsweise überlastet war. Die Kinder übernehmen früh selbst Verantwortung. Logisch, denn meist war kein zuverlässiger Erwachsener im Haus, deshalb mussten sie selbst möglichst schnell groß und unabhängig werden. Als Erwachsene könnten diese Menschen deshalb Schwierigkeiten haben, enge Beziehungen zu entwickeln, da sie gelernt haben, sich ausschließlich auf sich selbst zu verlassen. Sie fühlen sich unwohl damit, ihre eigenen Bedürfnisse oder Gefühle auszudrücken, vor allem aber tun sie sich damit schwer, sich anderen anzuvertrauen. Sie machen deshalb gern »ihr Ding« und arbeiten viel oder haben »einsame Hobbys« wie etwa die Werkbank, Gärtnern oder Bergsteigen. Sie äußern ihren Mitmenschen gegenüber selten Bedürfnisse und Grenzen, weil sie nach dem Motto leben: »Ich löse das selbst!« Sie wollen wenig über Probleme reden und managen Krisen lieber für sich alleine. Im Fall von Karin stellte sich aufgrund ihrer negativen Erlebnisse ein unsicher-vermeidendes Bindungsmuster ein. Ihre inneren Weisheitshüter waren aufgrund der Erlebnisse mit dem Vater der Überzeugung, dass Karin auf sich gestellt sicherer dran sei. Ihre Weisheitshüter haben auch gelernt, dass Bindung eine potenzielle Gefahr darstellt, weil auf Menschen wenig Verlass ist. Somit war für Karin klar, dass sie sich von Fred trennen muss, um den Schmerz, verlassen oder enttäuscht zu werden, nicht erneut erleben zu müssen.

Der unsicher-vermeidende und der unsicher-ambivalente Bindungsstil stellen keine Störung des Bindungsverhaltens dar. Wir sind auch mit diesen Bindungsmustern durchaus in der Lage, Beziehung zu leben. Das Erlebte kann sich zwar in unserem Verhalten manifestieren, kann aber im Laufe unseres Lebens durchaus wieder aufgehoben werden! Hier gilt nicht: Was Hänschen nicht lernte, lernt Hans nicht mehr. Würde Karin über ihren eigenen Schatten springen und sich gegen ihre inneren Weisheitshüter behaupten, könnte sie sich auf Fred einlassen und mit der Zeit erfahren: *»Dieser Mann ist sicher für mich. Ich lasse mich auf ihn ein. Er bleibt gewiss bei mir und verlässt mich nicht, weil wir gemeinsam daran arbeiten.«* Wählen Menschen mit unsicher-ambivalentem oder unsicher-vermeidendem Bindungsmuster einen Partner, der ihnen Bindungssicherheit gibt, passt sich deren Bindungsverhalten an das sichere an. Neue Erfahrungen sorgen innerhalb von rund drei bis vier Jahren dafür, dass sich die inneren Weisheitshüter wieder sicher in Beziehung fühlen und gesunde Bindungen zulassen können. Durch eine sichere Bindungserfahrung wird also die App neu programmiert und zu einer 2.0-Version der alten. Die Herausforderung hierbei ist wohl, die Führung gegenüber den Ressentiments der inneren Weisheitshüter zu übernehmen, ihnen eine klare Grenze zu setzen und sich selbst bei Ängsten stets zu sagen: »*Ich bin jetzt groß. Diesmal wird alles gut gehen. Ich darf vertrauen, mich einlassen und Neues in Beziehungen lernen.*« Die Fähigkeit, Grenzen zu setzen, beginnt im ersten Schritt in dir. Gelingt es, die innere Grenze gegenüber negativen Erfahrungen aus der Vergangenheit zu setzen, gelingt es auch, gesunde Beziehungen zu führen.

Es gibt jedoch einen Bindungstyp, der nicht »von selbst« und »einfach so« Heilung findet, sondern gezielte fachkundige, therapeutische Begleitung benötigt.

Desorganisierte Bindung: Diese Bindungsstörung entsteht oft durch traumatische Erfahrungen in der Kindheit, wie Vernachlässigung, Missbrauch oder folgenschwere Trennungen. Menschen mit einer desorganisierten Bindung können Schwierigkeiten haben, gesunde und stabile Beziehungen aufzubauen, da sie mit einem Mangel an Vertrauen, Sicherheit und Stabilität zu kämpfen haben. Anzeichen eines desorganisierten Bindungsmusters können sich in einem widersprüchlichen Verhalten äußern. Zum Beispiel können Betroffene einerseits nach Nähe und Zuneigung suchen, andererseits aber auch Angst vor Nähe und Zuneigung haben. Sie können unvorhersehbar und chaotisch in ihren Beziehungen agieren und Schwierigkeiten haben, ihre eigenen Bedürfnisse und Grenzen zu erkennen oder zu kommunizieren. Das destruktive Bindungsverhalten kann sich auf verschiedene Lebensbereiche auswirken, einschließlich romantischer und familiärer Beziehungen und Freundschaften. Menschen mit dieser Bindungsstörung können oft wiederkehrende Beziehungsmuster aufweisen, die von Konflikten, Instabilität und emotionaler Unausgeglichenheit geprägt sind. Das desorganisierte Bindungsverhalten kann einen erheblichen Einfluss auf die Fähigkeit einer Person haben, angemessene Grenzen in ihren Beziehungen zu setzen. Menschen, die darunter leiden, können oft mit einem Gefühl der Unsicherheit und des Misstrauens kämpfen und es kann für sie eine scheinbar unüberwindbare Herausforderung darstellen, gesunde Beziehungen zu führen. Sie könnten sich in Beziehungen wiederfinden, in denen ihre Grenzen nicht respektiert werden, und würden sich möglicherweise überfordert fühlen und unfähig sein, Nein zu sagen oder ihre eigenen Wünsche auszudrücken. Darüber hinaus neigen sie dazu, sich in Beziehungen zu engagieren, die von Instabilität und Unsicherheit geprägt sind. Der klassische Fall von »toxischen Beziehungen« tritt vermehrt bei Menschen auf, die ein desorganisiertes Bindungsverhalten aufweisen. Sie haben Schwierigkeiten, gesunde Beziehungsdynamiken von ungesunden zu unterscheiden, und finden sich in wiederkehrenden Mustern von Konflikten und Distanzierung wieder. Um gesunde Grenzen zu setzen und ihre Beziehungsfähigkeiten zu verbessern, ist es wichtig, dass Menschen mit desorganisiertem Bindungsverhalten lernen, sich selbst und ihre eigenen Bedürfnisse wertzuschätzen. Ich möchte an dieser Stelle klar und deutlich betonen, dass desorganisierte Bindung kein persönliches Versagen ist, sondern eine Folge früherer traumatischer Erfahrungen. Durch gezielte Therapie und Unterstützung können Betroffene lernen, gesündere Beziehungsmuster zu entwickeln und ihre Bindungsfähigkeiten zu stärken, um ein erfüllteres und stabileres Leben führen zu können.

Zusammenfassend lässt sich sagen: Die Bindungstheorie zeigt, wie frühe Erfahrungen dazu führen können, dass wir innere Modelle darüber entwickeln, wie Beziehungen funktionieren und wie wir uns darin verhalten sollten. Diese Modelle können als die erwähnten inneren Weisheitshüter betrachtet werden, die unsere Alarmbereitschaft steuern. Wenn wir sichere Bindungserfahrungen gemacht haben, haben wir oft gesunde und ausgewogene innere Weisheitshüter. Wir fühlen uns geborgen in Beziehungen und sind in der Lage, unsere Bedürfnisse und Grenzen klar auszudrücken. Wenn unsere Bindungserfahrungen jedoch unsicher waren, können unsere Weisheitshüter überaktiv oder übermäßig besorgt sein. Sie können uns dazu bringen, uns in Beziehungen zu verstecken oder uns übermäßig auf den anderen zu stützen, um Ablehnung oder Verlassenwerden zu vermeiden.

Indem wir die Zusammenhänge zwischen unseren frühen Bindungserfahrungen, unseren inneren Weisheitshütern und unserer Fähigkeit, Grenzen zu setzen, erkennen, können wir aktiv daran arbeiten, unsere Beziehungen gesünder und erfüllender zu gestalten.

Die gute Nachricht ist hierbei: Selbst wenn du als Kind negative Erfahrungen mit Grenzen, Bedürfnisäußerungen und Beziehungen gemacht hast, du aber als Erwachsener positive Erlebnisse sammeln durftest, kann sich dein Bindungsverhalten sicher entwickeln! Es ist also möglich, diese alten Verletzungen aus der frühen Kindheit zu »heilen«. Ausschlaggebend dafür ist ein gesundes Umfeld und der Wille, sich darauf einzulassen. Genau deshalb kann die Unterstützung durch einen Coach oder eine Psychotherapeutin mitunter so gut wirken. Diese beziehungsweise dieser springt für eine gewisse Zeit als Stellvertreter für einen sicheren und zuverlässigen Bindungspartner ein, sodass die inneren Weisheitshüter lernen können: »*Ah, es gibt auch Menschen, die mit mir auf eine andere, neue Weise umgehen, als ich es aus meiner Kindheit gewohnt bin.*«

Ich durfte mich in meiner Studienzeit intensiv mit Bindungstheorien befassen und kann sagen, dass dieses Wissen wesentlich dazu beigetragen hat, Menschen besser in ihren Verhaltensweisen, aber auch in ihren Sorgen, Ängsten und Nöten zu verstehen. Ich hoffe, es gelingt mir mit diesem Kapitel, dir ein besseres Verständnis für dich und dein Umfeld zu vermitteln. Manches Mal sagen mir meine Klientinnen: »*Jetzt geht mir endlich ein Licht auf! Jetzt weiß ich, warum ich so bin, wie ich bin!*« Diese Erkenntnis kann so erleichternd sein, weil wir anfangen, uns selbst nicht mehr als »seltsam«, »komisch« oder gar »gestört« wahrzunehmen. Ausnahmslos jede Verhaltensweise hat eine Ursache und einen Auslöser. Im Grunde sind wir ein Leben lang auf der Suche nach diesem Warum. Nicht immer finden wir es, aber meistens tasten wir uns näher heran und ab und an erkennen wir, dass die Suche nach der Ursache ab einem gewissen Punkt auch keine Rolle mehr spielt, weil wir entschieden haben: »*Ich darf trotz allem ein gutes, schönes und wahres Leben führen, auch wenn ich nicht verstehen kann, warum das bisher nicht so gewesen ist.*« Manches Mal geht es nur ums Annehmen, Akzeptieren und Loslassen. Loslassen heißt: Ich erlaube mir, mich zu entspannen, trotz allem. Ein großer Schritt, mit dem wir uns später noch befassen werden.

Um erst einmal besser damit umgehen zu lernen, wie deine inneren Weisheitshüter in Bezug auf Grenzen und Bindung reagieren, kannst du ein Tagebuch führen, in dem du notierst, auf welche Dinge deine inneren Wächter besonders empfindlich anschlagen. Stell dir beispielsweise vor, der Blick einer anderen Person macht dich unsicher oder lässt dich bedroht fühlen. Wie reagierst du normalerweise? Denkst du: »*Was guckt der da so blöd, was will der von mir?*« (Das wäre eine Art Angriffsreaktion.) Oder denkst du eher: »*Ich fühle mich beobachtet und unwohl, ich sollte lieber weggehen.*« (Das wäre eine Fluchtreaktion.) Oder denkst du vielleicht: »*Vielleicht störe ich, ich sollte fragen, ob meine Anwesenheit hier ein Problem darstellt.*« (Das wäre eine Unterwürfigkeitsreaktion.) Wenn du deine Reaktionen und die Auslöser dafür einmal verstehst und anschließend aufschreibst, kannst du dich besser dafür öffnen, neue Muster zu erlernen, und besser erkennen, was dir deine inneren Wächter in bestimmten Situationen raten, zu tun. Das kann dir helfen, gelassener mit solchen Situationen umzugehen und bewusster zu entscheiden, wie du darauf reagieren möchtest.

Ein recht anschauliches Bild für persönliche Grenzen ist dabei das Hamburger-Modell. Denk an deine Grenzen wie an einen Hamburger. Das Brötchen repräsentiert deine physische Grenze, die du vor unerwünschter Berührung schützt. Die Innenschichten wie Salat und Käse repräsentieren deine emotionalen, mentalen und spirituellen Grenzen, die deine Identität und Werte schützen. Anne Katherine, eine Expertin für persönliche Entwicklung, hat daraus fünf Schritte zur effektiven Grenzsetzung entwickelt, die ich dir gern vorstellen möchte:

- ⋆ *Schritt 1:* Erkenn die Notwendigkeit, eine Grenze zu setzen, indem du Situationen, in denen deine Grenzen überschritten werden oder du dich unwohl fühlst, zu identifizieren.
- ⋆ *Schritt 2:* Identifiziere klar, was akzeptabel und was nicht akzeptabel ist. Überlege dir genau, welche Handlungen, Worte oder Situationen deine Grenzen verletzen und was für dich akzeptabel ist.

- ⋆ *Schritt 3:* Kommuniziere die Grenze klar und respektvoll. Teile anderen mit, wenn sie deine Grenzen überschreiten, und mach deutlich, was du brauchst, um dich wohlzufühlen.
- ⋆ *Schritt 4:* Halte die Grenze aufrecht, auch wenn es unangenehm ist. Bleib standhaft und lass dich nicht von anderen überreden oder manipulieren, um deine Grenzen zu verschieben.
- ⋆ *Schritt 5:* Lerne, mit möglichen Konsequenzen umzugehen. Sei bereit, die Folgen zu akzeptieren, wenn andere deine Grenzen nicht respektieren. Das kann bedeuten, dass du dich von bestimmten Beziehungen oder Situationen distanzieren musst.

Das klingt alles so schlüssig und einfach, nicht wahr? Ich wette, wenn dir deine beste Freundin davon berichten würde, wie schwer es ihr beispielsweise fällt, ihrer Schwiegermutter mitzuteilen, dass sie ab sofort nicht mehr einfach unangekündigt vor der Tür stehen kann, würdest du ihr einen guten Rat, entsprechend der gerade erwähnten fünf Schritte, geben. Wenn es darum geht, zu erkennen, wann andere Menschen Grenzen setzen müssen, tun wir uns häufig deutlich leichter, als wenn es um uns selbst geht. Das ist völlig natürlich und geht fast jedem so. Wenn es uns nur gelingen könnte, uns selbst dieser Ratgeber zu sein, wären Alltagssituationen um einiges leichter handzuhaben.

Wir werden uns in den folgenden Kapiteln diesem inneren Ratgeber Schritt für Schritt annähern. Ich weiß, es ist nicht einfach, und vielleicht haben dich Erkenntnisse aus dem einen oder anderen Kapitel bisher auch getriggert und das Weiterlesen glich einem Kraftakt. An dieser Stelle bedanke ich mich fürs Dranbleiben. Deine Bemühungen und Ausdauer sollen ausgiebig honoriert werden. Das meine ich aufrichtig und ehrlich. Es ist nicht einfach, uns mit der eigenen Psyche auseinanderzusetzen, aber ab und an die einzige

Möglichkeit, uns aus unliebsamen Situationen und Beziehungen zu befreien.

> *Wir können die Verhaltensweisen anderer nicht kontrollieren, dafür aber lernen, unsere eigenen besser zu verstehen und zu priorisieren.*

Besser die Katze auf dem Schoß als die Axt im Rücken?!

Als ich etwa fünf Jahre alt war, wollte ich das kleine Kätzchen meiner Großmutter mit niemandem teilen. Ich wollte es auf meinem Schoß behalten und ihm beim Schlafen zusehen. Doch dieses Bedürfnis sorgte in meinem Innersten zu einem Konfliktdialog. Deshalb, weil ich als österreichisches Mädchen im kleinen Bauerndorf zum »Depp vom Dienst« – hüstel, ich meine natürlich: People-Pleaser – erzogen worden war. Immer freundlich. Immer hilfsbereit. Immer da und vor allem: sehr verantwortungsbewusst.

Aber an diesem bestimmten Tag war alles anders. Das kleine Kätzchen ließ mich zu einem gesunden, kleinen Mädchen mutieren, das weder Lust hatte, zu teilen, noch auf etwas zu verzichten – schon gar nicht aus purer Höflichkeit. Der Drang, diese kleine Katze den ganzen Tag auf meinem Schoß zu haben und, wenn überhaupt, nur mit dessen Mama zu teilen, war einfach größer als die Bereitschaft, es anderen recht zu machen und mich zurückzunehmen. Dieses Gefühl war neu, und ich erinnere mich noch gut an das Kribbeln in meinem Bauch. Nun standen aber leider einige Kinder um mich herum und wollten das kleine, schlafende Tierchen von meinem Schoß nehmen. Ich beschützte es und sagte in gesunder Kindermanier: »*Nein!*« Es vergingen etwa zwei Minuten, da kam eines der Kinder mit einer Axt, die auf dem Holzstoß nebenan gelegen war, ließ sie auf meinen Rücken fallen und verletzte mich damit so schwer, dass ich zum Arzt musste. Kein Scherz. Das ist wirklich passiert. Ich erinnere mich noch gut daran, dass ich dachte: »*Oje, Nein zu sagen ist mit ziemlich großem Schmerz verbunden – ich lass das mal lieber bleiben.*« (Wir kommen später noch auf die Kraft von Glaubenssätzen zu sprechen.)

Von da an sorgte mein Unterbewusstsein dafür, dass ich zu allem Möglichen Ja und Amen sagte, aus Sorge, erneut dafür sprichwörtlich »eine Axt in den Rücken gerammt zu bekommen«. Kennst du so etwas Ähnliches womöglich aus deiner Kindheit? Hoffentlich nicht gar so dramatisch. Aber könnte es vielleicht sein, dass du mit dem Wort »Nein« in irgendeiner Form Schmerz verbindest? Früher war es ja vielfach üblich, dass Kinder tun mussten, was die Erwachsenen verlangten, selbst dann, wenn sie dafür weder alt genug noch in Stimmung waren. Hatten Kinder keine Lust, auf dem Feld, im Garten, in der Küche oder in der Werkstatt mitzuhelfen, auf die kleinen Geschwister aufzupassen oder den Krautsalat aufzuessen, mussten sie es meist trotzdem tun. War ihnen eigentlich warm, aber die Eltern meinten, es wäre zu kalt, mussten sie trotzdem Mütze und Schal anziehen, auch wenn sie darunter schwitzten. Sollten sie mit dem Nachbarskind »auskommen« und auch mal zurückstecken, obwohl dieses ihnen das Lieblingsspielzeug kaputt gemacht hatte, ihnen eine Ohrfeige verpasst oder sie verpetzt hatte, mussten sie es geduldig ertragen. Die Welt der autoritären Erziehung liebte People-Pleaser. Logisch. Immerhin waren diese leicht formbar und somit wunderbar angepasste und herrlich »einfache« Wesen, die man wie ein Hündchen überallhin mitnehmen und herzeigen konnte. Etwas provokant, ich weiß. Aber für viele war das nun mal die traurige Realität ihrer Kindheit, und es ist nachvollziehbar, dass sich so eine Prägung auf den Selbstwert, die Selbstachtung und die Fähigkeit, Grenzen zu setzen, auswirkt. Die Aussage, die wir dann häufig hören und die da lautet: »*Diese Leute sollen sich bloß nicht so anstellen und aufhören zu jammern! Harte Erziehung hat noch niemandem geschadet!*«, ist nicht nur so öde, wie immer wieder dieselbe Folge der Rosamunde-Pilcher-Filme anzuschauen, sondern auch verletzend und schlichtweg falsch. Deshalb wollen wir uns bitte grundlegend darauf einigen, uns selbst mit viel Mitgefühl zu begegnen, wenn wir erlebt haben, dass von klein auf die eigenen Bedürfnisse weder respektiert noch beachtet wurden und Anerkennung und Liebe an Leistung und Anpassung geknüpft wurden.

Wenn ein Kind erlebt, dass die eigenen Wünsche und Grundbedürfnisse in einer Beziehung keine Rolle spielen, ist das besonders schmerzhaft und kann dazu führen, dass es sich und seine Sehnsüchte in Beziehungen nicht ernst nimmt, dafür aber die des anderen umso mehr. Immerhin wurde es sozusagen darauf trainiert, zu schauen, dass es anderen gut geht, und dass es selbst dabei eine untergeordnete Rolle zu spielen hat. Bitte sei in diesem Fall umso liebevoller und geduldiger mit dir. Sich aus solchen Mustern zu befreien ist nicht einfach, braucht Zeit und vor allem eines: ein liebevolles Umfeld, das besser auf Bedürfnisse eingeht als jenes, dem du in deiner Kindheit ausgesetzt warst.

Affenträger sind die liebsten Zirkusmitarbeiter auf der Welt

Es sind meist jene Menschen, die aufrichtig das Gute, Wahre und Schöne in diese Welt bringen, die gleichzeitig dazu neigen, sich selbst zu überfordern und dabei ihr eigenes Wohlbefinden aus den Augen zu verlieren, aber auch dafür prädestiniert sind, von anderen ausgenutzt zu werden. Ihr Umfeld riecht förmlich die Willigkeit zur Unterstützung und neigt dazu, sämtliche Belange auf deren Schultern abzuladen. Als mein Mann und ich unser Haus gebaut haben, kam ein Lastwagen, um das Grundstück mit neuer Erde zu befüllen. Als die Ladung abgekippt wurde, bemerkten wir, dass plötzlich mehr Schutt als Erde auf dem Grundstück lag. Vielleicht dachte der Chef der Baufirma, dieser Umstand würde uns – als damals sehr unerfahrenen Bauherren – gar nicht erst auffallen, und er behielt in erster Instanz recht. Wir wunderten uns zwar, aber beanstandeten nicht. Erst als uns ein aufmerksamer Nachbar darauf hinwies, dass Auffüllmaterial aus Erde und nicht aus einem Schuttgemenge bestehen sollte, reklamierten wir die Lieferung. Genauso geht es häufig Menschen, die sehr hilfsbereit sind: Der Schutt der Mitmenschen wird fleißig auf deren Grundstück abgeladen.

Gerade jene, die voller Lebensfreude den alltäglichen Stürmen des Lebens trotzen, tragen nicht selten die Lasten anderer auf ihren Schultern und merken oft zu spät, wie schwer diese geworden sind. Insbesondere Frauen scheinen von einem unaufhaltsamen Ehrgeiz getrieben, wie fleißige Bienen still und heimlich und unermüdlich zu arbeiten, ohne viel Aufhebens darum zu machen. Sie halten ihren Mitmenschen den Rücken frei und fordern selten etwas ein, als ob sie auf ihrer Stirn ein leuchtendes Schild tragen würden: *»Ich erledige es lieber selbst, dann ist es wenigstens* *erledigt.«* Aber hier kommt die Wahrheit: Nein zu sagen, ist gerade für hilfsbereite und liebevolle Menschen alles andere als eine egoistische Handlung, sondern vielmehr ein Akt der Notwendigkeit. Es ist die Fähigkeit, unsere eigenen Bedürfnisse und Grenzen zu erkennen und zu respektieren. »Ein Nein zum anderen kann einfach nur ein Ja zu uns selbst sein« – eine Quelle der Selbstachtung. »Liebe deinen Nächsten wie dich selbst« – ein weiser Spruch, der als Wegweiser dienen kann. Er bedeutet, dass du dich um dich selbst mindestens genauso gut kümmern solltest, wie du dich um deinen Nächsten kümmerst. Selbstliebe und Selbstachtung bedeuten nicht, dass du anderen gegenüber gleichgültig bist, sondern dass du dich selbst genug lieben, achten und wertschätzen kannst, um sicherzustellen, dass du nicht überfordert bist. Wenn das reflektierte, aber bestimmte Nein in den Köpfen der mit uns in Beziehung stehenden Menschen bedeutet: *»Ich lehne nicht dich als Menschen ab, sondern das Anliegen, das du an mich heranträgst«*, oder: *»Ich sage nicht Nein zu dir, sondern Ja zu meinen Bedürfnissen«*, könnten Beziehungen nicht nur authentischer, sondern auch deutlich tragfähiger und sicherer gestaltet werden. Aber das braucht Übung und vor allem eine neue innere Haltung, die sowohl ein *Ja* als auch ein *Nein* nicht mehr als persönliche Liebesbekundung oder allumfassende Abneigung bewertet. Gesamtgesellschaftlich würde ich mir in Zeiten der Digitalisierung und von Social Media dringend mehr Achtsamkeit und intuitive Kompetenz in Bezug auf Grenzen wünschen. Verbale Attacken und untergriffige Statements in den Kommentarspalten können weitreichende Konsequenzen für die angegriffene Person haben. Hater sind Menschen, die anderen verbal die Axt in den Rücken werfen, die keinerlei Respekt und Achtung vor den natürlichen Grenzen ihrer Mitmenschen haben und die meistens meinen, ein Recht darauf zu haben, ihre Meinung ungefiltert und unbedacht kundzutun. Wir müssen diesen Akt der Zerstörung weder verstehen noch eine Begründung dafür finden, weil es schlichtweg falsch ist, sowohl im analogen wie auch im digitalen Raum, Menschen anzugreifen, zu beleidigen, ihnen zu drohen oder sie zu verängstigen. Es ist erschreckend, wie wenig gerade im digitalen Raum persönliche Grenzen gewahrt werden, und wir müssen uns als Gesellschaft ernsthaft Gedanken darüber machen, wie wir zukünftig – vor allem in Zeiten von KI – miteinander umgehen möchten. Persönliche Grenzen müssen auch dort akzeptiert werden, wo uns jemand nicht persönlich gegenübersteht, um auch langfristig harmonisch zusammenleben zu können. Das setzt Aufklärungskampagnen, intensive Bildungsarbeit, aber auch schärfere rechtliche Konsequenzen voraus.

Selbstachtung und Selbstliebe sind eine Notwendigkeit und kein »Vielleicht«

Stell dir vor, du besuchst mit deinen Kindern einen Zirkus. Während du inmitten einer Menschenmenge sitzt, tritt ein Clown plötzlich auf dich zu und fordert dich vor Hunderten von Zuschauerinnen und Zuschauern auf, ihm bei seiner Show zu assistieren. Wie würdest du reagieren?

Würdest du den Mut aufbringen, Nein zu sagen und dich abzugrenzen? Oder würdest du automatisch aufstehen und dich in die Manege ziehen lassen, trotz des inneren Unbehagens und vielleicht sogar gegen deinen eigenen Willen? Würdest du dich für eine Clownsnummer zur Verfügung stellen, nur um seinen und den Erwartungen des Publikums zu entsprechen und deine Angehörigen »nicht zu enttäuschen«? Würdest du dich kleinmachen und hinter einem Sitz verstecken?

An dieser Stelle prüft niemand außer dir selbst deine

Antwort. Sei ehrlich zu dir selbst. Es gibt keine falsche oder richtige Reaktion, nur deine eigene. Beim ersten Mal ist es gewiss ein großer Spaß, auf die Wünsche des Clowns einzugehen, sofern du gern explorierst und Neues ausprobierst. Der Clown ist glücklich, die Leute im Publikum belustigt und erleichtert, dass es nicht sie getroffen hat, und deine Kinder haben eine tolle Geschichte für ihre Freunde. Wiederholst du dieses Verhalten aber immer und immer wieder, obgleich es dir womöglich widerstrebt, passiert etwas Spannendes. Du kannst vielleicht das Gefühl nicht mehr abschütteln, dass eine unsichtbare Leuchtreklame auf der eigenen Stirn blinkt: »*Wähle mich! Ich bin zu allem bereit!*« Es geht womöglich sogar so weit, dass du beginnst, dich bei Zirkusbesuchen im hintersten Winkel zu verstecken, getrieben von der Paranoia, vom nächsten Gag-hungrigen Clown entdeckt zu werden. Da wird dir vielleicht schlagartig klar, dass du tatsächlich damit begonnen hast, dir selbst die beste Sicht zu verwehren, aus purer Clownsangst. Und du erkennst dadurch *endlich* etwas grundlegend Wichtiges, das ich dir von ganzem Herzen wünsche:

Niemand hat das Recht, dir den besten Platz im Leben wegzunehmen! Nicht einmal du selbst!

Einer meiner Lehrtherapeuten sagte einmal: »So wie du dich gedanklich im Kleinen verhältst, so verhältst du dich auch im Leben draußen, wenn es um die großen Sachen geht.« Wenn wir Angst haben, uns zu zeigen, so wie wir sind, verletzen nicht nur andere unsere Bedürfnisse, sondern früher oder später auch wir uns selbst.

Dieses Gedankenexperiment soll ein kleiner Hinweisgeber für dich sein, um zu verstehen, wie du »tickst«, sobald ein Anliegen an dich herangetragen wird und du unsicher ob der Antwort wirst. Irgendwann wird uns bestenfalls bewusst: *»Ich kann nur für andere da sein, wenn ich auch für mich selbst sorge – ohne schlechtes Gewissen!«* Dieses Nein zu anderen und das Ja zu sich selbst hat das Potenzial, sich zu einer lebensverändernden Einstellung zu entwickeln. Ab und an ist es einfach keine Option, sondern schlichtweg ein Muss. Eine meiner Klientinnen erzählte folgende Begebenheit aus ihrem Leben: »Ich habe es gewagt, meinem alten Chef Nein zu sagen, als er mir Avancen machte. Daraufhin ließ er kein gutes Haar mehr an mir und streute im gesamten Team übelste Gerüchte über mich.« Sie kündigte und zog in eine andere Stadt. Sie musste ihr gesamtes Leben aufgeben, weil ein anderer ihr Nein nicht akzeptierte. Nun sind dieses und das Axt-Beispiel aus meiner Kindheit extrem, aber vielleicht fühlst du in dir auch eine extreme Angst davor, für dich einzustehen, und weißt bis jetzt noch nicht, woher sie kommt.

Denn wie oft hadern wir, zweifeln und stellen uns selbst infrage, sobald es darum geht, eine Bitte abzuschlagen? Da ploppen plötzlich diese ganzen Glaubenssätze und Muster auf wie Popcorn in einem Topf. Vor allem dann, wenn wir selbst erlebt haben, wie sehr ein Nein verletzen und schmerzen kann, wollen wir anderen diesen Schmerz ersparen und sagen dann doch Ja. Schließlich wissen wir nur zu gut, wie verdammt weh es tun kann, sich abgelehnt zu fühlen. Wenn du dieses Gefühl nur zu gut kennst, möchtest du es vermutlich einerseits so gut es geht nicht mehr erleben und andererseits deine Lieben davor bewahren. Wie menschlich, nicht wahr? Viele moderne Eltern tun sich aus diesem Grund schwer damit, ihrem Kind wichtige Grenzen zu setzen. Einen Schritt weiter gedacht, stellen sie dann aber fest, dass sie einerseits ihren eigenen Schmerz auf das Kind projizieren, das womöglich gar kein Problem mit der gesunden und wichtigen Grenze hätte, sondern eher Halt und Orientierung darin finden könnte, und dass sie sich andererseits selbst die Möglichkeit nehmen, ihrem Kind das Fundament dieses Halts und der Kompass der Orientierung sein zu können.

Die Furcht vor Konflikten zerschmettert Grenzen

Die Angst vor Konfrontationen spielt eine entscheidende Rolle dabei, dass wir zögern, gesunde Grenzen zu setzen. Diese Angst wurzelt oft in der Sorge vor den potenziellen negativen Konsequenzen, wie etwa Ablehnung oder Ausgrenzung. Hinter dem Vermeiden von Konflikten steckt somit die tiefsitzende Angst, nicht mehr Teil der Gruppe sein zu können oder gar bestraft zu werden. Wir gehen Konflikten in unseren Beziehungen aber auch deshalb gern aus dem Weg, aus Angst, den scheinbaren Frieden zu stören, unnötigen Wirbel zu machen oder Streit zu riskieren. Das ständige Umgehen von Konflikten kann dazu führen, dass wir uns kurzfristig in einer scheinbar bequemen Situation wähnen, uns jedoch langfristig in einer verzwickten Lage befinden, in der wir uns unwohl fühlen. Vor allem dann, wenn die Konsequenzen des Nicht-Ansprechens kalkulier- oder überschaubar sind, scheuen wir uns, in die offene Aussprache zu gehen.

Die wenigsten Menschen sind erfreut, wenn sie kritisiert oder in ihre Schranken gewiesen werden. Sie gehen dann entweder zum Gegenangriff über, rechtfertigen sich, treten die Flucht an oder fühlen sich verletzt und klein. Denn eine Person, die sich kritisiert fühlt, kann nicht immer reflektiert auf ausgesprochene Kritik oder ein Nein reagieren, wenn sie sich abgelehnt und dadurch vom »Ausschluss« bedroht fühlt. Der Ausschluss aus der Gruppe ist, wie eingangs erwähnt, eines der größten Bedrohungsszenarios für uns. Denn in der Menschheitsgeschichte war das Aufgehobensein in der Gruppe entscheidend für das Überleben. Gruppen boten Schutz vor Raubtieren, Hilfe bei der Nahrungssuche, emotionale Hilfe und Unterstützung bei der Kindererziehung. Ausgeschlossen zu werden, konnte zur Folge haben, auf sich allein gestellt zu sein und somit eine geringere Überlebenschance zu haben. Soziale Bindungen waren aber auch wichtig für die Fortpflanzung. Ein Ausschluss aus der Gruppe bedeutete geringere Chancen auf Partnerfindung und das Zeugen von Nachkommen. Darüber hinaus hat der Mensch ein tief verwurzeltes Bedürfnis nach sozialer Eingebundenheit, welche wesentlich zum Selbstwertgefühl und zur Identität eines Individuums beiträgt. Konflikte mit dem Umfeld sind für die meisten Menschen auch heute noch sehr beängstigend, weil soziale Zugehörigkeit weiterhin fundamental für unser psychologisches Wohlbefinden und unsere soziale sowie berufliche Balance ist.

Besonders in der heutigen Zeit, in der soziale Dynamiken und Kommunikationswege sich rasch weiterentwickeln, ist die Angst vor Konflikten und sogar vor der Äußerung der eigenen Meinung weit verbreitet. Ein Beispiel hierfür ist die Cancel-Culture. Dieser Begriff beschreibt ein Phänomen, das heutzutage immer öfter zu beobachten ist: Jemand sagt seine persönliche Meinung, die anderen nicht gefällt. Daraufhin wird diese Person boykottiert – die öffentliche Ächtung wird als soziale Korrektur genutzt. Dabei ist sie nicht selten ein existenziell bedrohlicher Akt der zwischenmenschlichen Interaktion. Aber auch Hater scheuen offenkundig nicht mehr davor zurück, ihre Meinung aufgrund der Anonymität des Internets hasserfüllt kundzutun. Die negativen Folgen, die daraus entstehen könnten, sind enorm hoch. Das Internet und soziale Medien ermöglichen es, Meinungsverschiedenheiten und Konflikte öffentlich, aber dennoch anonym auszutragen, was zu einer zunehmenden

Schwierigkeit führen kann, den Mut zu finden, sich persönlich und von Angesicht zu Angesicht zu äußern.

Neulich erzählte mir eine Klientin, dass sie in einer Mamagruppe in eine hitzige Diskussion mit einigen anderen Müttern geraten ist, weil sie offen zugegeben hat, dass sie ihr Baby nicht stillen möchte. Sie sah sich unvorhergesehen in einem Konflikt, der ihr weder willkommen war noch guttat. Auch während der Pandemie war offensichtlich, wie sich Konflikte und der Versuch, sie zu vermeiden oder sie differenziert und konstruktiv zu lösen, sogar zu einer gesellschaftlichen Spaltung hochschaukeln können. Die Tatsache, von anderen ins Kreuzfeuer genommen zu werden, kann verunsichern und uns zögern lassen, unsere eigenen Meinungen zu vertreten, und uns auch davon abhalten, gegen übergriffiges Verhalten einzuschreiten.

In den meisten Fällen betrifft die Angst vor Konfrontation ja lediglich unser eigenes Leben oder unsere Beziehung zu unserem nahen Umfeld und selten fremde Menschen, doch es gibt auch Fälle, wo es darum geht, für andere das entscheidende Wort zu ergreifen und diese zu schützen. Im folgenden, sehr alarmierenden Beispiel für fehlende Zivilcourage wurde in einem Forschungsprojekt deutlich, dass nur wenige Passanten eingriffen, als ein Kind auf der Straße von einem Mann gepackt und in eine Seitengasse getragen wurde. Die Beobachter waren verunsichert und trauten sich nicht, einzuschreiten, um dem Kind zu helfen. Sie gaben als Begründung für ihr Nicht-Einschreiten an: *»Ich hatte Angst vor einem unnötigen Konflikt!«*, *»Was, wenn das der Vater und alles okay war?«*, *»Was, wenn ich mich irre und umsonst die Polizei bemühe?«*, *»Niemand sonst ist eingeschritten, also bin ich davon ausgegangen, dass alles in Ordnung sei.«* Richtig wäre gewesen, diese Ängste vor einem Konflikt, vor einer möglichen Ablehnung und dem möglichen Begehen eines Fehlers hintanzustellen und in jedem Fall die Polizei zu informieren oder laut zu rufen:

»Haben Sie das gesehen, da wird gerade ein Kind entführt, kommen Sie und helfen Sie!«, statt einfach zu schweigen, wegzuschauen und stur weiterzugehen.

Ein »Nein, halt und stopp« hat in unserer Gesellschaft häufig den bitteren Beigeschmack der fundamentalen Ablehnung und wird deshalb in der Interaktion nur allzu gern vermieden. Dabei können ungesetzte Grenzen und Nicht-Handeln Leben gefährden. So traurig das ist, aber es ist nun mal eine Realität. Vor allem Kindern muss deshalb unbedingt beigebracht werden, dass sie Nein sagen dürfen und in gewissen Situationen auch müssen. Lernt ein Kind nicht, dass ihm der eigene Körper gehört und niemand diesen ohne Zustimmung berühren darf, kann das sehr gefährlich werden.

Wusstest du, dass ein Kind durchschnittlich ganze 17 Mal einem Erwachsenen erzählen muss, dass ihm jemand weh getan hat, es missbraucht oder misshandelt wird, ehe ihm geholfen und eingeschritten wird? Hinter mangelnder Zivilcourage steckt häufig lediglich die Angst, den scheinbaren Frieden zu stören, unnötigen Wirbel zu machen oder Streit zu riskieren. Die Fähigkeit, an der richtigen Stelle Grenzen zu setzen und Nein zu sagen, ist unter gewissen Umständen keine Option, sondern eine absolute Notwendigkeit. Im Grunde müssten diese Kompetenzen, Kommunikationstechniken und Tools deshalb bereits in der Grundschule gelehrt werden.

Um Konfliktscheuheit zu überwinden, ist es wichtig, sich bewusst zu machen, wovor du eigentlich Angst hast und welche negativen Gedanken oder Überzeugungen dich davon abhalten, dich für deine oder notwendige Bedürfnisse anderer einzusetzen. Aber auch zu erkennen: »Wann bin ich überhaupt dazu in der Lage, den Konflikt zu lösen und ab wann benötige ich dabei externe Hilfe und Unterstützung?«

Kapitel 5

DIE SUPERHELDEN DER MANEGE – WARUM WIR DIE WELT NICHT ALLEIN RETTEN MÜSSEN

Als Kinder sind wir oft von Geschichten von Superhelden fasziniert, die die Welt vor dem Bösen retten. Und wer sagt, dass wir das nicht auch können? Die Vorstellung, die einzige Hoffnung in einer Welt voller Herausforderungen zu sein, kann uns antreiben, Verantwortung zu übernehmen, selbst wenn uns einiges über den Kopf wächst. Vor allem, wenn alle Beifall klatschen, fühlen wir uns erst recht als Superheld. Doch wie kommen wir überhaupt auf solche Ideen? Erinnerst du dich an deine Kindheit, als du dir ein Bettlaken um die Schultern gelegt und gedacht hast, du könntest fliegen? Diese Fantasie von Superkräften und Heldentaten ist typisch für die Kindheit. Wir alle waren in gewisser Weise von Superman, Spider-Man oder Wonder Woman fasziniert. Die Idee, dass eine einzelne Person gegen das Böse in den Kampf zieht, ist faszinierend. Als Kinder sehen wir in diesen Helden Vorbilder, die für das Gute kämpfen und scheinbar Unmögliches erreichen. Diese Geschichten sind nicht nur unterhaltsam, sondern sie ermutigen uns auch, an das Potenzial des Einzelnen zu glauben, die Welt zu verändern.

Allerdings gibt es einen Haken. Kinder sind besonders anfällig dafür, Konflikte oder Beziehungsprobleme ihrer Eltern oder anderer Bezugspersonen auf sich selbst zu beziehen. Wenn zum Beispiel die Eltern streiten, ein Elternteil psychisch krank oder süchtig ist, kann es vorkommen, dass das Kind denkt: »*Wenn ich mich besser benehme, artiger, lustiger oder fleißiger bin, wird es Mama oder Papa wieder besser gehen.*« Dieser kindliche Glaube an die Omnipotenz, die Vorstellung, dass es die Macht hat, die Situation zu beeinflussen, kann eine enorme Last sein. Es ist daher wirklich wichtig, Kindern beizubringen, dass sie nicht für die Konflikte oder Probleme ihrer Eltern oder anderer Erwachsener verantwortlich sind. Genauso wenig für deren Glück, Freude und Heilung. Sie müssen verstehen, dass Schwierigkeiten oder Krisen in den Beziehungen der Erwachsenen nicht auf ihr eigenes Verhalten zurückzuführen sind. Gleichzeitig sollten sie ermutigt werden, sich selbst zu vertrauen und ihre Fähigkeiten und Stärken zu entwickeln. Es ist manchmal ein Hochseilakt, diesen beiden Aspekten gerecht zu werden: Einerseits ist es wichtig, Kindern die Grenzen ihres eigenen Einflussbereichs aufzuzeigen und ihnen eine übermäßige Verantwortung abzunehmen, andererseits sollten sie auf gesunde Weise dazu ermutigt werden, Selbstvertrauen aufzubauen und ihre eigenen Ziele zu verfolgen. Eltern und Erziehungsberechtigte können dabei eine entscheidende Rolle spielen, indem sie einfühlsam mit ihren Kindern kommunizieren und ihnen beibringen, wie sie mit schwierigen Situationen umgehen können, ohne sich selbst die Schuld zu geben.

Wenn du beim Lesen jetzt das mulmige Gefühl hast, dass in dir eine Erinnerung geweckt wird – die Erinnerung daran, als Kind ständig die Konflikte oder Unzulänglichkeiten deines Umfeldes auf das eigene Verhalten projiziert zu haben –, könnte darin ein Schlüssel liegen, um deine Neigung zum übermäßigen Tragen von Verantwortung zu verstehen. Die Annahme, für die Gefühlslage anderer Menschen verantwortlich zu sein, kann in deinem Inneren vorherrschen und dazu führen, dass du dazu tendierst, über deine persönlichen Grenzen hinauszugehen und dir zu viel aufzubürden.

Ein erster Schritt zur Veränderung dieses Verhaltens kann ein kurzes Innehalten sein. Stell dir vor, du könntest deinem jüngeren Selbst, das diese Last getragen hat, sagen: *»Du trägst dafür nicht die Verantwortung, du darfst spielen gehen und einfach nur Kind sein!«* Beobachte, welche Reaktionen und Empfindungen dieser Satz in dir auslöst, und wiederhole ihn immer wieder. Mit der Zeit kann es dir möglicherweise leichter fallen, übermäßiges Pflichtgefühl abzulegen und dich selbst zu fragen: *»Möchte ich wirklich mein Ja zu dieser Anforderung geben?«* Dein inneres Barometer und deine inneren Weisheitshüter, die sich oft in Gefühlen und Empfindungen äußern, könnten dir anfänglich signalisieren: *»Natürlich sage ich Ja, alles andere fühlt sich falsch an!«* Das geschieht, wie du an dieser Stelle bereits weißt, weil du dich seit deiner frühen Kindheit daran gewöhnt hast, diese Art von Verantwortung zu übernehmen, und das Ablehnen von Verpflichtungen dadurch anfangs unangenehm sein kann. Der nächste Schritt auf dem Weg zur Veränderung besteht deshalb in der Wahrnehmung. Wenn du erkennst, dass es in dir diese innere Stimme gibt, die glaubt, sich um sämtliche Probleme und Anforderungen anderer Menschen kümmern zu müssen, hast du bereits den Grundstein gelegt. Denn das bewusste Erkennen ist die Voraussetzung, um deine Denkmuster und Verhaltensweisen zu hinterfragen. Im dritten Schritt ist es entscheidend, nach und nach zu lernen, wie gesunde Bedürfnisäußerung aussieht. Das erfordert natürlich etwas Zeit, Übung und Geduld. Beginne damit, dir bewusst zu machen, dass du das Recht hast, deine eigenen Bedürfnisse und Grenzen zu respektieren und auszudrücken. Allein die Tatsache, dass du dieses Buch in die Hand genommen hast, zeigt bereits, dass ein Teil von dir nach Veränderung strebt und bereit ist, mehr für sich selbst einzustehen. Ich persönlich glaube auch daran, dass das Gute, Schöne und Wahre des Lebens mit uns kommuniziert – und zwar mithilfe von Mitmenschen, Filmen, Liedern, aber auch Büchern.

Es ist an der Zeit, etwas zu verändern, und du bist bereit dafür. Vertraue deinem eigenen System und deiner inneren Psychologie, dass du durch diesen Prozess getragen wirst und die notwendigen Informationen und Unterstützung erhalten wirst, um dein Ziel des gesunden Neinsagens zu erreichen.

Es kann Rückschläge geben, und du wirst dich möglicherweise immer wieder fragen, warum du erneut über deine eigenen Grenzen gehst. Die Antwort darauf ist einfach: »*Weil Änderung Zeit, Milde und Raum benötigt.*« Es ist ein Prozess, und selbst jeder kleine Schritt in Richtung Selbstachtung und gesunder Grenzen ist ein Fortschritt. Nimm den Superhelden in dir an die Hand und erkläre ihm, dass du auf deiner Mission in dieser Welt nur noch jene retten wirst, die gerettet werden wollen, die aktiv darum bitten, und das auch nur dann, wenn du selbst die Kraft und Ressourcen dafür hast. Das Leben ist kein Marvel-Film. Versuche, die Situation deines Umfeldes realistisch einzuschätzen, und sag ruhig auch mal: »*Ich kann dir gerade nicht helfen, aber ich traue dir zu, dass du es auch ohne mich schaffst!*«

Du bist auch dann eine Superheldin, wenn du nicht alle Probleme deiner Mitmenschen löst, sondern diesen zutraust, selbst eine Lösung zu finden.

Du glaubst, das geht nicht in allen Lebensbereichen? Vor allem nicht im Job und innerhalb der Familie? Stell dir vor, du arbeitest in einem Büro, und jedes Mal, wenn ein Projekt in Schwierigkeiten gerät, fühlst du dich verpflichtet, es zu retten, weil du denkst, dass nur du die Fähigkeiten dazu hast. Die Vorstellung, dass die gesamte Last des Erfolgs oder Misserfolgs des Unternehmens auf deinen Schultern liegt, kann nicht nur zu übermäßigem Stress, sondern auch zu einem massiven Burn-out führen. Du weißt schon, die Krankheit, die dafür sorgt, dass der Held morgens nicht mehr aus dem Bett kommt, weil einfach gar nichts mehr geht. Aber vielleicht bist du im Büro ganz entspannt, aber sobald es um die Familie geht, läuft das innere Duracell-Häschen aufgeregt im Kreis. Du bist schließlich die Superheldin, die alles zusammenhält. Du kümmerst dich um alle Angelegenheiten, von finanziellen Problemen bis hin zu emotionalen Konflikten, und vernachlässigst dabei deine eigenen Interessen und dein Wohlbefinden. Während Fürsorge und Unterstützung innerhalb der Familie wichtig sind, kann übermäßige Verantwortungsübernahme dazu führen, dass du dich ausgebrannt und überlastet fühlst. Auch hier ist es notwendig, den Superheldenumhang abzulegen und zu realisieren, dass auch andere Familienmitglieder ihren Beitrag leisten und Pflichten übernehmen können, damit du nicht die alleinige Last trägst.

Die Superheldenfantasie im Erwachsenenalter beruht oft auf dem Wunsch, Gutes zu tun und anderen zu helfen. Das ist lobenswert, aber es ist gleichzeitig wichtig, uns bewusst zu machen, dass wir nicht die einzige Hoffnung in einer Welt voller Herausforderungen sind. Es gibt viele Menschen, Organisationen und Ressourcen, die ebenfalls dazu beitragen können, Probleme zu lösen. Die Kunst besteht eben darin, Verantwortung zu übernehmen, ohne uns selbst zu vernachlässigen – logisch, aber trotzdem nicht so leicht umsetzbar. Psychologen haben festgestellt, dass die Neigung, übermäßige Verantwortung zu übernehmen, oft mit einem starken Empathieempfinden einhergeht. Empathie ist eine wertvolle menschliche Eigenschaft, die es uns ermöglicht, die Gefühle und Bedürfnisse anderer zu verstehen und mitzufühlen. Menschen mit hoher Empathiefähigkeit neigen dazu, sich leicht in die Lage anderer hineinzuversetzen und sind öfter bereit, zu helfen. Genau hier liegt das Dilemma: Wenn wir zu sehr mit anderen mitfühlen, vernachlässigen wir oft unsere eigenen Bedürfnisse und unser eigenes Wohlbefinden. Wir setzen die Bedürfnisse anderer über unsere eigenen und übernehmen Verantwortung, selbst wenn es uns schadet. Empathie ermöglicht es uns zwar, die Gefühle und Bedürfnisse anderer intensiver zu erfassen, was eine bewundernswerte Qualität ist. Jedoch kann dies auch dazu führen, dass wir uns in Situationen verstricken, in denen wir uns für alles und jeden verantwortlich fühlen. Deshalb werden wir in den kommenden Kapiteln noch tiefer in die Psychologie eintauchen und ergründen, warum es uns so schwerfällt, »einfach mal loszulassen« und zu delegieren.

Die Allmachtsfantasie: Der Wunsch nach unermesslicher Macht

In der Psychologie gibt es das Konzept der »Allmachtsfantasien« oder auch »Größenfantasie«. Die Begriffe »Superheldenfantasie« und »Allmachtsfantasie« werden manchmal synonym verwendet, da sie auf ähnliche psychologische Phänomene hinweisen. Sie beschreiben die Tendenz einer Person, sich selbst als außergewöhnlich mächtig, unverzichtbar oder in der Lage zu sehen, die Welt oder Situationen zu kontrollieren oder zu retten. Im Grunde könnten wir von einer narzisstischen Selbstüberschätzung sprechen. In der Psychologie werden Allmachtsfantasien und Narzissmus oft in Verbindung gebracht, da sie einige gemeinsame Merkmale aufweisen. Allmachtsfantasien beziehen sich auf unrealistische Vorstellungen von unbegrenzter Kraft, Kontrolle und Überlegenheit. Narzissmus hingegen ist ein Persönlichkeitsmerkmal, das sich durch übermäßige Selbstliebe, ein starkes Bedürfnis nach Bewunderung und einen Mangel an Empathie auszeichnet. Grundsätzlich sind wir alle in gewisser Weise narzisstisch, weil wir uns sonst gar nicht auf die Straße trauen würden. Es braucht schon eine gesunde Portion Narzissmus, um sagen zu können: *»Komm, ich mach das! Ich kümmere mich.«* Deshalb ist es im Prinzip auch ganz gesund, einen gewissen Anteil an Narzissmus in sich zu tragen. Auch wenn Narzissmus derzeit gefühlt überall und insbesondere in den Sozialmedien nahezu dämonisiert wird, gilt der Grundsatz: Die Dosis macht das Gift.

Problematisch wird es dann, wenn diese beiden Persönlichkeitsmerkmale überhandnehmen. Menschen mit sehr starken Allmachtsfantasien neigen dazu, sich als unfehlbar und überlegen zu betrachten. Sie können Schwierigkeiten haben, Kritik anzunehmen, und zeigen oft ein geringes Maß an Empathie für andere. Diese Personen können sich selbst als die wichtigsten und mächtigsten Individuen betrachten und erwarten, dass andere sie bewundern und ihnen gehorchen. Personen mit übermäßig hohen narzisstischen Anlagen zeigen ähnliche Verhaltensweisen, indem sie sich selbst als überlegen und besonders bedeutend betrachten. Sie neigen dazu, andere zu manipulieren, um ihre eigenen Ziele zu erreichen, und können Schwierigkeiten haben, sich in andere hineinzuversetzen oder deren Bedürfnisse zu berücksichtigen. Menschen, die Allmachtsfantasien unterliegen, sind der festen Überzeugung, dass tatsächlich nur sie – und niemand anders – Probleme lösen kann. Aber sie tendieren auch dazu, andere vor ihren Karren zu spannen und die Gutmütigkeit ihrer Mitmenschen auszunutzen. Diese Menschen sind häufig recht übergriffig und bevormunden andere, indem sie vorgeben, sie schonen zu wollen. Dahinter steckt aber kein Akt der Nächstenliebe, sondern ein Akt der Selbstüberschätzung, Egozentrik und Grenzüberschreitung. Vielleicht ist dir selbst schon mal jemand mit Allmachtsfantasien begegnet. Jemand, der meinte, er wüsste, was er an deiner Stelle tun würde, und gar nicht erst danach gefragt hat, ob du seine Unterstützung auch wolltest oder brauchtest. Jemand, der dir das Steuer aus der Hand genommen hat, ehe du bis drei zählen konntest. Eine sehr unangenehme Angelegenheit, nicht wahr?

»*Warum hat jemand Allmachtsfantasien?*«, fragst du dich vermutlich an dieser Stelle. Verhaltensweisen wie übermäßiges Selbstlob, das Ignorieren oder Herabsetzen anderer, das Ausnutzen von Beziehungen zum eigenen Vorteil, das Streben nach ständiger Bewunderung und Anerkennung sowie das Fehlen von Reue oder Schuldgefühlen für das eigene Verhalten gründen sich in einem extrem stark ausgeprägten Machtstreben und Dominanzgehabe. In der Regel haben diese Menschen gelernt, dass ihr Umfeld tut, was sie fordern. Daher hinterfragen sie ihr Verhalten auch nicht, sie sind überzeugt von der Richtigkeit ihres Handelns und fühlen sich durch mangelnde Widerworte bestätigt. Leben Menschen mit Allmachtsfantasien mit Jasagern zusammen, könnte das oberflächlich funktionieren. Auf der einen Seite steht jemand, der dominiert und führt, und auf der anderen jemand, der sich unterordnet und geführt werden möchte. Du merkst vielleicht schon, was hierbei das Problem ist. Spätestens dann, wenn der Jasager dieses Buch liest, gibt es Probleme in dieser Beziehung. Denn sobald der Jasager versteht, dass sein ewiges Zustimmen und Sich-dominieren-Lassen auf Dauer seine eigenen Träume, sein Wohlbefinden und seine psychische Gesundheit in Gefahr bringen können, müssen Grenzen gezogen werden. Grenzen sind jedoch etwas, das ein Mensch mit Allmachtsfantasien nicht akzeptieren kann, weil es diese in seiner Welt nicht gibt. Er kann ja schließlich alles. Auch Grenzen sprengen. Deshalb wird er alles tun, um gesetzte Grenzen zu überwinden. Koste es, was es wolle. Er wird auf Respekt, Achtung, Wohlwollen, gewaltfreie Kommunikation und sonstige Regeln des gesunden Miteinanders verzichten. Kurzum: *Menschen mit Allmachtsfantasien brauchen ein extrem starkes Gegenüber, eine unüberwindbare Mauer, mit eisernen Schlössern an den Toren*. Von einem Jasager zu solch einer Mauer zu mutieren, ist ein absoluter Kraftakt, da möchte ich dir nichts vormachen. Es braucht nicht nur viel Einsatz und Mühe, sondern auch professionelle Hilfe. Du musst dich an der Seite eines Menschen mit Allmachtsfantasien ehrlicherweise fragen, ob du dir das auf Dauer wirklich antun möchtest. Viele werden zu Opfern solcher Menschen und verlieren im Laufe der gemeinsamen Jahre nicht nur ihr Selbstvertrauen, sondern generell die Fähigkeit, wahrzunehmen, was sie eigentlich wollen und brauchen.

Wir müssen uns an dieser Stelle eines bewusst machen: Wir sind nur kurzzeitige Besucher auf dieser Erde. Gast in einem Urlaubsland, das wir eines Tages wieder verlassen werden. Die Frage ist, wie wir diese Zeit verbringen möchten. Soll es ein Abenteuerurlaub, ein Wellnessurlaub oder ein Horrortrip werden? Die Antwort wird zum größten Teil von jenen Menschen bestimmt, mit denen du deine Lebenszeit verbringst, weil sie durch ihr Handeln und ihre Persönlichkeit großen Einfluss auf dein Wohlbefinden haben. Auf Dauer ist es unglaublich herausfordernd, gegen eine Mauer anzukämpfen und sich gegen sie zu stemmen, um nicht von ihr erdrückt zu werden. Frag dich, wie du in Gegenwart solcher Personen notwendige Grenzen ziehen könntest, um dein eigenes Wohlergehen langfristig zu schützen und deinen Aufenthalt auf dieser Erde zu einem Wellnessurlaub umbuchen zu können. Am besten, indem du lernst, dich nicht mehr manipulieren, kleinreden oder unwürdig behandeln zu lassen. Wie gut, dass du das Buch liest!

Warum die Angst vor Ablehnung gerade bei Familie und Gott am härtesten zuschlägt

Eine der größten Hürden beim Neinsagen ist die Angst vor Ablehnung, besonders von nahestehenden Menschen. Die Angst vor Ablehnung kann aber auch höhere Mächte betreffen. Ich kenne viele gläubige Menschen, die Angst haben, von Gott abgelehnt zu werden, und ihr Leben stets danach ausrichten, ihm zu gefallen. Sie unterliegen häufig dem Irrtum, dass bestimmte Bibelstellen wie *»Du sollst Vater und Mutter ehren«* oder *»Wenn dich jemand auf die linke Backe schlägt, halte ihm auch die rechte Backe hin«* bedeuten: *»Gehe über deine Grenzen hinweg, egal was passiert.«* Sie werten solche Aussagen als Aufforderung, als Opfer durchs Leben zu gehen, um Gott zu gefallen. Sie fürchten sich vor seinem Zorn. Sie haben das Bild Gottes so verinnerlicht, dass sie zu *God-Pleasern* geworden sind. Doch das ist eine Fehlinterpretation der alten Schrift, für die sie einen hohen Preis zahlen. Denn in der Bibel steht genauso: *»Liebe deinen Nächsten wie dich selbst.«* Das bedeutet: *Liebe dich!* Wenn Eltern vernachlässigt, misshandelt oder missbraucht haben, darf sich ein Kind, das nun erwachsen ist, von ihnen abwenden. Die Bibelstellen meinen damit nicht: *»Ertrage weiterhin geduldig dein Leiden«*, sondern vielmehr: *»Geh bitte deinen eigenen Weg, betreibe Selbstliebe, indem du dich so einem Leid nie wieder aussetzt. Umgib dich mit anderen, liebevollen Menschen. Gehe. Aber gehe in Frieden. Geißele dich nicht weiter, indem du dich schuldig fühlst. Habe kein schlechtes Gewissen und belaste dich dadurch noch weiter. Gehe. Lass die Vergangenheit hinter dir und blicke nach vorne. Für all das Leid ist dein Leben, ja, bist du zu kostbar. Wenn deine Eltern das nicht erkannt haben, geh weiter – aber ohne sie.«* Doch dieses Weggehen fällt vielen schwer, und diese Menschen fragen sich: *»Wie kann* *ich mich von Menschen abwenden, die ich eigentlich lieben sollte – die mich eigentlich lieben sollten? Wie kann es richtig sein, keinen Kontakt mehr zu haben?«*

Die Angst vor Ablehnung, davor, innerhalb des Familienverbandes nicht mehr geachtet zu werden, ist meist die Ursache für diese Gedanken, denn sie ist eine Urangst. Warum? Kein Baby oder Kleinkind kann überleben, wenn es von seiner Familie abgelehnt wird. Es ist demnach bestrebt, alles, wirklich alles zu tun, um von seinem nächsten Umfeld angenommen und geliebt zu werden. Koste es, was es wolle. Koste es das eigene Glück, die eigene Unversehrtheit, die eigene Lebenskraft, das eigene Selbst – was auch immer. Das Kind passt sich an, um überleben zu können. Besonders gottesfürchtig sind häufig Menschen, die sich in ihrem näheren Umfeld nicht verstanden fühlen und sich aufgrund dessen einer höheren Macht zuwenden, um dort womöglich mehr Anerkennung, Zuwendung oder Wohlwollen zu erlangen. Immerhin kommt von Gott meist keine direkte Antwort. So können diese Menschen in ihrer Fantasiewelt verharren, ohne sich mit einem Gegenüber zu konfrontieren, das die eigene Gedankenwelt womöglich infrage stellen könnte. Kurzum: Je mehr negative Erfahrungen ein Mensch in Beziehung mit Mitmenschen gemacht hat, umso eher flüchtet er sich in Beziehungen mit höheren Mächten.

Kinder beobachten ihre Umgebung sehr genau und lernen, was sie tun müssen, um von ihrer Familie angenommen zu werden. Ist der Vater Alkoholiker, denkt das Kind: *»Meine Schuld. Ich werde zu jemandem, den Vater besser ertragen kann, damit er aufhört mit der Trinkerei!«* Schreit die Mutter nur herum, denkt das Kind: *»Meine Schuld. Ich werde zu jemandem, den Mutter besser ertragen kann, damit sie aufhört mit der Schreierei!«* Das ist natürlich Unsinn, aber Grundlage unserer inneren App. Und was Hänschen gelernt hat, weiß Hans noch immer. Als Erwachsene leben wir weiter mit dem Gedanken: *»Ich muss sein, wie* *sie mich brauchen, damit ich bekomme, was ich brauche: deren Anerkennung, Zuwendung und Respekt.«* Dieser Aspekt ist der zuvor angesprochenen Omnipotenz nahe, mit der Kinder davon ausgehen, ihr Verhalten könnte das Verhalten der Eltern ändern. Doch die Absicht, die dahintersteckt, ist eine andere. Kinder, die sich anpassen, möchten es zwar auch leichter in der Familie haben und hoffen, dass diese Erleichterung durch die Anpassung erfolgt, aber sie möchten darüber hinaus noch eines: den Eltern nahe sein. Diese Sehnsucht nach Nähe ist etwas zutiefst Menschliches und kann nicht einfach »abgestellt« werden.

Jedes meiner Kinder hat mich im Alter von etwa zwei Jahren gefragt, welche Farbe das Gras hat. Hätte ich damals mit einem liebevollen Lächeln gesagt: *»Schatz, das Gras ist rot«,* hätten die Kinder es geglaubt. Deshalb, weil wir in diesem Alter glauben, was uns präsentiert wird. Spätestens in der Schule, aber vermutlich schon im Kindergarten, wäre die Lüge aufgeflogen. *»Das Gras ist grün, Mama! Nicht rot.«* An dieser Stelle wird es kritisch. Korrigiert die Mutter ihr Verhalten oder beharrt sie darauf, dass sie im Recht ist und die anderen sich irren? Entsprechend wird sich das Kind mit der Mama, von der es abhängig ist, verbünden – gegen die anderen … *»Mama, ich glaube auch, dass das Gras rot ist, damit ich dir nah sein kann, in Ordnung?«*

Hat die Mutter dem Kind vermittelt, es sei doof, ungewollt und hässlich, seine Bedürfnisse würden keine Rolle spielen und es müsse sich anpassen und gehorchen, passiert dasselbe. *»Mama, ich werde genau so, wie du mich siehst, damit ich dir nahe sein kann.«* Traurig, aber so sind nun mal Familiendynamiken. Dieses Kind wird selbst als Erwachsener gegen den Goliath der eigenen Kindheit ankämpfen. Gelingt das nur durch Kontaktabbruch, dann ist das nun mal so. Wer könnte es ihm verübeln? Nur weil jemand sich als Familienmitglied bezeichnet, heißt das noch lange nicht, dass wir seine Gegenwart um jeden Preis dulden müssen. Wenn Nähe zur Mutter nur dadurch möglich ist, dass wir uns selbst abwerten, kommen wir uns selbst nur näher, indem wir eine gesunde Grenze zur abwertenden Person ziehen. Wir dürfen uns hier abgrenzen, um das eigene Selbst zu schützen.

Solltest du dich in solchen Dynamiken befinden, erlaube dir, wenn notwendig, auf gesunde Distanz zu gehen. Denn hier ist eine wichtige Erkenntnis: Jetzt bist du »groß« und im besten Fall dieser Abhängigkeit entwachsen. Du bist nicht mehr davon abhängig, dass du dich um jeden Preis den Erwartungen deiner Herkunftsfamilie anpassen musst, um deine Bedürfnisse erfüllt zu bekommen. Natürlich wäre es in einer idealen Welt einfach so, dass dich deine Eltern genau so lieben, achten und wertschätzen würden, wie du bist. Aber wir leben nun mal nicht alle in dieser idealen Welt. Es gibt Menschen, die uns guttun, und Menschen, die uns nicht guttun. Selbst dann, wenn es sich um die eigenen Eltern handelt, kann dem so sein. Manche schaffen es, sich aus einer emotionalen Abhängigkeit von den Eltern zu befreien, indem sie sich für einen Partner entscheiden, mit dem sie entsprechend ihrer Bedürfnisse eine eigene Familie gründen. In diesem Fall haben sie sich eine gesunde Alternative zu dem ungesunden System von damals geschaffen, und es fällt ihnen dadurch womöglich leichter, sich zu distanzieren. Schwerer hingegen wird es jenen fallen, die auf keine alternativen Ressourcen zurückgreifen können. Hier braucht es einen deutlich erhöhten Kraftakt, um sich aus emotionalen Abhängigkeiten zu befreien, weil wir Menschen schlichtweg soziale Wesen sind und intrinsisch motiviert ein Rudel suchen, dem wir angehören können. Besteht keine geeignete Alternative, wählen wir das gewohnte, vorhandene und alte System.

Doch Menschen, die dich nur deshalb mögen, weil du immer Ja sagst und dich selbst vernachlässigst, sind nicht die Menschen, auf die du deine Energie und Zeit richten solltest. Wahre Freunde und Familie sollten deine Bedürfnisse und Grenzen respektieren. Halte nach solchen Beziehungen Ausschau und baue dir ein gesundes, alternatives System auf! Wenn du merkst, dass deine scheinbar alternativen Systeme jenen der altbekannten gleichen, sollten deine Alarmglocken schrillen. Denn es geschieht tatsächlich häufig, dass uns bekannte Beziehungsgefüge beinahe magisch anziehen. Dahinter steckt ein einfaches Prinzip: Wir wählen, was wir kennen. Ich möchte dich an dieser Stelle dazu ermutigen, dich darin zu üben, Ausschau nach gesunden Systemen zu halten und von diesen zu lernen. Es braucht etwa fünf gesunde, alternative Erfahrungen, um eine negative zu überschreiben.

Der Großteil von uns hatte hoffentlich Glück und lernte früh: »*Ich darf so sein, wie ich bin, und werde trotzdem geliebt. Ich darf Fehler machen und dazulernen. Ich darf mich in die Familie einfügen, weil ich dort sicher bin und es möchte, nicht weil ich ansonsten Leid und Ablehnung erfahre.*« In diesem Fall haben wir gern Kontakt zur Familie, nicht wahr? Denn sie dient als Ressource, Kraftort und wohlwollender Ruhepol.

So kann auch eine gesunde Beziehung zu Gott, zu einer Quelle der Kraft, des Haltes und der Orientierung werden, vorausgesetzt wir gleichen das womöglich bisherige Bild des strafenden Gottes, einem des Guten, Schönen und Wahren an.

Kapitel 6

DIE EINTRITTSKARTE JEDER ZIRKUSVORSTELLUNG – GLAUBENSSÄTZE

Grenzen haben nur dann Sinn, wenn sie auch gezogen werden und nicht nur über sie geredet wird. Die Umsetzung ist aber meist genau der Punkt, an dem wir zögern oder scheitern. Es bringt innerhalb von zwischenmenschlichen Beziehungen nichts, nur zu sagen, dass wir damit aufhören, »XY zu tun«, um stattdessen »YZ zu tun«, es müssen Handlungen folgen! Denn nur so versteht dein grenzüberschreitendes Gegenüber auch, dass du es ernst meinst.

Meine liebe Freundin Klara redete beispielsweise täglich auf ihre beiden Teenager-Jungs ein, sie mögen bitte, sobald sie nach Hause kommen, Rucksäcke, Schuhe und Jacken wegräumen, da sie täglich beim Betreten der Wohnung darüberstolperte. Doch das Reden half nichts, Handeln war angesagt. So platzierte Klara eines Tages den vollen Wäschekorb direkt hinter der Eingangstür, und die beiden Jungs gerieten in die gleiche Situation wie ihre Mutter: Sie strauchelten beim Betreten der Wohnung und fielen über den Wäschekorb. Nach diesem Erleben »verstanden« die Söhne endlich den Wunsch ihrer Mutter und kamen ihrer Bitte von da an nach. Vielleicht drohst du zwar damit, die Affen der anderen von deinen Schultern zu werfen und die Tore des Zirkus zu schließen, machst aber dann doch weiter wie zuvor. Frustrierend, nicht wahr? Du musst dich bitte für eine Sache öffnen: Bei besonders hartnäckigen Zeitgenossen hilft es nicht, zu reden, auch nicht, zu drohen, da muss gehandelt werden.

Du bist an dieser Stelle des Buches schon im Besitz eines machtvollen Wissens: In unserem Inneren wirken unsichtbare Kräfte, die über unser Handeln und unser Empfinden bestimmen. Diese Kräfte manifestieren sich auch in Form von Glaubenssätzen – tief verankerten Überzeugungen, die unser Denken, Fühlen und Handeln beeinflussen. Da können wir noch so viel »wissen«, mit unbewussten, aber vorhandenen Glaubenssätzen klappt die Umsetzung nur erschwert oder gar nicht. Glaubenssätze verhalten sich wie Popcorn in unseren Händen zu Beginn einer Vorstellung. Unbemerkt wandern sie sukzessive in den Mund und schwups ist die Packung leer – wie kam es so plötzlich dazu? Wie kann es sein, dass wir bestrebt sind, etwas zu ändern, uns aber die Umsetzung nicht gelingen will oder uns immer wieder entgleitet?

Glaubenssätze sind Automatismen und die Antwort auf diese Frage. Sie sind wie unsichtbare Steuermänner, die im Hintergrund unseres Bewusstseins agieren und den Kurs unseres Lebens bestimmen. Glaubenssätze können positiv oder negativ sein. Sie können uns unterstützen, motivieren und stärken, aber auch einschränken, blockieren und negative Denkmuster verstärken. Negative Glaubenssätze können Selbstzweifel, Ängste und Limitierungen verursachen. Sie können dafür sorgen, dass wir uns beispielsweise nicht trauen, Nein zu sagen, oder ständig meinen, wir wären der Nabel der Welt und dafür zuständig, die Bedürfnisse anderer ungefiltert zu erfüllen. Glaubenssätze gibt es in unterschiedlichen Schweregraden und sie können sich dementsprechend auf dein Leben und deine Beziehungen auswirken. Tief verwurzelte Glaubenssätze werden oft schon in frühester Kindheit geprägt, durch Erziehung, Erfahrungen und kulturelle Einflüsse. Gefestigte Glaubenssätze haben wir im Laufe der Zeit meist durch einschlägige Erfahrungen in unser Repertoire aufgenommen, und seichte Glaubenssätze entsprechen Verallgemeinerungen, an die wir eher gewohnheitsmäßig glauben. Unsere inneren Weisheitshüter sind vollgepackt mit einem Rucksack, gefüllt mit Glaubenssätzen. Besonders jene Glaubenssätze, die auf unseren Bindungserlebnissen basieren, können sich massiv auf unser Leben auswirken. Unsicher-ambivalente Menschen tragen womöglich den Glaubenssatz in sich: »*Ich werde nur dann gemocht, wenn ich Leistung erbringe.*« Menschen mit desorganisiertem Bindungsverhalten tragen womöglich den Glaubenssatz in sich: »*Ich bin nicht sicher in Beziehungen.*« Es ist wichtig, uns unserer eigenen Glaubenssätze bewusst zu werden, denn sie wirken wie Filter, durch die wir die Welt betrachten. Sie beeinflussen, wie wir uns selbst wahrnehmen, wie wir mit anderen interagieren und welche Möglichkeiten wir für uns in Betracht ziehen. Sie sind die Wurzeln unseres Lebensbaumes und wirken auf uns, ohne dass wir einen Einfluss darauf haben. In diesem Kapitel werden wir uns mit der enormen Bedeutung von inneren Überzeugungen auseinandersetzen und erkunden, wie sie unser Verhalten und unsere Wahrnehmung der Welt formen. Indem wir uns ihrer bewusst werden, erlangen wir die Macht, ihren Einfluss auf unser Leben zu hinterfragen und zu verändern!

Glaubenssätze in Form von Regeln und Zusammenhängen

Glaubenssätze können, wie Popcorn auch, unterschiedliche Geschmacksrichtungen haben. Sie bestehen zwar alle aus Mais, können aber süß, sauer, nach Karamell, salzig oder sonst wie schmecken. Regeln und Zusammenhänge sind solche Aromen von Glaubenssätzen. Das heißt, Glaubenssätze können aus einer Ursache und einer Wirkung beziehungsweise aus einer typischen Wenn-dann-Formulierung bestehen. Einige Beispiele für sinnvolle Regeln sind: »*Wenn ich in der Schule gut aufpasse, dann habe ich mehr Aussicht auf Erfolg in meinem späteren Leben*«, »*Wenn es draußen dunkel ist, dann kann es gefährlich werden, ohne Licht Fahrrad zu fahren*«, oder: »*Wenn ich betrunken Auto fahre, dann gefährde ich mich und meine Mitmenschen.*« Aber es gibt auch Regeln, die im Hinblick auf unsere Entwicklung wenig Sinn machen können, wie: »*Wenn ich die Bedürfnisse anderer erfülle, dann werde ich anerkannt und geliebt.*« Im extremen Fall sehen wir die Folge negativer Regeln in Diktaturen, in denen es zum Beispiel heißen könnte: »*Wenn du dich gegen das Regime stellst oder dessen Regeln nicht befolgst, dann wirst du gefoltert und inhaftiert*«, oder im einfacheren und persönlichen Kontext, aber nicht weniger beängstigend: »*Wenn ich Nein sage, dann werde ich abgelehnt.*«

Regeln bauen häufig auf Werten auf. Werte sind grundlegende Überzeugungen oder Prinzipien, die als Richtschnur für das Verhalten und Handeln von Individuen oder Gruppen dienen. Sie reflektieren, was eine Person oder eine Gesellschaft als wichtig oder wertvoll erachtet, und beeinflussen Entscheidungen, Einstellungen und Prioritäten – wie Fairness, Respekt, Verantwortung, Integrität und Liebe. Werte dienen als Fundament von Regeln oder als Begründung für die Etablierung dieser Regeln. Regeln sind hierbei konkreter als Werte und haben oft direkte Auswirkungen auf das tägliche Verhalten. Während Werte die tiefer liegenden Überzeugungen darstellen, sind Regeln die instrumentellen Anweisungen, die helfen, diese Werte im praktischen Leben umzusetzen. Respekt ist beispielsweise ein Wert, der sich in Regeln widerspiegeln kann: höfliches Verhalten, das Zuhören und Ausredenlassen und die Achtung von persönlichen Grenzen anderer. In der Schule könnte der Wert »Fairness« zu Regeln führen, die sicherstellen, dass alle Schülerinnen und Schüler gleiche Chancen auf Erfolge haben, wie beispielsweise ein transparentes und nachvollziehbares Bewertungssystem. Erleben wir Werte als Fundament für positive Regeln, dann bilden wir entsprechend positive und stärkende Glaubenssätze. Haben wir hingegen erlebt, dass Werte, wie etwa Respekt vor älteren Menschen zu haben, zu Regeln führten, die uns ein Gefühl der Unterdrückung und Missachtung gegeben haben, bilden wir entsprechend einen Glaubenssatz, der womöglich besagen könnte: *»Menschen, die auf den Wert ›Respekt‹ pochen, tun das nur, um andere zu dominieren.«* Der Wertekanon eines Menschen beinhaltet all seine Überzeugungen und prägt entscheidend sein Handeln. Wer Ehrgeiz als einen wichtigen Wert einschätzt, wird in vielen Situationen anders denken und agieren als jemand, der Bescheidenheit in den Vordergrund stellt.

Reflektiere deinen persönlichen Wertekanon, um dich selbst besser verstehen zu können. Du wirst deine spontanen Reaktionen besser nachvollziehen können und klarer sehen, was dich antreibt. Welche Werte sind dir sehr wichtig, welche gar nicht? Wie haben sich deine Prioritäten im Laufe deines Lebens verändert?

Achtsamkeit
Abwechslung
Anderen helfen
Autorität
Anerkennung
Alleinsein
Arbeit mit anderen
Aufregung
Autonomie
Beförderung
Besitz
Bewusstsein
Demokratie
Dienst am Nächsten
Demut
Effizienz
Ehrlichkeit
Ehre
Einflussnahme
Eleganz
Enge Beziehungen
Engagement
Ethik
Familie
Fachkompetenz
Finanzieller Gewinn
Freiheit
Freie Zeiteinteilung
Freude
Freundlichkeit
Führung
Fürsorge
Geld
Gemeinschaft
Genügsamkeit
Glaube
Gesundheit
Gute Mama/Guter Papa sein
Heiterkeit
Hingabe
Humor
Hoffnung
Heimat
Idealismus
Identifikation
Innere Harmonie
Intimität
Integrität
Innovation
Intellektueller Stand
Klarheit
Klugheit
Konkurrenzfähigkeit
Körperliche Aktivität
Kraft
Kreativität
Kunst
Leben
Leistung
Liebe
Loyalität
Luxus
Macht
Mut
Mitgefühl
Mobilität
Moral
Mut
Naivität
Natur
Neugier
Offenheit
Ordnung
Persönliche Weiterentwicklung
Prestige
Prinzipien
Privatsphäre
Pünktlichkeit
Qualität
Reichtum
Reinlichkeit
Religion
Respekt
Ruhm
Schnelligkeit
Schönheit
Selbstreflexion
Selbstwirksamkeit
Sicherheit
Sinnvolle Arbeit
Solidarität
Soziales Engagement
Sparsamkeit
Spitzenleistung
Stabilität
Spontaneität
Tapferkeit
Treue
Umweltbewusstsein
Unabhängigkeit
Verantwortung und Zuständigkeit
Verbundenheit
Verdienst
Vielseitigkeit
Vielfalt und Abwechslung
Vorbild
Wachstum
Wahrheit
Weisheit
Wertschätzung
Wettbewerb
Wirtschaftliche Stabilität
Wissen
Zufriedenheit
Zugehörigkeit
Zuneigung
Zuverlässigkeit

Bedeutungen und Zuschreibungen

Als kleines Mädchen fuhr ich einmal mit meinem Vater zum Zelten. Wir wollten gemeinsam zu einem See wandern, der laut Karte in etwa vier Stunden zu erreichen sein sollte. Mein Vater war im Lesen von Karten weniger geübt, dafür aber voller Tatendrang. Nach acht Stunden Wanderung wurde es am Himmel dunkel und meine kleinen Beine konnten nicht mehr. Also beschloss mein Vater, dass wir unser Zelt mitten im Wald aufschlagen und dort übernachten sollten. Es gab weder Wasser noch sanitäre Anlagen, und ich hatte sichtlich Angst. In meinem Kopf traf ich den Entschluss, nie wieder wandern zu gehen, weil ich dem Ausflug folgende Zuschreibung gab: »*Wandern ist richtig doof, wir kommen nicht am Ziel an, die Beine tun mir weh und wir müssen hungrig schlafen gehen.*« Nach einer Weile aber kamen zwei andere Wanderer vorbei und fragten uns: »*Sagt mal, was macht ihr denn da?*« Mein Vater erklärte die Situation, und die beiden lachten. Sie meinten: »*Hört mal, keine 550 Meter von hier liegt der See, mit Restaurant und Hütten für die Versorgung der Wanderer, packt zusammen und folgt uns!*« An dieser Stelle änderte sich meine innere Gedankenwelt in Bezug auf Wanderungen und ging sogar noch weiter, ich lernte: »*In der Not kommt jemand und hilft.*«

Der Zusammenhang zwischen Zuschreibungen, Bedeutung und Glaubenssätzen ist tiefgründig und spiegelt wider, wie Menschen die Welt um sich herum wahrnehmen und verstehen. Sie beeinflussen unsere Entscheidungen, Interaktionen und unser Verhalten auf fundamentale Weise. Eine Bedeutung bezieht sich darauf, wie wir Ereignisse, Objekte oder Handlungen interpretieren und verstehen. Sie wird unseren Erlebnissen durch unsere individuelle oder auch durch kollektive Wahrnehmung zugeschrieben und ist somit nicht in den Dingen selbst vorhanden. Das klingt jetzt ein wenig kompliziert, einfach ausgedrückt können wir sagen, dass Bedeutungen und Interpretationen nur durch unsere Erfahrungen, kulturellen Hintergründe und persönlichen Perspektiven entstehen und nichts mit der Sache selbst zu tun haben. Wandern an sich ist etwas völlig Neutrales, erst durch die individuelle Zuschreibung bekommt es eine Bedeutung. Diese Bedeutung wirkt sich auf unser Leben aus, weil wir sie ihr aufgrund unserer Erfahrungen und Hintergründe gegeben haben. Sie kann sich im Laufe der Zeit oder in einem anderen Kontext natürlich ändern. Ähnlich wie Bindungserlebnisse. Du erinnerst dich vielleicht an Karin, deren Vater plötzlich und unerwartet ausgezogen ist, als sie erst sechs Jahre alt war. Sie wuchs anschließend mit einer alleinerziehenden Mutter auf, die – aufgrund ihrer eigenen Verletzungen mit ihrem Mann – Männern folgende allgemeine Zuschreibung gab: *»Auf Männer ist kein Verlass.«* Karin hat diese Zuschreibung schließlich selbst verinnerlicht. Nach ihrer Therapie traf sie auf einen Mann, der absolut zuverlässig war und der ursprünglich von der Mutter übernommenen Zuschreibung nicht entsprach. Karin konnte das aber erst wahr- und annehmen, als sie nach ausreichender Innenschau verstanden hat, dass ihre ursprüngliche Zuschreibung eigentlich den Verletzungen der Mutter geschuldet war. Diese würde aber nicht auf ihre Partnerwahl zutreffen müssen. Karin änderte ihren Glaubenssatz ab und gab ihm auch eine neue Zuschreibung, die da hieß: *»Meine Mutter traf vermutlich unzuverlässige Männer. Ich hingegen begegne zuverlässigen Männern.«*

Die wichtige Botschaft dieses Kapitels ist folgende: Basierend auf den Glaubenssätzen geben wir den Ereignissen und unseren Mitmenschen gewisse Bedeutungen und Zuschreibungen. Entsprechend dieser treffen wir unsere Entscheidungen. Auch die, uns verantwortlich zu fühlen oder nicht.

Jetzt wird es besonders spannend. Stell dir kurz vor,

du wärst Lisa, eine erwachsene Frau, die seit Jahren jeden Sonntag zum Mittagessen zu ihrer Mutter fährt. Du hast dich immer verpflichtet gefühlt, für deine Mutter da zu sein, weil du dachtest, das sei deine Pflicht als liebevolle Tochter. Doch in letzter Zeit hat sich dein Leben verändert. Dein Job ist anspruchsvoller geworden, und du hast kaum noch Zeit für dich selbst, geschweige denn für regelmäßige Sonntagsbesuche. Trotzdem nagt das schlechte Gewissen an dir, wenn du es einmal nicht zum Mittagessen schaffst. Du fühlst dich, als würdest du deine Mutter im Stich lassen, und das belastet dich sehr. Aber im Innersten spürst du auch, dass etwas an diesem Gefühl nicht stimmt. Du merkst, dass du deine eigenen Bedürfnisse vernachlässigst, nur um den Erwartungen anderer gerecht zu werden. Das ist ein Beispiel dafür, wie wir manchmal in alten Gewohnheiten und Denkweisen feststecken, ohne zu hinterfragen, ob sie noch zu unserem Leben passen. Lisa erkennt langsam, dass es Zeit ist, ihre eigenen Grenzen zu ziehen und sich selbst treu zu bleiben, auch wenn das bedeutet, dass sie nicht jeden Sonntag bei ihrer Mutter sein kann. Diese Anforderungen an sich selbst sind vergleichbar mit Vorurteilen. Ähnlich wie *»Langschläfer sind faul«*, *»Frauen sind die schlechteren Autofahrer«* oder *»Frauen haben es nun mal schwerer!«* und *»Man hat für seine Eltern da zu sein«*. Gibt es ähnliche Vorurteile und Zuschreibungen in deinem Leben, die dir an dieser Stelle spontan einfallen? Sie geben einen wertvollen Hinweis darauf, wie du womöglich völlig unbewusste Entscheidungen triffst, die nicht immer sinnvoll sind. Deshalb ist es wichtig, der Bedeutung, die du den Ereignissen in deinem Leben gibst, besondere Beachtung zu schenken.

Glaubenssätze können dein Leben von Grund auf beeinflussen. Zum Beispiel könntest du denken: *»Ich bin zu jung, um richtig ernst genommen zu werden.«* Oder du denkst: *»Bei uns zu Hause ist es normal, dass wir uns immer lautstark streiten.«* Solche Überzeugungen schränken natürlich ein und hindern dich daran, dein volles Potenzial auszuschöpfen oder deine Beziehungen zu verbessern. Wenn wir davon ausgehen, dass unser Alter dafür verantwortlich ist, dass wir dieses oder jenes nicht tun oder sein können, schränken wir uns und unseren Handlungsspielraum sehr ein. Wir machen uns abhängig von einem unveränderlichen Fakt und sitzen folglich die Zeit aus. So werden wir zum Opfer eines limitierenden Glaubenssatzes, der weitreichendere Folgen hat, als uns lieb ist.

Dann gibt es auch noch Menschen, die sich total danebenbenehmen, deine Grenzen massiv überschreiten und so tun, als ob das total okay wäre, nur weil »das halt ihre Art ist«. Kennst du solche Menschen? Du denkst, dass ihr schlechtes Verhalten irgendwie durch ihre angebliche Natur gerechtfertigt sei. Der Glaubenssatz *»So bin ich eben!«* wurde zu einer Begründung ihres falschen Benehmens ihren Mitmenschen gegenüber. Wenn sich zum Beispiel jemand in der Warteschlange vordrängelt und dann sagt: *»Tut mir leid, aber ich bin gern Erster«*, ist das echt schwach. Wenn jemand in einem Gespräch einen anderen kleinredet, abwertet und als dumm darstellt und anschließend sagt: *»Ich bin halt so, lerne damit umzugehen und sei nicht so sensibel!«*, ist das zwischenmenschlich ein ziemliches Brett, nicht wahr?

Aber warum machen manche Leute überhaupt so was? Psychologisch gesehen gibt es da ein paar Gründe. Manche nutzen diese Ausreden, um ihre eigenen Unsicherheiten zu überspielen oder um keine Verantwortung für ihr Verhalten übernehmen zu müssen. Und andere tun das, um Macht über andere auszuüben oder um sich selbst besser zu fühlen. Es gibt sogar Leute, die sich so lange einreden, dass ihr schlechtes Benehmen okay sei, bis sie es selbst glauben. Die alles entscheidende Frage ist aber: »*Wie könntest du dich dagegen wehren?*« Nun, eine Möglichkeit ist, klar und direkt zu kommunizieren, dass du so ein Verhalten nicht akzeptierst. Zum Beispiel könntest du sagen: »*Hey, ich lasse mich nicht respektlos behandeln, egal wie ›du halt bist‹.*« Vielleicht sagst du jetzt: »*Nein, so etwas traue ich mich nicht zu sagen.*« Aber mach dir bitte eines bewusst: Es ist extrem wichtig, diesen Menschen Grenzen zu setzen, um ihnen mitzuteilen, dass so ein Benehmen nicht angemessen ist. Natürlich gibt es Situationen, in denen wir abwägen können: »*Zahlt sich mein Feedback wirklich aus?*« Vor allem, wenn es sich um Menschen handelt, die du nie wieder im Leben sehen wirst. Da kann es schon mal die bessere Option sein, den Mund zu halten und sich stattdessen zu denken: »*Darum soll sich bitte ein anderer kümmern, ich muss nicht alles und jeden geraderücken.*«

Manchmal ist es aber auch gut, humorvoll zu reagieren, um die Situation zu entspannen und den anderen zum Nachdenken zu bringen. Zum Beispiel könntest du sagen: »*Wow, so sind Sie also – haben Sie das schon Ihrem Spiegelbild erklärt?*«

Es fällt vielen Menschen schwer, sich in solchen Situationen zu behaupten, weil sie Angst vor Konflikten haben oder weil sie nicht als unhöflich gelten wollen. Aber es ist wichtig, zu erkennen, dass es völlig okay ist, für sich selbst einzustehen, seine eigenen Grenzen zu verteidigen und die »Ausreden« anderer nicht als Erklärung für schlechtes oder übergriffiges Benehmen zu akzeptieren. Insbesondere dann, wenn es sich um Menschen handelt, mit denen sie viel zu tun haben (müssen).

Einschränkungen und Grenzen

Diese Art von Glaubenssätzen kann uns davon abhalten, unser volles Potenzial auszuschöpfen. Wenn wir davon überzeugt sind, dass bestimmte Dinge unmöglich sind oder dass wir sie nicht schaffen können, legen wir uns selbst Fesseln an und verhindern jegliche Möglichkeit des Wachstums und der Veränderung. Nehmen wir zum Beispiel die Überzeugung: *»Das geht einfach nicht, es ist unmöglich.«* Wenn wir uns ständig einreden, dass etwas nicht machbar ist, werden wir nie den Mut aufbringen, es überhaupt zu versuchen. Wir geben bereits auf, bevor wir angefangen haben. Wir bleiben somit in unserer Komfortzone stecken und verpassen die Chance, neue Fähigkeiten zu entwickeln oder spannende Erfahrungen zu machen. Ähnlich verhält es sich mit dem Glaubenssatz *»Ich habe keine andere Wahl«*. Wenn wir uns selbst davon überzeugen, dass unsere Möglichkeiten limitiert sind, sabotieren wir unsere eigene Handlungsfreiheit. Wir berauben uns aber auch unserer Erfolgserlebnisse. Einschränkungen halten uns zurück und lassen uns an unseren Fähigkeiten zweifeln, selbst wenn wir eigentlich dazu in der Lage wären, die Herausforderung zu meistern. Wenn du beispielsweise denkst: *»Ich kann dominanten Menschen einfach keine Grenzen setzen, das konnte ich noch nie und das werde ich auch nie lernen!«*, schränkst du dich und deinen Einfluss auf dein eigenes Leben enorm ein.

Deshalb rate ich dazu, uns bewusst zu machen, dass einschränkende Glaubenssätze nicht die Realität widerspiegeln, sondern lediglich unsere Wahrnehmung davon. Und die kann auch mal falsch sein! Nur weil wir glauben, dass etwas unmöglich ist oder dass wir es nicht schaffen können, bedeutet das nicht, dass es tatsächlich so ist. Um diese Grenzen zu überwinden, müssen sie im ersten Schritt entlarvt werden, um im nächsten Schritt verändert zu werden. Eine bewährte Methode ist die kognitive Umstrukturierung, bei der wir unsere Gedanken bewusst neu ausrichten. Das kann durch das Aufdecken von irrationalen Überzeugungen und das Ersetzen derselben durch realistische und konstruktive Gedanken geschehen. Positive Affirmationen können auch eine wirkungsvolle Methode sein, um neue, unterstützende Glaubenssätze zu entwickeln und unser Selbstvertrauen aufzubauen. Anstatt uns mit negativen Gedanken, zum Beispiel *»Ich kann mich einfach nicht behaupten«*, zu belasten, können wir stattdessen positive Botschaften verinnerlichen, die uns ermutigen und stärken.

Ein Beispiel für eine solche positive Affirmation ist: *»Ich bin dabei, zu lernen, für mich einzustehen«*, oder: *»Weißt du, ich fühle mich in Bezug auf das Setzen von Grenzen noch wie Harry Potter in seinem ersten Jahr in Hogwarts, ich muss mich da erst noch einfinden, aber ich weiß, es wird mir gelingen.«* Diese affirmativen Aussagen helfen dabei, unser Unterbewusstsein und unsere App nach und nach umzuprogrammieren und uns dabei zu unterstützen, neue Verhaltensmuster zu entwickeln. Sie sind wie die Stimme eines inneren guten Freundes, der daran erinnert, dass wir genau jene Dinge, von denen wir meinten, sie nicht tun oder denken zu dürfen, sehr wohl tun oder denken dürfen. Dieser neue innere Freund meint es nicht nur gut mit uns, er tut uns auch gut, weil er uns dazu ermutigt, endlich gesünder mit unseren Grenzen umzugehen.

> **Indem wir uns selbst positive Botschaften vermitteln, geben wir unserem Geist die Möglichkeit, neue Wege des Denkens und Handelns zu erkunden.**

Manches Mal reichen positive Affirmationen allein nicht aus, um tiefsitzende negative Glaubenssätze zu überwinden.

Vor allem dann, wenn sich diese in unserem Körpergedächtnis festgesetzt haben und nicht mehr erinnert werden können. Wenn du feststellst, dass du trotz aller Bemühungen Schwierigkeiten hast, negative Gedanken loszulassen oder negative Verhaltensmuster zu ändern, kann es hilfreich sein, professionelle Hilfe in Anspruch zu nehmen. Eine qualifizierte Psychologin oder ein guter Therapeut kann dir dabei helfen, tiefer liegende Ursachen zu identifizieren, und dir unterstützende Techniken zur Bewältigung zur Verfügung stellen. Lass dir ruhig Zeit mit dem Lernen. Rom wurde auch nicht an einem Tag erbaut – und ein neues, starkes, inneres Gebäude mit gesunden Wächtern ist nicht über Nacht zu errichten. Habe Geduld mit dir und knüpfe nach und nach eine vertrauensvolle Freundschaft mit deinem neuen, inneren Kumpel, der dich bestärkt und unterstützt. Ein weiterer Tipp, der bei meinen Klientinnen und Klienten sehr beliebt ist, ist folgender: Schreibe unliebsame Glaubenssätze auf einen kleinen Zettel und leg diesen in die Toilettenschüssel, um anschließend dein Geschäft darauf zu verrichten. Ja, du hast richtig gelesen! Du schei*t quasi drauf! Ich weiß, etwas unkonventionell, aber hey – wenn es guttut und etwas ändert, dann nur zu!

Glaubenssätze über die Welt

Ein Freund von mir, 64 Jahre alt, kaufte sich zum Lebensabend ein kleines Häuschen, mitten in einem Wald. Er wollte dort seinen Ruhestand genießen und hatte alle Zahlungen für die nächsten 20 Jahre fix geplant. Er wollte sichergehen, keine Überraschungen zu erleben und wirklich von Herzen seinen Ruhestand genießen zu können. Aber eines Tages bekam er eine sehr, wirklich sehr hohe Wasserrechnung. Sie war so enorm, dass er auf seine Rücklagen zugreifen musste. Der hohe Wasserpreis war ihm unerklärlich, und so verbrachte er die ganze Nacht damit, den »inneren Freund« zu etablieren, weil sämtliche Glaubenssätze, die er über die Welt in sich trug, plötzlich wie eine große Leuchtreklame über seinem Bett erschienen. Er konnte einfach nicht schlafen, folgende Sätze gingen ihm nicht aus dem Kopf: *»In dieser Welt kannst du einfach nie sicher sein. Immer kommt etwas Ungeplantes um die Ecke. Kaum hast du dich einmal hingesetzt, kommt die nächste Keule und treibt dich aus dem Stuhl!«* Diese Gedanken quälten ihn. Mein Freund musste in dieser Nacht, wie er mir später erzählte, gegen diese »inneren Dämonen« ganz schön hart kämpfen.

Wir alle haben Glaubenssätze über die Welt. Die einen sind dienlich, die anderen hinderlich. Popcorn ist eben nicht gleich Popcorn. Um das zu veranschaulichen, werfe ich dir einmal zwei Glaubenssätze vor die Füße:

- ★ *Positiv:* »Die Welt ist ein sicherer und freundlicher Ort.«
- ★ *Negativ:* »Die Welt ist gefährlich und mir feindlich gesinnt.«

Wie könnten sich diese unterschiedlichen Glaubenssätze auf dein tägliches Leben auswirken? Nehmen wir an, du gehst alleine spätabends nach Hause. Wenn du fest davon überzeugt bist, dass die Welt sicher und freundlich ist, könntest du dich entspannt und gelassen fühlen. Du vertraust darauf, dass dir nichts passieren wird, und vielleicht genießt du sogar den Spaziergang und die nächtliche Atmosphäre. Im Gegensatz dazu, wenn du dem negativen Glaubenssatz mehr Wahrheitsgehalt zusprichst, wirst du dich ängstlich und unsicher fühlen. Jedes Geräusch könnte dich erschrecken, und du würdest dich ständig umsehen, um potenzielle Bedrohungen ausfindig zu machen.

> *Glaubenssätze über die Welt beeinflussen nicht nur unsere Gefühle, sondern auch unser Verhalten und unsere Entscheidungen im Alltag.*

Menschen, die die Welt als einen sicheren und freundlichen Ort ansehen, neigen dazu, offener auf andere zuzugehen, sich eher auf neue Erfahrungen einzulassen und Risiken einzugehen. Sie tendieren auch dazu, in Krisensituationen nach Lösungen zu suchen. Auf der anderen Seite könnten diejenigen, die die Welt als bedrohlich und böse betrachten, dazu neigen, sich zurückzuziehen, Misstrauen zu entwickeln und sich vor Veränderungen zu fürchten. Mein Freund mit der hohen Wasserrechnung traf am Morgen nach dieser Nacht eine Entscheidung: Er wollte eine sofortige Lösung des Problems, das nicht seine Ersparnisse auffressen würde. Also rief er eine Firma, die ihm einen Brunnen bauen sollte. Die Arbeiter bohrten den ganzen Tag nach Grundwasser, insgesamt 27 Löcher gab es mittlerweile in seinem Garten, es wurde langsam dunkel und die Hoffnung schwand. Doch mein Freund sagte: »*Wir versuchen es noch einmal. Genau hier, an dieser Stelle.*« Der Bauleiter willigte ein und bohrte Meter für Meter für Meter. Mein Freund rief: »*Tiefer, bohren Sie tiefer!*« Doch der Bauleiter schüttelte den Kopf und meinte: »*Es tut mir leid, hier gibt es wohl kein Wasser!*« Mein Freund meinte aber: »*Doch! Es muss Wasser geben. Es geht um meine Rente, meinen ruhigen Lebensabend, den habe ich mir einfach verdient! Gott steht mir bei, und die Welt ist gut zu mir, bohren Sie weiter!*« Der Bauleiter sah ihn skeptisch an und sagte: »*Na gut, weil Sie es sind.*« Nach nur zehn weiteren Zentimetern hatte er die unterirdische Quelle gefunden. Das Wasser sprudelte, und mein Freund kann seitdem seinen Lebensabend, der hoffentlich noch sehr lange andauern wird, ohne finanzielle Sorgen genießen. Glaubenssätze, die wir in uns tragen, haben mehr Einfluss, Kraft und Wirkung auf unser Leben, als wir meinen, daher lohnt es sich, sie immer wieder zu überprüfen und gegebenenfalls zu ändern.

Im Folgenden gebe ich dir eine kleine Anregung für weitere Glaubenssätze mit der Bitte, darüber zu reflektieren, wie es bezüglich der Themen *Veränderung, Geld, Selbstwert, Erfolg* und *Beziehung* in dir aussieht. Lies entspannt und beobachte einfach, welchen Einstellungen du zustimmst und welchen nicht.

- ★ Glaubenssätze über Veränderung
  Positiv: »*Ich kann mich verändern und wachsen.*«
  Negativ: »*Veränderung ist unmöglich.*«

- ★ Glaubenssätze über Geld
  Positiv: »*Geld ist ein Mittel, um mein Leben zu bereichern.*«
  Negativ: »*Geld ist die Wurzel allen Übels.*«

- ★ Selbstwertglaubenssätze
  Positiv: »*Ich bin wertvoll und liebenswert.*«
  Negativ: »*Ich bin nicht gut genug.*«

- ★ Erfolgsglaubenssätze
  Positiv: »*Ich kann jede Herausforderung meistern.*«
  Negativ: »*Ich werde immer scheitern.*«

- ★ Beziehungsglaubenssätze
  Positiv: »*Ich verdiene liebevolle und unterstützende Beziehungen.*«
  Negativ: »*Eigentlich nutzt mich jeder aus.*«

Fühlst du den Unterschied, den ein Mensch mit dem einen oder dem anderen Glaubenssatz erleben wird? Die reflektierte Frage *»Macht mein Denken gerade wirklich Sinn? Ist es für oder gegen mich?«* hat das Potenzial, uns aus der Finsternis auf eine helle Lichtung zu führen. Ebenso wie der Austausch mit anderen. Indem du sagst, wie du dich fühlst und was du brauchst, zeigst du deinem Gegenüber deine Bedürfnisse, und das ist in Ordnung. Du darfst das. Es ist erlaubt. Sag dir ruhig selbst immer und immer wieder: *»Ich bin nun kein kleines Kind mehr, das sich von anderen schlecht behandeln lassen muss, weil es keine andere Wahl hat. Ich habe als erwachsener Mensch Optionen und werde diese auch aktiv nutzen. Ich darf sagen, was ich brauche.«*

Kapitel 7

VON DER GEFÜHLSDUSELIGEN DOMPTEURIN ZUR SELBSTBEWUSSTEN DIREKTORIN

Unsere Überzeugungen darüber, wer wir sind und wie die Welt funktioniert, formen nicht nur unser Denken und Handeln, sondern prägen auch unsere Gefühle und Emotionen. Im Grunde logisch, immerhin läuft die Erlebniskette wie folgt ab: Wir denken erst mal über etwas nach. Denken ist im Grunde nichts anderes als ein innerer Dialog, bei dem wir uns selbst Fragen stellen und Antworten geben. Dieser Prozess ist eine komplexe kognitive Aktivität, die verschiedene Bereiche unseres Gehirns involviert und so funktioniert:

★ *Stimulus:* Ein externer oder interner Reiz löst den Denkprozess aus. Das kann beispielsweise eine Frage, eine Beobachtung oder ein Problem sein, das Aufmerksamkeit erfordert, wie beispielsweise: »*Was habe ich jetzt schon wieder falsch gemacht, dass mein Chef mich in sein Büro rufen lässt?*«
★ *Wahrnehmung und Verarbeitung:* Unser Gehirn nimmt den Reiz wahr und verarbeitet ihn. Dabei werden vorhandene Informationen aus dem Gedächtnis abgerufen und mit neuen Informationen kombiniert. Ein kritischer Punkt, den wir vorhin angesprochen hatten.

Denn vorhandene Informationen entspringen häufig der alten App aus Kindheitstagen. Du weißt an dieser Stelle bereits, was genau das bedeutet. Beispielsweise könnte nun gedanklich aufgelistet werden: *»Ich habe im letzten Monat Minusstunden gemacht, vielleicht stört er sich daran. Außerdem habe ich neulich einen Fehler in der Kalkulation übersehen und musste zusätzlich noch früher gehen, um meine Kleine aus der Kita zu holen.«*

- *Fragestellung:* Basierend auf der Wahrnehmung des Reizes stellen wir uns selbst Fragen. Diese Fragen dienen dazu, den Denkprozess zu lenken und zu strukturieren. *»Ob ich nach der Kündigung noch einen Job finden kann?«*
- *Antwortgenerierung:* Anschließend finden wir Antworten auf die gestellten Fragen. Diese Antworten können auf vorhandenem Wissen, Erfahrungen, logischen Schlussfolgerungen oder kreativen Ideen basieren. *»Ich könnte versuchen, direkt Bewerbungen zu schreiben, damit ich sichergehen kann, rechtzeitig einen Job zu finden.«*
- *Bewertung und Reflexion:* Nachdem wir Antworten generiert haben, bewerten wir diese und reflektieren über ihre Angemessenheit, Richtigkeit und möglichen Konsequenzen. Wir bewerten aber so lange auf Basis bisheriger Erfahrungen und nicht auf Basis neuer Möglichkeiten und Potenziale, bis wir aktiv in unseren Denkprozess eingreifen! *»Nicht auszudenken, wenn ich wirklich gekündigt werde. Fliege ich aus der Wohnung? Kann ich mir die Kita überhaupt noch leisten?«*

Hier liest du ein weiteres Beispiel für einen negativen inneren Dialog und anschließend einen positiven inneren Dialog zur selben Fragestellung. Achte beim Lesen bitte darauf, wie du dich mit den jeweiligen Antworten fühlst. Beide Dialoge werden voraussichtlich unterschiedliche Empfindungen auslösen, und beide Antworten werden vermutlich in völlig unterschiedlichen Handlungssträngen für die betroffene Person enden.

- *Negativer innerer Dialog:* Frage: »Warum kann ich so schwer Nein sagen, wenn Anforderungen an mich gestellt werden, die ich nicht erfüllen möchte?«
  Antwort: »Weil ich denke, dass es egoistisch ist, meine eigenen Bedürfnisse über die der anderen zu stellen. Ich möchte nicht, dass andere mich als selbstsüchtig oder unfreundlich betrachten. Außerdem habe ich Angst vor Konflikten und möchte vermeiden, dass sich jemand durch meine Ablehnung verletzt fühlt. Aber irgendwie fühle ich mich dabei auch schlecht, weil ich ständig meine eigenen Bedürfnisse vernachlässige und mich überfordert fühle. Ich weiß einfach nicht, was ich tun soll!«
- *Positiver innerer Dialog:* Frage: »Warum kann ich so schwer Nein sagen, wenn Anforderungen an mich gestellt werden, die ich nicht erfüllen möchte?«
  Antwort: »Weil ich noch lernen darf, dass es wichtig ist, meine eigenen Grenzen zu respektieren und für mich selbst einzustehen. Ich weiß zwar, dass meine Bedürfnisse genauso wichtig sind wie die anderer Menschen und ich das Recht habe, meine eigenen Grenzen zu setzen. Ich fühle mich aber noch nicht selbstbewusst und stark genug, wenn es darum geht, meine Meinung zu sagen. Ich vertraue darauf, dass die Menschen um mich herum meine Bedürfnisse immer mehr respektieren und meine Entscheidungen akzeptieren werden. Aber auch, dass es mir gelingen wird, positive Erfahrungen zu sammeln.«

Der Denkprozess ist ein komplexes Zusammenspiel verschiedener kognitiver Funktionen und Gehirnbereiche. Er ermöglicht es uns, Informationen zu verarbeiten, Probleme zu lösen, Entscheidungen zu treffen und unser Verhalten zu steuern, aber eben auch unsere Gefühle. Erscheint auf den ersten Blick harmlos. Wäre da nicht das Wissen darüber, dass wir nicht automatisiert in unserem Sinne denken, sondern, basierend auf unseren Glaubenssätzen, »gedacht werden«. Manches Mal haben wir das Gefühl, von unseren inneren Stimmen beherrscht zu werden und keine Macht über unsere Gedanken zu haben. Denn auch Gedanken können wie lästige Äffchen auf unseren Schultern sein. Indirekt ist dieser Eindruck auch korrekt.

Je tiefer Glaubenssätze sitzen, desto stärker verankert sind sie auch und desto weniger lassen sie sich abschütteln. Du hast bereits gelernt, dass es einen Unterschied macht, ob du denkst *»Die Welt ist gegen mich«* oder *»Die Welt ist für mich«*. Je intensiver und früher wir gelernt haben: *»Die Welt ist gegen mich«*, umso mehr interpretieren wir spätere Ereignisse ebenfalls gegen uns und denken entsprechend. Negative Glaubenssätze können uns in einen Teufelskreis aus destruktiven Gedanken und Emotionen ziehen, der unsere Lebensqualität stark beeinträchtigen kann. Die Kunst ist, wieder die Oberhand über sie zu gewinnen. Schamanen drücken es wie folgt aus: »Wenn unser Unterbewusstsein auf die Nullebene gelangt, wird uns das Wesentliche wieder bewusst.« Genau das sollte das Ziel sein. Warum? Weil wir anschließend keine Opfer unserer Gedanken und Gefühle mehr sind! Nun wirst du berechtigterweise die Frage stellen, wie das funktionieren kann.

Das Wie lässt sich am einfachsten durch ein konkretes Beispiel anhand eines inneren Dialogs erklären: Nehmen wir einmal an, eine Person bewirbt sich für eine neue berufliche Stelle, die sehr wichtig für sie wäre. Sie trifft sich mit der Personalabteilung und hat ihr Bewerbungsgespräch.

Nach diesem startet, wie aus dem Nichts heraus und begleitet von einem mulmigen Gefühl in der Magengrube, folgender Gedankenkreislauf: »So ein Mist. Das lief nicht gut. Den Job bekomme ich sicher nicht. – Die Welt ist nun mal gegen mich, wieder mal! – Nie will irgendetwas klappen. – Jedes Mal, wenn ich mich anstrenge, hilft es dann doch nichts! – Ich werde ausgegrenzt, zurückgestellt oder muss doch noch warten, bis ich dran bin! – Alles ist ungerecht in dieser Welt! – Diese Blöße gebe ich mir sicher nicht mehr.«

Was denkst du, wie fühlt sich ein Mensch, der so denkt? Die Antwort liegt auf der Hand. Was meinst du, welche Entscheidungen wird ein Mensch treffen, der sich aufgrund seines inneren Dialogs schlecht fühlt? Wird er positive, gute und schöne oder negative, falsche und schlechte Gedanken für die zweite Bewerbungsrunde haben? Wird er überhaupt hingehen oder den Termin gleich absagen? Und sollte die Entscheidung der Personalabteilung gegen ihn ausfallen, wird es sein ursprüngliches Denken verstärken oder ändern? Sicherlich verstärken. Wie sollte es auch anders sein? In der Psychologie sagen wir dazu: *selbsterfüllende Prophezeiungen*. Ein Prinzip, dem wir uns widmen müssen, weil es für vieles in unserem Leben verantwortlich ist, ohne dass wir die Konsequenzen wirklich auf dem Schirm haben. Selbsterfüllende Prophezeiungen sind ein psychologisches Phänomen, bei dem die Erwartungen einer Person dazu führen, dass diese Erwartungen eintreffen. Im Kontext des inneren Dialogs, den wir geführt haben, können selbsterfüllende Prophezeiungen auftreten, wenn negative Gedanken und Überzeugungen über uns selbst dazu führen, dass wir unser Verhalten auf eine Weise ändern, die diesen negativen Überzeugungen entspricht. Im negativen inneren Dialog vom Beginn des Kapitels haben wir gesehen, dass die Person glaubt, es sei egoistisch, Grenzen zu setzen. Sie wird sich daher tatsächlich scheuen, sich gesund abzugrenzen, und ständig anderen Menschen Priorität einräumen, selbst auf Kosten ihrer eigenen Bedürfnisse. Dieses Verhalten kann dann die Überzeugung verstärken, dass ihre Bedürfnisse nicht wichtig sind, und somit die ursprüngliche negative Erwartung bestätigen. Im positiven inneren Dialog haben wir hingegen gesehen, dass die Person gelernt hat, für ihre Bedürfnisse einzutreten und ihre Grenzen zu setzen. Diese positive Einstellung führt dazu, dass die Person tatsächlich selbstbewusst und stark handelt, wenn es darum geht, für sich selbst einzustehen. Dieses Verhalten bestätigt dann die positive Erwartung und stärkt das Selbstvertrauen der Person weiter. In beiden Fällen können die inneren Überzeugungen und der daraus resultierende Verhaltensstil einen Kreislauf bilden, in dem die Erwartungen der Person ihr Verhalten beeinflussen, was wiederum ihre Erwartungen im Gegenzug verstärkt. Das ist das Wesen einer selbsterfüllenden Prophezeiung. Wir erleben, was wir denken, und denken, was wir erleben.

Im nächsten Kapitel werden wir deshalb noch genauer untersuchen, wie bestimmte Glaubenssätze direkt oder indirekt zu negativen Emotionen wie Schuld, Selbstzweifel und Unzufriedenheit führen können. Wir werden lernen, diese Verbindung zu erkennen, und Wege finden, negative Glaubenssätze aufzulösen und damit auch die damit verbundenen belastenden Emotionen loszulassen.

Wenn die Affen randalieren: Umgang mit negativen Emotionen im eigenen Zirkus

Negative Emotionen sind wie ungeliebte Verwandte auf einer Familienfeier – sie tauchen oft unerwartet auf und können ziemlich anstrengend sein! Aber sie sind Teil des Pakets namens »Menschsein«, und wir müssen lernen, mit ihnen umzugehen. Das ist oft gar nicht so einfach, weil gerade die negativen Emotionen, wie beispielsweise Scham und Schuldgefühle oder Wut und Angst, das soziale Umfeld überfordern können und deshalb häufig als unerwünscht angesehen werden. Vorwiegend deshalb, weil negative Gefühle einerseits häufig sehr stark ausgedrückt werden, aber auch, weil in früheren Erziehungsmodellen das explizite Ausdrücken dieser Emotionen nicht gestattet war. Der zugrunde liegende Glaubenssatz, welcher die Unterdrückung verursacht, ist: »*Ich darf mich nicht so fühlen.*« Dieser Glaubenssatz sorgt dafür, dass wir denken, unsere Empfindung wäre falsch, dadurch verdrängen oder unterdrücken wir sie. Unterdrückte Wut oder Angst führen aber zu einem Gefühl der Scham und Schuld, weil wir uns »falsch« mit diesen Gefühlen fühlen – und erneut beginnt ein Teufelskreis.

Stell dir ein Mädchen vor, das in seiner Kindheit immer darauf hingewiesen wurde, dass es nicht richtig sei, wütend zu sein. Immer, wenn es versuchte, seine Wut auszudrücken, wurde ihm gesagt, dass das unangemessen sei oder dass es lernen müsse, »sich zusammenzureißen«. Als erwachsene Frau hat sie diese Botschaft so verinnerlicht und unterdrückt nun automatisch ihre Wut, wenn sie sich bedroht oder verletzt fühlt. Sie neigt dazu, Konflikte zu meiden, um nicht in die Situation zu geraten, ihre unterdrückten Emotionen ausdrücken zu müssen. Diese Unterdrückung von Wut kann sich jedoch negativ auswirken und sich in Form von passiv-aggressivem Verhalten, chronischem Stress oder sogar körperlichen Symptomen wie Kopfschmerzen oder Magenbeschwerden manifestieren. Darüber hinaus kann die ständige Unterdrückung von Wut zu einem Verlust des Selbstwertgefühls führen, da die Person das Gefühl haben kann, dass ihre Bedürfnisse und Gefühle nicht wichtig sind und ohnehin nicht anerkannt werden.

Es gibt einige Forschungen und Theorien, die darauf hinweisen, dass das Unterdrücken oder Nicht-Bewältigen von Emotionen wie Wut oder Aggression in diversen Situationen sogar zu einem Risikofaktor für gewalttätiges Verhalten werden kann. Es ist also nicht unbedingt sinnvoll, unsere Gefühle zu unterdrücken. Wir sollten sie vielmehr auf gesunde Weise zeigen und ausleben, weil unterdrückte Emotionen sich meist schnell aufbauen und letztendlich in destruktivem Verhalten entladen werden.

Kindheit im Zirkus: Umgang mit Emotionen und Erwartungen

Damit kommen wir zu einem sehr spannenden Punkt und der Frage: Wie sind deine Kindheitsbegleiterinnen mit negativen Gefühlsausbrüchen umgegangen? Durftest du wütend, traurig oder ängstlich sein oder wurdest du dazu angehalten, dich schnell zu »benehmen«? Oftmals werden Kinder von Eltern auch heute noch dazu gedrängt, »brav« zu sein, damit ein reibungsloser Ablauf funktioniert. Vor allem dann, wenn der Alltag sehr eng getaktet ist und keinerlei Spielraum besteht, weil das Kartenhaus ansonsten zusammenbricht. In so einem Konstrukt muss alles – auch die Teilnehmenden – »funktionieren«. Ein Wutanfall muss dann so schnell wie möglich abgestellt werden. Hier zeigen sich die Grenzen des familiären Systems. Lebtest du in so einem »Funktionssystem«, wurden dessen Grenzen vermutlich gerade dann spürbar, sobald du »aus der Reihe getanzt bist«.

Je häufiger du erfahren hast, dass deine Emotionen nicht erwünscht waren, umso eher hast du gelernt: *»Ich darf nicht wütend oder traurig sein, folglich darf ich auch mein Bedürfnis nach einem ›Halt, stopp‹ oder ›Tröste mich, ich brauche dich‹ nicht ausdrücken.«* Wenn du dich bisher immer gewundert hast, warum es dir unter gewissen Umständen schwerfällt, notwendige und gesunde Grenzen zu setzen, könnte darin die Antwort verborgen liegen. Weißt du um diesen Umstand, könntest du dir in aktuellen Situationen, in denen du unsicher bist, ob du eine Grenze aussprechen darfst, selbst sagen: »*Sobald etwas für mich nicht in Ordnung ist, darf ich es mitteilen. Ich weiß, ich habe das als Kind anders beigebracht bekommen, aber meine Wut, Traurigkeit oder Angst ist in Ordnung und drückt aus, dass hier eine Grenze notwendig ist.*« Diese innerlich spürbare Grenze spiegelt eine im Außen erreichte Grenze wider. Vielleicht hast du das alte Familiensystem unbewusst übernommen und wurschtelst dich ebenso durch den Alltag hindurch? Vielleicht hast du auch endlich die Nase voll davon, »funktionieren zu müssen«, und dein Innerstes empfindet Wut als Signal für eine notwendige Veränderung. Was genau meine ich jetzt damit?

Angenommen, dir wurde als Kind beigebracht, deine Wut oder Trauer nicht zu zeigen, du durftest sie nie ausdrücken und verarbeiten. Das antrainierte Verhalten kann dazu führen, dass diese unterdrückten Emotionen im Erwachsenenalter wie eine tickende Zeitbombe wirken. Es ist, als ob diese Emotionen im Hintergrund gären und nach einem Ventil suchen würden, um auszubrechen. Menschen, die gelernt haben, ihre »negativen« Emotionen nicht zu zeigen, und durchs Leben »hindurchfunktionieren« mussten, finden möglicherweise nie einen angemessenen Ausdruck für ihre berechtigten Gefühle der Unzufriedenheit oder des Ärgers. Was zur Folge haben kann, dass sie sich im eigenen Leben und ihrem sozialen Umfeld nicht wahrgenommen fühlen, was wiederum dazu führt, dass sie gar nicht erst ansprechen können, was sie wirklich und wahrhaftig fühlen. Dieser Teufelskreis kann sogar so weit gehen, dass eine depressive Phase oder gar eine Depression, aber auch Panikattacken ausgelöst oder verstärkt werden. Je enger es im

Außen wird, je mehr wir die Grenzen unserer Handlungsfähigkeit wahrnehmen und uns ohnmächtig fühlen, umso mehr empfinden wir Bedrohung und Enge (Panikattacken) oder Sinnlosigkeit in unserem Dasein (Depression). Es geht dann darum, zu lernen, uns selbst zu erlauben, menschlich zu sein, und alle Facetten unserer Emotionen zu akzeptieren. Wo wird es mir zu eng? Wo sind meine Grenzen erreicht oder die Grenzen anderer zu eng gesteckt? Wo habe ich funktioniert, anstatt mein Leben aktiv zu gestalten? Unsere inneren Bodyguards – in Form von negativen Emotionen – sind in erster Linie da, um uns zu schützen. Sie sind wichtige Hinweisgeber darauf, dass irgendetwas im System zu eng wird. Wir dürfen lernen, ihnen besser zuzuhören, anstatt sie wegzudrücken.

Aber diese Bodyguards können manchmal natürlich auch überreagieren oder unangemessene Strategien entwickeln, wie du bereits im Kapitel über die inneren Weisheitshüter gelernt hast. Ein Beispiel dafür ist die Geschichte einer jungen Frau, die in einem sehr bekannten Reality-Format im Fernsehen zu sehen war. Sie wirkte äußerst selbstbewusst, aber zeigte in Gesprächen und Interaktionen wenig Respekt vor Männern und provozierte häufig Streit. Erst später offenbarte sie, dass sie als Kind von ihrem Vater über viele Jahre hinweg misshandelt worden war. Ihre negative Einstellung gegenüber Männern war eine Art Schutzmechanismus, den ihre inneren Bodyguards entwickelt hatten, um sie vor weiterem Schmerz zu bewahren. Obwohl diese Strategie in ihren aktuellen Beziehungen rational nicht sinnvoll oder angemessen war, zeigt ihr Beispiel, wie unsere Emotionen im »Hier und Jetzt« manchmal auf traumatische Erfahrungen von »dort und damals« reagieren können. Es ist deshalb erst einmal entscheidend, die Rolle unserer Emotionen zu verstehen und ihnen Raum zu geben, damit sie verarbeitet werden können. Insbesondere nach traumatischen Erfahrungen. Dabei kann professionelle Unterstützung sehr hilfreich sein, um gesunde Bewältigungsstrategien zu entwickeln und negative Muster zu durchbrechen. Denn letztendlich sind diese Emotionen ein Teil von uns, und sie haben auch ihre Berechtigung, selbst wenn ihre Ausdrucksform manchmal unangemessen sein mag.

Sobald du eine Grenze bemerkst, die es dir unmöglich macht, mit deinen eigenen »negativen« Emotionen umzugehen, signalisiert dir diese Grenze, dass es an der Zeit ist, dir professionelle Hilfe zu holen. Das bedeutet nicht, dass an oder in dir etwas »kaputt« ist, sondern lediglich, dass du dir neue Strategien antrainieren musst, um zukünftig entsprechend deinen Vorstellungen agieren zu können. Dabei unterstützen professionell ausgebildete Therapeuten und Trainerinnen nun mal deutlich effizienter als Experimente in Eigenregie.

Mal dir gedanklich das Bild von zwei Bergen. Der eine besteht aus Angst, Selbstzweifel und Sorge, der andere aus Liebe, Selbstakzeptanz und Vertrauen. Die Brücke, die beide miteinander verbindet, ist die Fähigkeit, Ereignisse mithilfe von überarbeiteten Glaubenssätzen und Verhaltensmustern neu zu interpretieren und dadurch vor allem die eigenen Emotionen sinnvoll und auf gesunde Weise zu regulieren. Das Vermögen, uns zu harmonisieren, wieder zu innerer Stabilität und Ruhe zu finden, hat viel mit der Fähigkeit zu tun, auf gesunde Weise in Kontakt mit uns, anderen und der Welt treten zu können. Du hast über die verschiedenen Bindungstypen gelesen und warum gerade der Kontakt zu uns selbst und anderen Menschen einigen von uns schwerfallen kann. Die Art, wie wir lieben, formt die eigene Individualität und umgekehrt. Aber auch die Art, wie wir uns ängstigen, formt unsere Persönlichkeit und umgekehrt. Menschen, die Ereignisse im Leben für anstatt gegen sich interpretieren können, wenden sich bewusst der Akzeptanz und Selbstliebe zu und nicht der Ablehnung und Angst. Andersrum funktioniert das genauso.

Denk zurück an deine Kindheit, als du mit fünf Jahren fest davon überzeugt warst, dass Monster unter deinem Bett lauern. In solchen Momenten hast du wahrscheinlich Zuflucht bei deinen Eltern gesucht, um Trost und Sicherheit zu finden. Aber erinnere dich auch daran, dass deine Eltern möglicherweise ratlos waren, weil sie nicht wussten, wie sie mit deiner wilden Fantasie umgehen sollten. Das hat vielleicht dazu geführt, dass du dich unverstanden oder sogar abgelehnt gefühlt hast. Angst wird häufig mit dem Gefühl der Ablehnung verknüpft und nicht mit einem Gefühl der Annahme. Ähnliche Situationen erleben wir auch im Erwachsenenalter. Zum Beispiel wenn du nach einem stressigen Arbeitstag nach Hause kommst, voller Frustration und Ärger. Du sitzt am Berg der Angst und Sorge, und der Berg der Liebe und Annahme scheint so weit entfernt, dass du denkst, es wäre einfach unmöglich, die Brücke dorthin zu überqueren. Doch dann blickst du in die liebevollen Augen deines Partners. Du beginnst, mit deinem Partner darüber zu sprechen, und teilst deine Sorgen. Während du sprichst, spürst du, wie langsam der Druck abnimmt, und du fühlst dich besser. Die Brücke ist gebaut. Sicherlich auch deshalb, weil durch das Zuhören der Glaubenssatz *»Es ist jemand für mich da«* genährt oder gestärkt wird und du dich mit den Sorgen nicht alleine herumschlagen musst. Das bedeutet:

Wenn wir am Berg der Angst und Ablehnung sitzen, helfen liebevolle Beziehungen dabei, eine Brücke zum Berg der Liebe und Akzeptanz zu bauen.

Dadurch gelingt es, die Grenzen der aktuellen Emotionen zu durchbrechen und ein neues Erleben zuzulassen. Warum erwähne ich das an dieser Stelle? Sobald wir in einer unliebsamen Emotion feststecken, begrenzen wir uns in unserem Wachstum. Wir fühlen uns in ihr gefangen und meinen: *»Ich muss jetzt einfach wütend, ängstlich oder sorgenvoll sein! Ich kann einfach nicht anders! Aber ich muss diese Gefühle gleichzeitig unterdrücken, weil sie unangebracht sind?! Was mache ich bloß?«* An so einem Punkt sind wir dazu aufgefordert, bewusst danach Ausschau zu halten, wie wir vom Berg der Angst, Wut, Sorge und Not auf den Berg der Liebe, Annahme, Hoffnung und Zuversicht gelangen können. Du darfst dich wütend und traurig fühlen, musst darin aber bitte nicht feststecken und diese Emotionen zu einem Lebenskonzept mutieren lassen.

Unsere Emotionen anzunehmen, ohne darin zu versinken – etwas, das im Alltag und in der Hitze des Gefechts gar nicht so einfach ist, deshalb müssen wir es anhand von bewährten Strategien und Tools trainieren und regelmäßig üben. Es gibt einige Schritte, die helfen können, mit diesen Emotionen umzugehen.

Erkenne deine Emotionen: Nimm dir Zeit, um zu erkennen, welche Emotionen du erlebst, und identifiziere, woher sie womöglich kommen könnten. Achte auf körperliche Empfindungen wie Anspannung, Herzklopfen oder Bauchschmerzen, die darauf hinweisen, dass sich jetzt, in diesem Moment, eine Emotion aufbaut. Diese Technik wird als *Achtsamkeit* bezeichnet und kann helfen, das Bewusstsein für deine eigenen Emotionen zu stärken. Solltest du von unerwünschten Emotionen überrumpelt werden, das Gefühl haben, die Kontrolle zu verlieren, und Panik haben, von der Emotion eingenommen zu werden, kann eine rasche Abhilfe sein, die Unterarme mit kaltem Wasser zu kühlen, in eine Zitrone zu beißen, an einem Ammoniak-Stäbchen zu riechen oder den Körper bewusst auszuschütteln. Finde heraus, was dir persönlich hilft. Erst wenn du dich sicher mit der Emotion fühlst, kann der nächste Schritt gelingen.

(Anmerkung: Darüber hinaus ist es wichtig, die Auswirkungen früherer Erfahrungen auf deine gegenwärtigen Emotionen zu berücksichtigen, insbesondere in Bezug auf traumatische Erlebnisse. Menschen, die Traumata erlebt haben, haben häufig Schwierigkeiten, ihre Emotionen angemessen zu verarbeiten und zu regulieren. Mit der Folge, dass sie entweder ihre Emotionen stark unterdrücken oder dass sie von starken emotionalen Ausbrüchen überwältigt werden. In solchen Fällen kann eine professionelle Unterstützung durch Traumatherapie oder andere therapeutische Ansätze helfen, die Emotionsregulation zu verbessern und eine gesunde Bewältigung von negativen Gefühlen zu ermöglichen.)

Akzeptiere deine Emotionen: Akzeptiere, dass es ganz natürlich ist, negative Emotionen zu erleben, und verurteile dich nicht dafür. Versuche, dir selbst Mitgefühl entgegenzubringen und dir zu sagen: *»Es ist okay, dass ich mich so fühle. Ich darf mich so fühlen.«* Diese Technik der Zustimmung basiert auf Prinzipien des Selbstmitgefühls und kann helfen, die innere Kritik gegenüber der Empfindung zu reduzieren.

Finde gesunde Bewältigungsstrategien: Identifiziere gesunde Möglichkeiten, mit deinen Emotionen umzugehen, wie zum Beispiel das Sprechen mit einem vertrauenswürdigen Freund oder einer Therapeutin, das Schreiben eines Tagebuchs, das Ausüben von Entspannungstechniken wie Atemübungen oder progressive Muskelentspannung oder das Ausdrücken deiner Gefühle durch kreative Aktivitäten wie Malen oder Tanzen. Diese Techniken werden als emotionale Regulationstechniken bezeichnet und helfen, negative Gedanken zu reduzieren und das Wohlbefinden zu verbessern. Aber es gibt noch andere Techniken, die sehr gut erforscht und wirksam sind. So wird etwa auch das Konzept der kognitiven Umstrukturierung verwendet, um Menschen dabei zu helfen, ihre negativen Denkmuster zu identifizieren und zu verändern. Nehmen wir mal an, du denkst folgenden Satz: »*Ich bin eine Versagerin, weil ich in meiner Arbeit einen Fehler gemacht habe.*« Ein Therapeut würde jetzt diesen Gedanken herausfordern und nach Beweisen suchen, die ihn widerlegen. Er würde dazu ermutigen, eine Liste von Erfolgen und positiven Eigenschaften zu erstellen, um zu zeigen, dass du nicht durch einen Fehler definiert wirst. Durch diesen Prozess lernst du, deine Gedanken zu hinterfragen und realistischere und positive Denkmuster zu entwickeln.

Trau dich ruhig, auszuprobieren, was dir persönlich dabei helfen kann, Emotionen zu regulieren. Ist es der Austausch mit lieben Menschen? Dann rede bitte mit ihnen. Ist es ein Spaziergang in der Natur? Dann Schuhe an und raus mit dir! Ist es Meditation, Yoga, Entspannungstherapie oder einfach nur ein kleines Schläfchen? Tue, was auch immer dir dabei hilft, dich wieder zu spüren und im Einklang mit dir zu sein. Aber tu etwas, das für und nicht gegen dich ist! Rauchen, Alkohol, übermäßiges Essen oder exzessiver Konsum gehören nicht dazu! Zu eruieren, was genau dir guttut, ist ein Prozess, nimm dir Zeit dafür und bleibe geduldig. Nur weil deiner Freundin Sport hilft, heißt das nicht, dass es auch bei dir funktionieren muss. Die Aufgabe besteht darin, eine Antwort auf die Frage zu finden: »Was tut mir wirklich und von Herzen gut?« Manche Menschen finden eine Befriedigung darin, sich exzessiv in den »negativen« Gefühlen zu suhlen, weil sie gelernt haben, dann besondere Zuwendung zu erhalten. In diesem Fall rate ich dringend dazu, eine Alternative zu finden, um Aufmerksamkeit zu bekommen. Denn mit so einem Verhalten provozieren wir eher abhängige Beziehungsstrukturen als einen heilsamen Nährboden für Veränderung.

Wenn die Affen toben: Umgang mit den Herausforderungen fremder Zirkusse

Aber was ist, wenn dein Partner, um beim letzten Beispiel noch einmal anzuknüpfen, selbst mit Schwierigkeiten zu kämpfen hat? Anstatt dir die Unterstützung zu geben, die du erhofft hast, reagiert er womöglich gereizt oder gar ablehnend? Durch diesen Impuls von außen können unfreiwillig deine eigenen negativen Gefühle verstärkt oder sogar kontraproduktive Reaktionen ausgelöst werden. Plötzlich verschwindet die Brücke zum anderen Berg in dichtem Nebel, und du fühlst dich jetzt nicht nur der Situation, sondern auch der Emotion hilflos ausgeliefert. Dieses unliebsame Gefühl der Hilflosigkeit katapultiert uns schneller in Kindheitstage zurück, als uns lieb ist. Es braucht viel Übung und die Fähigkeit, zu reflektieren, um da wieder rauszukommen und uns sagen zu können: *»Moment mal. Will ich mich gerade wirklich so fühlen? Möchte ich wirklich denken, es gäbe keine andere Option? Begrenze ich mich dadurch nicht? Will ich meinem Gegenüber wirklich gerade die Macht über meine Gefühle geben? Mache ich dadurch nicht meine Stimmungslage abhängig von seinem Verhalten?«*

In solchen Momenten wird deutlich, wie unsere eigenen emotionalen Herausforderungen und die unserer Mitmenschen miteinander verknüpft sind. Wenn beide Parteien mit negativen Emotionen beladen sind, kann es schwierig sein, eine konstruktive Kommunikation aufrechtzuerhalten, da die eigenen Gefühle im Vordergrund stehen. Du fühlst dich in Not und möchtest reguliert werden. Kann das der Mitmensch nicht leisten oder übernehmen (Co-Regulation), sind wir dazu aufgefordert, uns selbst zu helfen (Autoregulation). Menschen mit einer gut entwickelten Selbstregulierung sind in der Lage, ihre Emotionen zu managen, sich auf wichtige Aufgaben zu konzentrieren und sich von negativen Gedanken und Angst zu distanzieren, um sich auf Zuversicht und Handlungsfähigkeit zu fokussieren.

In diesem Kontext spielt das Konzept *»Fenster der Toleranz«* eine entscheidende Rolle, welches in der Psychologie und Neurowissenschaft verwendet wird, um den Bereich der optimalen emotionalen und physiologischen Regulation einer Person zu beschreiben. Es bezieht sich auf den Bereich zwischen Übererregung und Untererregung, in dem eine Person am besten in der Lage ist, mit Stress umzugehen, sich zu kontrollieren und angemessen auf ihre Umgebung zu reagieren. Wenn das »Fenster der Toleranz« geöffnet ist, befindet sich eine Person in einem Zustand der optimalen Erregung, in dem sie fokussiert, aufmerksam und flexibel ist. Sie kann mit Herausforderungen umgehen, ohne überwältigt zu werden, und ist in der Lage, auf positive Weise auf Stressoren zu reagieren. Wenn das »Fenster der Toleranz« jedoch geschlossen ist, kann die Person entweder übererregt sein, was zu Angst, Panik und impulsivem Verhalten führen kann, oder untererregt sein, was sich in Apathie, Desinteresse und einem Mangel an Motivation manifestieren kann. Du kennst vielleicht Menschen, die im Angesicht von Stress so tun, als wäre alles in Ordnung, und in absoluter Ruhe verharren, und jene, die, sobald es stressig wird, wie ein aufgescheuchtes Huhn durch die Gegend laufen und jeden um sich herum verrückt machen. In beiden Fällen ist die Fähigkeit zur Selbstregulierung beeinträchtigt. Vielleicht fragst du: Wie kann ich dieses Toleranzfenster gezielt öffnen? Es gibt verschiedene Faktoren, die das »Fenster der Toleranz« beeinflussen können, darunter genetische Veranlagung, frühe Lebenserfahrungen, soziale Unterstützung und individuelle Bewältigungsstrategien. Über vieles davon sprechen wir in diesem Buch. Wichtig ist: Diejenigen unter uns, die wie vom Fuchs gejagte Hühner auf Stress reagieren, sollten sich in Entspannungsverfahren, Meditation, Yoga oder Spazierengehen üben, und diejenigen, die sich bei Stress wie ein Küken im Nest verkriechen, sollten sich darin üben, gemäßigten Sport zu treiben, sich an der frischen Luft zu bewegen, zu tanzen, Fahrrad zu fahren und sich mit anderen Menschen zu treffen. Du solltest dich und den Körper in Bewegung bringen und auf keinen Fall alleine eine komplette Netflix-Serie im Bett liegend anschauen!

Eine bewährte Übung zur besseren Kontrolle des »Fensters der Toleranz« ist die *4–7–8-Atemtechnik*, auch bekannt als entspannender Atemzug. Diese Übung wird oft in der Achtsamkeitspraxis eingesetzt, um Stress abzubauen und die Selbstregulierung zu fördern. Die Atemtechnik hilft, den Körper zu entspannen, den Geist zu beruhigen und das Nervensystem zu regulieren, was dazu beiträgt, das »Fenster der Toleranz« zu öffnen und die Fähigkeit zur Selbstregulierung zu stärken. Es ist eine einfache und effektive Methode, die jederzeit und überall angewendet werden kann, um Stress abzubauen und emotionale Ausgeglichenheit zu fördern.

Setz dich dazu in eine bequeme Position, idealerweise mit geradem Rücken. Lege die Zungenspitze an den Gaumen direkt hinter den oberen Schneidezähnen und halte sie dort während der gesamten Übung. Atme durch die Nase ein und zähle dabei langsam bis vier. Halte den Atem an und zähle bis sieben. Atme durch den Mund aus, während du lautlos bis acht zählst. Versuche, während des Ausatmens alle Luft aus den Lungen zu pressen. Wiederhole diesen Zyklus viermal oder so oft wie nötig, um dich entspannt und beruhigt zu fühlen.

Die Fähigkeit, uns selbst und unsere Emotionen – unabhängig von anderen – zu regulieren, ist von entscheidender Bedeutung. Anstatt in dem Glaubenssatz *»Nie ist jemand für mich da, ich störe nur und keiner ist an mir interessiert«* zu versinken und dadurch unangenehme Emotionen noch zu verstärken, ist es wichtig zu erkennen, dass dein Partner oder deine Partnerin möglicherweise im Moment nicht in der Lage ist, deine Emotionen in dem Maße aufzunehmen, wie du es dir erhoffst. In solchen Momenten kann es hilfreich sein, einen Schritt zurückzutreten, Verständnis füreinander aufzubringen und gegebenenfalls eine Pause in der Kommunikation einzulegen, sich selbst mit oben genannten Übungen zu regulieren, um später in einem ruhigeren Zustand über deine Gefühle zu sprechen. Der innere Freund könnte uns an dieser Stelle vielleicht sagen: *»Schau, ihr beide hattet wohl einen anstrengenden Tag und sehnt euch nach Liebe, Zuwendung und Nähe. Ihr liebt euch und wollt füreinander da sein, aber im Moment geht das nicht, weil jeder mit sich beschäftigt ist. Die Grenze, die sich hier gerade auftut, ist nicht gegen dich gerichtet. Sie zeigt nur ein momentanes Unvermögen auf, gegenseitig eure Bedürfnisse zu befriedigen. Das wird wieder. Lasst euch Zeit.«*

Es gibt Situationen und Beziehungen, in denen es uns deutlich leichter fällt, uns zu regulieren, und andere, wo es kaum möglich ist. Je näher uns ein Mensch steht und je mehr uns dieser triggert, umso wahrscheinlicher ist, dass es nicht gelingt. Obwohl wir eigentlich »wissen«, wie wir in der Situation reagieren sollten, eben nicht eingeschnappt, pöbeln wir den Partner, die Eltern oder die beste Freundin an. Vielleicht indem wir Vorwürfe machen, beleidigen, abwerten oder sie einfach ignorieren. Gerade dann, wenn wir mit der Annahme erzogen wurden, in Beziehung immer lieb, verständnisvoll und brav sein zu müssen, können wir in kritischen Situationen auch wieder in alte Muster kippen und vergessen, klar und deutlich Grenzen zu setzen. Vielleicht verfallen wir anschließend in Schuldgefühle, und die negativen Emotionen richten sich gegen uns: *»Okay, ich darf mich nicht wütend fühlen, das verärgert meinen Liebsten«, »Ich schweige lieber. Im Schweigen kenne ich mich gut aus«, »Ich bin so eine dumme Kuh, jedes Mal muss ich wieder einen Streit anzetteln.«* Wir setzen in diesem Fall somit uns eine ungesunde Grenze! Gibt es Alternativen, und wenn ja, welche?

Die vier Reiter der Apokalypse oder: Die Löwenbändigerin des 21. Jahrhunderts

Gerade in Paarbeziehungen zeigen Glaubensmuster und Emotionen am stärksten ihre Wirkung, weil wir uns dort nun mal am intimsten und nächsten begegnen. Selten kommt uns jemand so nahe wie der Mensch, mit dem wir unser Bett teilen.

Der amerikanische Psychologe John Gottman untersuchte in den 1970er-Jahren Paare auf ihr Glücksempfinden und stellte mit seinem Konzept der »vier Reiter der Apokalypse« bisherige Theorien auf den Kopf. Diese vier Reiter sind keine apokalyptischen Reiter im wörtlichen Sinne, sondern vielmehr emotionale Reaktionsmuster, die in Beziehungen auftreten und das Glück und die Harmonie bedrohen können. Gottman sagte in einem seiner Seminare, dass rund 92 % aller Paare, die gelernt haben, die vier Reiter zu bändigen, keine Scheidung einreichen mussten.

Gern möchte ich dir diese hier vorstellen, weil es mit der Kontrolle der vier Reiter sehr wohl gelingen kann, die »inneren Drachen« zu zähmen, negative Glaubensmuster zu verändern, angemessene Grenzen zu setzen und gesunde Beziehungen zu führen.

Die vier Reiter – Kritik, Verachtung, Verteidigung, Ablehnung

Kritik ist der erste Reiter, und er tritt auf, wenn wir unseren Partner oder unsere Partnerin an- oder beschuldigen beziehungsweise angreifen. Anstatt konstruktive Kritik zu üben, verwenden wir oft anklagende oder verletzende Worte. Dieser Bemängelung liegt häufig eine *nicht ausgesprochene Wut* zugrunde. Gerade Menschen, die sich damit schwertun, Grenzen zu setzen, wird häufig vorgehalten, sie würden andere kritisieren. Dabei ist es wichtig, den Unterschied zwischen einer angebrachten Beschwerde und einer unzulässigen Kritik zu kennen.

Eine Kritik umfasst folgende Kriterien: Sie wird verallgemeinert (zum Beispiel »immer«, »nie«), sie geht mit Schuldzuweisungen bezogen auf den Charakter oder die Persönlichkeit des Partners einher und »greift« somit das Gegenüber persönlich an. Ein Beispiel hierfür wäre: *»Nie kümmerst du dich um mich! Immer ist dir nur deine Arbeit wichtig!«* Eine Beschwerde hingegen bezieht sich auf einen konkreten Vorfall, ist eher beschreibend und stets bezogen auf die eigenen Gefühle oder Bedürfnisse: *»Du wolltest doch heute den Müll rausbringen. Es ärgert mich, dass du es vergessen hast.«*

Wenn wir beispielsweise aufgrund unterdrückter Wut ständig kritisieren, signalisieren wir dem Partner folgenden Glaubenssatz: *»Du bist nicht gut genug für mich.«* Stell dir vor, dein Partner wäre mit genau diesem Glaubenssatz groß geworden, weil er diesen in seiner Kindheit bewusst oder unbewusst von seinen Eltern mitbekommen hätte. Was meinst du, wie reagiert er heute auf deine Kritik? Liebevoll, wohlwollend und verständnisvoll? Oder eher: sich verteidigend, zurückgezogen und schweigend? Kritik kann das Gegenüber nicht nur lähmen, sondern auch vertreiben. Und an diesem Punkt wird möglicherweise der nächste Teufelskreis angestoßen. Womöglich kritisierst du gerade deshalb, weil du folgenden Glaubenssatz in dir trägst: *»In der Not ist keiner für mich da. Es interessiert sich sowieso niemand für mich.«* Dieser Glaubenssatz kann die Emotion Wut auslösen. Du bist womöglich wütend darüber, dass sich dein Gegenüber nicht wirklich für dich interessiert, und greifst deshalb mit Kritik an. Was passiert aber, wenn sich dein Gegenüber deshalb noch weiter zurückzieht? Es kommt zur Verstärkung deiner Wut und deines Glaubenssatzes. Übrig bleiben zwei Menschen, deren innerer Freund wenig Chancen auf Besserung oder Heilung hat, weil sich die selbsterfüllende Prophezeiung wieder einmal erfüllt hat. Ich persönlich finde es faszinierend, wie Beziehungsdynamiken sich aufbauen und verfestigen können. Im Grunde gibt es hier keinen Schuldigen. Keinen Täter. Kein Opfer. Für eine Beziehung tragen immer beide Teilnehmenden gleichermaßen Verantwortung. Die Lösung? Beiden muss bewusst werden, dass sowohl Kritik als auch Rückzug keine Lösungen für das Problem sind, sondern es durch beide Verhaltensweisen noch verstärkt wird. In dem Beispiel oben hast du einen Einblick erhalten, wie du deine Bedürfnisse formulieren kannst, ohne zu kritisieren. Um das eigene Leben zu verbessern, müssen wir die Verantwortung für die Art und Weise übernehmen, wie wir unsere Bedürfnisse ausdrücken und auf andere Menschen zugehen. Fällt es dir schwer, übe beim Friseur. Ja, richtig gelesen. Dort wirst du beim Haarewaschen gefragt, ob die Wärme so für dich passt. Fühle an dieser Stelle ruhig gut nach. Traue dich, Nein zu sagen, wenn sie nicht passt, und sag wertschätzend Ja, wenn sie in Ordnung ist. Du wirst beim Friseur erleben, dass dir dieser nicht böse ist, wenn er die Temperatur etwas kälter oder wärmer stellen muss. Es ist sein Job, er wird dich nicht ablehnen, weil er ein Interesse an deiner Zufriedenheit hat. Deshalb lässt es sich genau dort so gut üben, unsere Bedürfnisse auszudrücken, aber auch zu loben.

Der zweite Reiter – *Verachtung* – zeigt sich, wenn wir unseren Partner herabsetzen, verspotten oder respektlos behandeln. Wir verdrehen die Augen, sobald dieser über seine Bedürfnisse und Empfindungen spricht, sagen vielleicht Sätze wie: *»Meine Güte, stell dich doch nicht so an!«*, *»Sei doch nicht so empfindlich!«*, oder: *»Du bist aber auch für alles zu blöd!«* Diese Art und Weise der Begegnung kann zu einem starken Gefühl der Ablehnung führen. Logisch. Wer will schon so herablassend behandelt werden? Wenn jemand so abweisend auf unsere Mitteilungen oder Bedürfnisse reagiert, fühlen wir uns natürlich auch als Mensch abgelehnt. Dieser Verachtung liegt häufig eine nicht reflektierte oder verarbeitete Verletzung zugrunde. Das bedeutet, dass ein Mensch, der anderen gegenüber verachtend reagiert, die eigenen Verletzungen absolut nicht erkannt hat und seine eigenen Gefühle auf sein Gegenüber projiziert. Was solltest du in so einer Situation tun? Im Grunde ist das eine Gelegenheit, sich im Grenzensetzen zu üben. Wie reagierst du, wenn dir jemand geringschätzend begegnet? Könntest du bei dir bleiben und sagen: *»Ich möchte nicht, dass du mit mir so umgehst. Das fühlt sich falsch an«*, oder denkst du vielmehr: *»Ich habe es nicht anders verdient«?* Die Art und Weise, wie du auf Verachtung reagierst, lässt Rückschlüsse darauf ziehen, wie es um deine zwischenmenschlichen Grenzen steht. Hast du ein gesundes Selbstvertrauen und verfügst über ausreichend Selbstachtung, sollte dir ein *»Halt, stopp«* nicht schwerfallen. Ist dein Selbstwert gering, fühlst du dich noch verantwortlich für das schlechte und falsche Benehmen des anderen. Du meinst, du wärst schuld daran und hättest seine Verachtung ausgelöst. *»Kein Wunder, dass er mit mir so umgeht, immerhin habe ich ihn provoziert«*, oder du denkst, du hättest kein Recht darauf, dich so zu fühlen, wie du dich eben fühlst. Doch lass dir an dieser Stelle eines sagen: *»Die einzigen Menschen, die sich darüber aufregen, dass du Grenzen setzt, sind diejenigen, die bisher davon profitiert haben, dass du keine gesetzt hast!«*

Du darfst jemanden, der dich schlecht behandelt, in die Schranken weisen. Das ist dein gutes Recht! Ich würde sogar noch weiter gehen, das bist du dir schuldig. Du darfst ihn einbremsen, aber in einer Art und Weise, die der Spirale der Verletzung ein Ende setzt. *»Ich fühle mich unwohl, weil du gerade abwertend mit mir umgehst. Ich bitte dich, achtsamer mit mir zu sprechen, ansonsten muss ich das Gespräch an dieser Stelle abbrechen, und wir sprechen dann weiter, wenn du mich besser behandelst.«* Du darfst auflegen, gehen, dich distanzieren und für dich sorgen. Dein Gegenüber ist jetzt am Zug, nicht du.

Der dritte Reiter – *Verteidigung* – tritt auf, wenn wir in die Defensive gehen, anstatt auf die Anliegen unseres Partners einzugehen. Wir neigen dazu, die Schuld auf andere zu schieben und uns selbst zu schützen. Der Verteidigungsstrategie liegt häufig mangelnde Selbstreflexion aufgrund von mangelndem Selbstwert zugrunde. *»Schatz, du hast schon wieder vergessen, den Müll rauszubringen, obwohl du es versprochen hattest!«* Die verteidigende Antwort wäre: *»Ja, weißt du eigentlich, was ich heute alles zu tun hatte? Meine Güte, warum nörgelst du immer an mir herum? Ich tu eh, was ich kann!«* Besser wäre zu sagen: *»Du hast recht, ich kümmere mich darum.«* Damit zeigen wir Verantwortung und schieben diese nicht von uns oder auf die Schultern desjenigen, der uns darauf hinweist. Aber wir verteidigen uns auch, wenn es um unsere Bedürfnisse geht: *»Ich habe ein Bad genommen, das hat mir gutgetan, nun werde ich den Müll rausbringen«*, oder ehrlich zu sagen: *»Du, ich bin groggy, ich schaffe das heute nicht mehr und erledige es zuverlässig morgen früh.«* Verantwortung zu übernehmen, bedeutet, sich nicht rechtfertigen oder lautstark erklären zu müssen, sondern für sich, sein Handeln und seine Bedürfnisse einzustehen. Alles andere ist eine Einladung für unser Gegenüber, um mit uns in Diskussion zu treten. Macht aber wenig Sinn, weil wir an dem Punkt sowieso schon zu erschöpft für Streitgespräche sind, oder?

Der vierte Reiter, *Ablehnung* beziehungsweise *Stonewalling,* ist das Abwehren oder Ignorieren von Gesprächen und Konflikten. Wir hören auf, unserem Partner zuzuhören, und ziehen uns emotional zurück. Wir gehen ihm aus dem Weg und tun so, als gäbe es ihn nicht. Manch einer würde das als »Grenze« betiteln, aber die Wahrheit ist, es ist eine rüde, unvorteilhafte und ungesunde Grenze, andere Menschen zu ignorieren. Dieser Ablehnung liegt häufig die Angst vor Konflikten und deren Folgen zugrunde. Wir setzen also eine ungesunde Grenze, weil wir konfliktscheu sind.

Meist haben die Stonewaller selbst Angst vor Ablehnung und lehnen lieber den anderen ab, ehe sie den Schmerz des Abgelehnt-Werdens selbst erfahren müssen. Das hat nichts mit »Nicht mein Zirkus, nicht meine Affen« zu tun, sondern vielmehr mit einem Offenbarungseid, der da lautet: *»Ich kann mich gerade dem Konflikt nicht stellen und tu deshalb so, als gäbe es dich nicht.«* Teile besser mit, dass dir gerade nicht nach einem Gespräch zumute ist, und stell deinem Gegenüber eine andere Zeit für einen Austausch in Aussicht. Wenn wir merken, dass Kommunikation im Moment nicht möglich ist, ist es notwendig, das genau so zu kommunizieren, anstatt so zu tun, als wären der andere und die damit verbundenen Probleme nicht vorhanden. »Ghosten« ist etwas, das vor allem in den digitalen sozialen Netzwerken vorkommt. Noch nie war es so einfach, Dialogen oder Konflikten aus dem Weg zu gehen. Es kann blockiert, gelöscht oder ignoriert werden. Aber denk daran, hinter dem anderen Bildschirm sitzt, auch wenn du die Person nicht siehst, ein Mensch mit Gefühlen, Bedürfnissen und Hoffnungen. Seid ehrlich zueinander. Es ist besser, zu wissen, woran wir sind, als in der Luft zu hängen.

Anhand folgender Sätze kommen die vier Reiter zum Vorschein, wenn es um Bedürfnisse und Grenzen geht:

- ★ *Kritik:* »Du machst immer nur das, was dir selbst Spaß macht, und denkst nie an meine Bedürfnisse!«
- ★ *Verachtung:* »Du bist so dumm, dass du nicht einmal die einfachsten Dinge verstehen kannst.«
- ★ *Verteidigung:* »Das stimmt überhaupt nicht! Du kritisierst mich immer, egal, was ich tue!«
- ★ *Ablehnung:* »...« (Schweigen, ohne auf den Partner einzugehen)

Was wären gute Alternativen, eigene Bedürfnisse sinnvoll auszudrücken?

1. *Kritik:* Stell dir vor, dein Partner hat das schmutzige Geschirr in der Spüle stehen gelassen – wieder einmal. Du möchtest dich weder darüber ärgern noch das Geschirr selbst in die Spülmaschine räumen. Nun überlegst du, wie du das am besten kommunizieren könntest. Eine »kritische« Reaktion wäre, mit erhobenem Zeigefinger zu sagen: *»Nie hilfst du mir!«*, oder: *»Kannst du nicht einmal mithelfen und wenigstens den Geschirrspüler einräumen?«* Vielleicht murmelst du aber auch frustriert vor dich hin und sagst dabei: *»Nie hilft mir jemand. Immer muss ich alles alleine machen.«* Beides könnte nach hinten losgehen, weil dein Partner sich vermutlich angegriffen fühlen wird und ebenso in einen der vier Reiter kippt. Du würdest dich mit einem Partner konfrontiert sehen, der sich entweder verteidigt, dich verbal angreift oder einfach geht und den Raum verlässt. Das Ergebnis davon kennst du. Du schweigst lieber und räumst das Geschirr selbst in den Geschirrspüler. Du ziehst dich innerlich folglich entmutigt zurück und denkst weiterhin: *»Eh klar, ich darf meine Bedürfnisse einfach nicht einfordern, mich beschweren oder Grenzen setzen. Immer gibt es dafür Ärger, ich ernte Streit oder werde mit Ignoranz und Liebesentzug bestraft! Da halte ich lieber den Mund und mache es selbst!«* Statt in das alte Denkmuster zu kippen, könntest du ab jetzt aber sagen: *»Hey, könntest du bitte das Geschirr wegräumen, wenn du fertig bist? Deine Mithilfe wäre mir wirklich wichtig. Danke!«* That's it. Hört der andere dich nicht, wiederhole es so lange, bis das Geschirr im Geschirrspüler landet. Vielleicht dauert das auch etwas. Vielleicht stapelt sich tagelang das schmutzige Geschirr,

ehe dein Partner ins Handeln kommt. Halte diese Zeit bitte durch und tu es nicht selbst! Die Schmerzgrenze für schmutzige Teller liegt bei jedem woanders. Du könntest im Anschluss sagen: *»Danke fürs Wegräumen, mir wäre wichtig, dass du das täglich machst.«*

2. *Verachtung:* Vielleicht warst oder bist du sogar in einer Beziehung, in der dich dein Partner verachtet (hat). Dann kennst du folgenden Satz vermutlich: *»Du bist so dumm, dass du nicht einmal einfache Aufgaben bewältigen kannst.«* So eine herablassende Bemerkung kann sich wie ein Faustschlag in die Magengrube anfühlen. Haben wir uns aber schon daran »gewöhnt«, weil wir es einfach nicht anders kennen, nehmen wir solche Aussagen für bare Münze und geben womöglich sogar klein bei. Manches Mal reagieren wir aber selbst mit Verbitterung und tragen die Herablassung in Selbstgesprächen an uns weiter oder gar an unsere Kinder. Statt an dieser Stelle unterwürfig die Herabwürdigung hinzunehmen oder sich gar selbst zu verachten, versuche es mit Klarheit. Du könntest sagen: *»Ich weiß, ich hab einen Fehler gemacht, aber ich bin sicher, ich kann das beim nächsten Mal besser machen. Ich wünsche mir von dir, dass du mir mit mehr Respekt und Achtsamkeit begegnest.«* Wiederhole diesen Satz maximal 90 Tage. Sollte sich innerhalb dieser Zeit nichts ändern, konfrontiere deinen Partner mit einer Paartherapie oder setze eine klare Grenze, indem du eine Trennung ankündigst. Und diese bitte auch umsetzen. Denn wenn du nur davon sprichst, wird dich dein Gegenüber nicht ernst nehmen. Gerade Menschen mit narzisstischen Persönlichkeitsstrukturen lernen nur, wenn ihr Gegenüber handelt! Niemand darf mit dir so umgehen! Nicht dein Partner, nicht deine Eltern, nicht deine Freunde und auch keine Kolleginnen.

Wir werden später die unterschiedlichen Persönlichkeitstypen aufschlüsseln, und du wirst dort noch genauer lernen, wie du mit ihnen im Alltag umgehen kannst, ohne selbst Schaden zu nehmen. Denn gerade Menschen, die sich daran gewöhnt haben, andere herabzusetzen, machen dir das Grenzensetzen besonders schwer. Lass dich davon aber bitte nicht entmutigen, sondern bau dein Wissen und deine Selbstachtung auf und aus. Falls du selbst die- oder derjenige bist, die den Reiter »Verachtung« anwendet, solltest du dir bewusst machen, welchen Schaden du in deiner Beziehung, im anderen und in dir dadurch anrichtest. Übe täglich, diese Verhaltensweisen konstruktiv zu ersetzen, und teil deinem Gegenüber mit, woran du gerade arbeitest. Sei transparent und nimm deinen Partner auf die Reise mit, sodass er dich besser unterstützen kann.

Die beste Antwort auf Verachtung ist Selbstachtung.

3. *Verteidigung:* Wenn dein Partner dir sagt, dass du vergessen hast, die Rechnungen zu bezahlen, kannst du, anstatt dich zu verteidigen, sagen: *»Oh, tut mir leid, das ist mir durchgerutscht. Ich werde mich darum kümmern.«* Das zeigt Bereitschaft zur Verantwortungsübernahme und lässt dich nicht wieder in das Muster zurückkippen, dich für alles schuldig zu fühlen oder sogar zu schämen. Manches Mal reicht ein einfaches *»Es tut mir leid. Ich kümmere mich«*, und die Sache ist erledigt. Du weißt ja selbst, wie heilsam es sich anfühlen kann, wenn du mit einer Bitte an jemanden herantrittst und dein Gegenüber einfach nur sagt: *»Es tut mir leid. Kommt nicht mehr vor. Ich sorge dafür.«* Du fühlst dich verstanden

und ernst genommen, vor allem, wenn auf die Aussage auch die Tat folgt und sich etwas sichtlich ändert. Wir wollen nicht diskutieren, warum uns etwas wichtig ist. Wir wollen verstanden und gehört werden. Mach den ersten Schritt und sage: »*Es tut mir leid*«, ohne dich anschließend schuldig oder beschämt zu fühlen.
Wir sind Menschen, uns allen passieren Fehler. In der Welt der Perfektion und Schnelllebigkeit vergessen wir das leider allzu oft. Hier ist Milde und Reduktion die Lösung. Ein einfaches und nicht nachtragendes »*Es tut mir leid. Verzeih. Ich bedauere und werde verändern*« reicht. Sollte es in deinen Beziehungen nicht reichen, stimmt etwas nicht. Sprich das direkt und offen an. Beobachte, wie dein Gegenüber darauf reagiert, und sag klar und deutlich, was du dir stattdessen wünschst. Du weißt jetzt, dass Verteidigung keine sinnvolle Strategie ist. Wenn du deinen Partner dabei ertappst, dass er sich verteidigt, statt die Verantwortung zu übernehmen, schüttle seine Affen ab und setze diese zurück auf dessen Schultern: »*Hey, sorry, aber ein ›Es tut mir leid‹ wäre angebrachter als diese endlosen Erklärungen, versuch's mal damit, bitte.*«

4. *Ablehnung/Stonewalling:* Angenommen, dein Partner möchte über ein wichtiges Thema sprechen, aber du fühlst dich gestresst und überfordert und genau deshalb gehst du ihm aus dem Weg, ignorierst und mauerst. Anstatt wegzulaufen oder die Kommunikation abzubrechen, könntest du sagen: »*Ich verstehe, dass das wichtig für dich ist, aber ich fühle mich gerade sehr emotional und gestresst. Können wir bitte später, vielleicht gegen Abend, darüber sprechen?*« Hiermit zeigst du auf gesunde Weise deine Grenze auf. Du drückst dein Unvermögen aus und gibst deinem Gegenüber gleichzeitig einen konkreten Ausblick.

Gottmans Forschung hat gezeigt, dass es entscheidend ist, diese Reiter zu erkennen und zu bewältigen, um gesunde und erfüllende Beziehungen aufzubauen und aufrechtzuerhalten. Interessanterweise haben seine Untersuchungen auch ergeben, dass es nach einem Konflikt in einer Beziehung fünf positive Interaktionen braucht, um einen negativen Gedanken und die damit verbundenen negativen Emotionen wieder in den Griff zu bekommen. Deshalb können positive und gemeinsame Erlebnisse auch so heilsam sein. Denke an all die verschiedenen Arten von Beziehungen, sei es in Partnerschaften, zwischen Eltern und Kindern, Freundschaften oder sogar Kolleginnen und Kollegen. Konflikte können in jeder dieser Verbindungen auftreten. Die Frage ist: *Wie gehen wir damit um?*

Harmonie finden: Konfliktlösung im Zirkus des Lebens

Wir haben vorhin gelernt, wenn wir uns in einem Konflikt befinden, der vielleicht nicht so angenehm endet, benötigen wir danach fünf positive Begegnungen oder Erlebnisse, um die Harmonie und das Wohlbefinden in der Beziehung wiederherzustellen. Ist es demnach so, dass wir ein emotionales »Guthaben« aufbauen oder auffüllen müssen, um eine ausgewogene, gesunde Beziehung aufrechtzuerhalten? Puh, das klingt nach Arbeit. Ähnlich ergeht es uns mit Grenzen. Wurden diese in einer Beziehung einmal überschritten, braucht es fünf positive »Ausgleichserlebnisse«, um wieder das Gefühl des Vertrauens aufbauen zu können. Deshalb ist ein genauerer Blick auf diese vier Reiter wichtig, um herauszufinden, wie wir ihnen erfolgreich begegnen können, um wieder ein wohlwollendes Empfinden zu generieren. Ja, auch wenn es erst mal anstrengend ist. Denn wir alle wissen, dass Konflikte in Beziehungen unvermeidlich sind, aber wie wir mit ihnen umgehen, kann den Unterschied zwischen einer glücklichen Partnerschaft und einer »Apokalypse« ausmachen.

Du fragst dich vielleicht, warum es so schwierig ist, diese sinnvolle Kommunikation im Alltag umzusetzen, obwohl wir alle wissen, welch wichtige Rolle sie spielt. Zumindest wird mir diese Frage von meinen Studentinnen an der Universität häufig gestellt, wenn ich über die vier Reiter berichte. Ich habe im Laufe meiner fast 20-jährigen Arbeit mit über 3 000 Paaren festgestellt, dass viele von uns zwar verstehen, wie entscheidend wertschätzende Kommunikation und die Regulation negativer Emotionen sind, aber dennoch oft Schwierigkeiten haben, dieses Wissen auch umzusetzen. Einschließlich mir selbst. Lass mich erklären, warum das so ist. Stell dir vor, du hast als Kind gelernt, deine negativen Emotionen auszudrücken und zu verstehen. Deine Eltern haben dich ermutigt, deine Gefühle zu teilen, und dir gezeigt, wie du Konflikte konstruktiv angehen kannst. Du bist demnach im Bewusstsein aufgewachsen, dass deine Bedürfnisse und Gefühle in Ordnung sind, ganz gleich, wie sie aussehen. Als Erwachsene hast du einen großen Vorteil – du hast gelernt, wie du auf eine gesunde Art und Weise mit deinen Emotionen umgehst.

Aber was ist mit denen, die diese Fähigkeiten nicht in ihrer Kindheit erlernt haben? Das kann zu einer Herausforderung werden. Wenn wir in einer Umgebung aufgewachsen sind, in der das Ausdrücken negativer Emotionen oder das konstruktive Lösen von Konflikten nicht gefördert wurden, kann es schwieriger sein, diese Fähigkeiten später im Leben zu entwickeln. Wir müssen uns möglicherweise bewusst anstrengen und aktiv daran arbeiten, unsere Kommunikationsmuster zu ändern. Das ist, als ob wir unser eigenes kleines »Emotionsfitnessstudio« betreiben würden, um diese wichtigen Fähigkeiten zu stärken. Es erfordert Zeit, Übung und Geduld. So leid es mir tut, aber erfüllte Beziehungen, ausgewogene Kommunikation und gesunde Grenzen fallen nun mal nicht vom Himmel. Wir müssen etwas dafür tun, die einen mehr, die anderen weniger. Wenn du also in der Situation bist, versuche zu akzeptieren, dass es in deiner Kindheit Defizite gab, und versinke bitte nicht in einem Gefühl der Ungerechtigkeit, weil diese bei dem ein oder anderen Mitmenschen besser, rosiger und harmonischer verlief. Diese Person hat, wie jede andere auch, sicherlich ebenso mit Herausforderungen zu kämpfen. Womöglich nicht mit jener, zu lernen, besser für sich einzustehen, aber sicherlich mit anderen Problemen. Jeder von uns trägt sein eigenes Schicksal – und das Akzeptieren dieses Schicksals gehört dazu, wenn es um Verantwortungsübernahme geht. Übernimm daher die Verantwortung für dein eigenes Los, indem du geduldig akzeptierst, dass du mehr Übung als ein anderer benötigst.

Forschungen zeigen, dass ein Paar, das aufgrund von Konflikten, die sich dauerhaft hochgeschaukelt haben, kurz vor der Trennung steht, mindestens zwölf Sitzungen mit einer Psychologin, Mediatorin oder einem Psychotherapeuten braucht, um die vier Reiter der Apokalypse sinnvoll im Alltag umkehren zu können. So ähnlich kann es uns selbst gehen, wenn wir merken, dass wir wider besseres Wissen immer und immer wieder in dieselben Fallen in unserer Kommunikation tappen. Aber die gute Nachricht ist, dass es nie zu spät ist, es erneut zu versuchen! Und wenn du dich bemühst, konstruktive Kommunikation und den Umgang mit negativen Emotionen zu verbessern, kannst du deine Beziehung erheblich positiv beeinflussen. Aber nicht nur das, auch die Fähigkeit, gesund Grenzen zu setzen und Verantwortung zu übernehmen, wenn es wirklich notwendig ist, wird dadurch deutlich leichter. Es ist wie eine kleine, aber wertvolle Investition in die Zukunft. Schön und gut, denkst du womöglich jetzt, aber was, wenn der Partner nicht mitmacht?

Stell dir vor, du arbeitest kontinuierlich an dir selbst, indem du dich immer wieder mit deiner Kommunikation und Konfliktlösung beschäftigst. Du liest Bücher wie diese, hörst Podcasts, lernst und wächst. Währenddessen befindet sich dein Partner möglicherweise auf einem eigenen Weg und hat vielleicht noch nicht den gleichen Enthusiasmus entwickelt. Es fühlt sich an, als würdet ihr beide in unterschiedlichen Zirkusnummern auftreten, das kann auf Dauer recht frustrierend sein, aber das bedeutet nicht, dass es keine Möglichkeit gibt, zusammenzuarbeiten. Selbst wenn dein Partner nicht sofort bereit ist, Veränderungen vorzunehmen, kannst du, anstatt frustriert oder mit Vorwürfen zu reagieren, derweil deinen eigenen Zirkus zum Strahlen bringen. Wer weiß, vielleicht wird dein Partner schließlich von deiner Vorstellung inspiriert und beschließt, sich dir anzuschließen? Die Hauptsache ist, geduldig und einfühlsam zu sein, während du deinen eigenen Weg gehst, und die Hoffnung auf positive Veränderungen in deiner Beziehung nicht aufzugeben. Stell dir vor, dass eine Umgestaltung deiner Beziehung wie eine Kaskade von positiven Ereignissen sein kann. Ähnlich wie beim Dominoeffekt, bei dem ein umgestoßener Stein eine Kettenreaktion auslöst, können positive Veränderungen in deiner Partnerschaft eine ähnliche Wirkung haben. Dazu gibt es tatsächlich zahlreiche Studien, die diesen vielversprechenden Effekt aufzeigen.

Wenn du dich dazu entschließt, aktiv an deiner Beziehung zu arbeiten und positive Schritte zu unternehmen, kann dies der erste Dominostein sein, der fällt. Wenn du dich beispielsweise dafür entscheidest, öfter Wertschätzung und Dankbarkeit gegenüber deinem Partner auszudrücken, indem du kleine Gesten der Liebe zeigst, wie zum Beispiel das Zubereiten seines Lieblingsessens oder ein aufrichtiges *»Danke«* für die Unterstützung im Alltag, dann könntest du den ersten Impuls geben. Dein Partner fühlt sich dadurch sicherlich wertgeschätzt und geliebt, was seine Stimmung und sein Verhalten zum Guten verändern kann. Als Reaktion darauf spürt dein Partner vielleicht den Drang, diese positive Energie zu erwidern. Vielleicht beginnt er, dir mehr Aufmerksamkeit zu schenken oder deine Bedürfnisse in den Vordergrund zu stellen. Das wäre dann der Fall des zweiten Dominosteins in der Reihe. Die Kommunikation verbessert sich, das Vertrauen wächst, und gemeinsame Aktivitäten werden zu einem Quell der Freude und des Zusammenhalts. Wichtig zu beachten ist allerdings, dass dieser Kaskadeneffekt nicht immer sofort eintritt und deshalb Geduld erforderlich ist. Manchmal kann es einige Zeit dauern, bis die positiven Veränderungen spürbar werden, und es ist natürlich möglich, dass dein Partner trotz deiner Bemühungen anfangs skeptisch ist oder sich zurückhält. Aber wenn du weiterhin mit Liebe, Respekt und Geduld handelst, erhöht sich die Wahrscheinlichkeit, dass der Dominoeffekt eintritt und deine Beziehung aufblüht.

Vielleicht meinst du an dieser Stelle: »*Aber ich bin doch gar nicht das Problem, sondern mein Gegenüber!*« Die Psychologie zeigt uns, dass wohlwollendes Handeln einer Partei in einer Beziehung oft dazu führt, dass auch die andere motiviert ist, an der Partnerschaft zu arbeiten und sie zu verbessern. Aber es braucht einen, der in »Vorleistung« geht und aufzeigt, wie es zukünftig laufen sollte. Anstatt darauf zu warten, dass der andere sich ändert, ist es sinnvoller, die Angelegenheit selbst in die Hand zu nehmen. Das heißt nicht, dass du seinen Teil der Verantwortung übernehmen sollst, sondern nur deinen eigenen zur Gänze.

Es ist eine Kunst, herauszufinden, wann es notwendig ist, die Verantwortung zu übernehmen, weil es das eigene Leben verbessert, und wann es notwendig ist, diese beim anderen zu belassen: Du übernimmst einen notwendigen Part, indem du ansprichst, wie du dir dein Beziehungsleben vorstellst, und entsprechend dieser Vorstellung auch handelst. Dein Partner trifft dann seinerseits die Entscheidung, ob er da mitgehen kann und möchte oder nicht. Letzten Endes müssen wir auch die Grenze respektieren, wenn jemand dazu nicht in der Lage ist. Ohne in Vorwürfe, Kritik, Verachtung oder Stonewalling zu kippen. Ich habe viele Paare während einer Trennung begleitet. Im Grunde ist eine Trennung eine Grenze. Es wird aufgezeigt: *»Halt, so geht es nicht mehr weiter!«* Wenn beide Partner Verantwortung für diese Grenze übernehmen können, folgt kein »Rosenkrieg«, weil auf beiden Seiten anerkannt wird: *»Es funktioniert nicht mehr. Es gibt da eine Grenze, die wir nicht überwinden konnten. Dabei gibt es keine Schuldigen. Jeder von uns übernimmt für seinen Teil die Verantwortung und respektiert dabei auch den Teil des anderen.«*

Das bedeutet nicht, dass Konflikte oder Herausforderungen in intakten Beziehungen vollständig vermieden werden können, denn Konfrontationen sind alltäglich. Sie gehören dazu, in einer »gesunden Familie« tauchen bis zu 22 Konflikte pro Tag auf. Einzig und allein schon deshalb, weil unterschiedliche Charaktere und Persönlichkeiten aufeinandertreffen. Aber die Art und Weise, wie wir mit ihnen umgehen, entscheidet über die Qualität des Miteinander. Geduld, Mitgefühl und die von Gottman ausgearbeitete Kommunikationstechnik schaffen ein starkes Fundament, um Differenzen gemeinsam zu bewältigen. An dieser Stelle sei aber eines klar und deutlich gesagt: Die Notwendigkeit, Veränderungen in einer Beziehung anzustreben, bedeutet keinesfalls, dass du Gewalt, Misshandlung oder toxisches Verhalten tolerieren solltest. In solchen extremen Situationen ist es von entscheidender Bedeutung, sofort professionelle Hilfe in Anspruch zu nehmen und Maßnahmen zum Schutz deiner Sicherheit zu ergreifen. Deine körperliche und emotionale Unversehrtheit hat oberste Priorität, und es ist unerlässlich, sich an entsprechende Fachleute zu wenden, um Unterstützung zu erhalten. Wir werden in einem späteren Kapitel noch genauer auf die Persönlichkeitsstrukturen eingehen, die sich unglaublich schwer mit Veränderungen tun, meist wenig Hilfe suchen und ihre eigenen emotionalverkümmerten Affen auf die Schultern ihrer Mitmenschen abladen. Dort erfährst du, wie du diese Persönlichkeiten von jenen unterscheiden kannst, bei denen sich dein Investment an Zeit, Kraft und Energie lohnt.

Doch warum fühlen sich gerade Frauen in Partnerschaften, die ihnen häufig nicht guttun, trotzdem so verantwortlich?

Kapitel 8

UNTER DEM ZIRKUSZELT

Unsere moderne Welt ist ein schier endloser Strom aus Verpflichtungen und Verantwortlichkeiten. Ob im Beruf, in der Familie oder in globalen Angelegenheiten – es scheint, als ob wir ständig von Pflichten umgeben wären. Etwas, das die moderne Welt so an sich zu haben scheint. Mitgefangen, mitgehangen? Was steckt dahinter, dass einige von uns sich mehr als andere für alles verantwortlich fühlen? Das kann doch nicht nur an dem Erziehungsstil unserer Eltern, der Angst vor Ablehnung oder tief verwurzelten Glaubenssätzen liegen? Immerhin gibt es auch genügend Menschen, die sich täglich abmühen und wirklich alles dafür tun, um sich nicht mehr für alles verantwortlich zu fühlen – und trotzdem gelingt es nicht. Das kann nicht nur frustrierend, sondern auch sehr zermürbend werden. »*Was stimmt bloß nicht mit mir?*« ist eine Frage, die uns nachts wachhalten kann und unseren Selbstwert noch mehr in den Keller treibt. In diesem Kapitel werden wir deshalb die körperlichen und neurologischen Faktoren beleuchten, die dazu führen können, dass wir uns zu viel aufladen. Die Wissenschaft hat hier einige spannende Erklärungen zu bieten, die tief in unserem Gehirn verwurzelt sind.

Warum kümmern wir uns eigentlich? Die Ursprünge unseres Verantwortungsgefühls

Du kannst dir dein Gehirn wie das Kontrollzentrum für die Beleuchtung und Toneffekte in deinem Zirkuszelt vorstellen. Ein entscheidender Bereich in diesem komplexen System ist der präfrontale Kortex, der Chef, der Entscheidungen trifft und in die Zukunft blickt. Ein gesunder präfrontaler Kortex ermöglicht es uns, Konsequenzen unseres Handelns abzuwägen und in unsere Entscheidungen einzubeziehen. Außerdem ist er dafür verantwortlich, dass wir unsere Impulse kontrollieren und unsere Emotionen regulieren können. Er ist in gewisser Weise der Zirkusdirektor unseres sozialen Verhaltens. Menschen mit einem gut funktionierenden präfrontalen Kortex sind in der Lage, langfristige Ziele und Auswirkungen zu berücksichtigen, anstatt sich nur von unmittelbaren Belohnungen ködern zu lassen. Sie haben ein besseres Verständnis dafür, wie ihre Handlungen sie selbst und andere beeinflussen. Sie wissen, dass das permanente Jasagen an die persönlichen Ressourcen gehen kann und erschöpft. Ihnen fällt es deutlich leichter, übermäßige Bitten anderer abzulehnen, weil sie *merken, realisieren* und *spüren,* wann es ihnen zu viel wird. Das bedeutet: Sie nehmen die Überforderung durch konkrete Anzeichen wahr und sind anschließend in der Lage, sie richtig einzuordnen und entsprechend auf die Stopptaste zu drücken.

Schauen wir uns das anhand eines konkreten Alltagsbeispiels an: Dein Terminkalender ist bereits prall gefüllt, aber ein Freund bittet dich, ihm beim Umzug zu helfen. Dein präfrontaler Kortex sagt dir, dass du eigentlich keine Zeit hast, aber dein Herz sagt, dass du deinem Freund helfen möchtest. In den meisten Fällen wirst du in der Lage sein, diese Entscheidung gut zu treffen und deinen zeitlichen Rahmen gesund abzustecken. Was aber, wenn diese scheinbar kleine Bitte des Freundes so intensiv an dir nagt wie ein ausgehungerter Hase an einer Karotte? Was, wenn Schuldgefühle deine ständigen Begleiter sind oder du einfach nicht wahrnimmst, wenn es zu viel wird?

> ***Die Unfähigkeit, Nein zu sagen und Entscheidungen mit Bedacht zu treffen, geht weit über eine einfache Frage der Willenskraft oder des persönlichen Glaubens hinaus!***

Zahlreiche wissenschaftliche Forschungen zeigen auf, dass die biologische und neurologische Verfassung eines Menschen, insbesondere die Gesundheit und Funktion seines präfrontalen Kortex, eine erhebliche Rolle bei diesen Verhaltensweisen spielen. Personen, deren präfrontaler Kortex beschädigt ist, können tatsächlich Schwierigkeiten haben, impulsives Verhalten zu kontrollieren oder Entscheidungen zu treffen, die ein Aufschieben von Bedürfnissen oder Wünschen erfordern.

Die Fähigkeit, gesunde Grenzen zu setzen und Bedürfnisse wahrzunehmen, ist eben nicht nur und ausschließlich eine Frage der mentalen Einstellung, des so oft erwähnten »Mindsets«, sondern auch eine der körperlichen Veranlagung. Das bedeutet nicht, dass Menschen von jeglicher Verantwortung für ihr Handeln freigesprochen werden können. Vielmehr betont es die Notwendigkeit der Anerkennung, dass einige Menschen auf zusätzliche Unterstützung oder therapeutische Maßnahmen angewiesen sind, um ihre Entscheidungsfindung und Impulskontrolle zu verbessern. Es gelingt ihnen alleine nicht. Was genau also passiert im Alltag, wenn dieser innere Regisseur, dein präfrontaler Kortex, nicht so gut funktioniert?

Angenommen, du hast dir fest vorgenommen, gesund

zu essen und auf zuckerhaltige Snacks zu verzichten. Dein präfrontaler Kortex, der deine langfristigen Ziele und Entscheidungen steuert, ist voll und ganz damit einverstanden. Du hast eine klare Grenze gesetzt: kein Zucker mehr! Aber dann, eines Tages, stehst du in der Küche, und deine Augen fallen auf eine Packung köstlicher Schokoladenkekse. Plötzlich übernimmt ein impulsiver Teil von dir die Kontrolle. Du greifst nach einem Keks und nimmst einen großen Bissen, obwohl dein innerer Regisseur dir gerade gesagt hat, dass du das nicht tun solltest. In diesem Moment funktioniert dein präfrontaler Kortex möglicherweise nicht so effektiv, wie du es dir wünschen würdest. Es fällt dir schwer, die langfristigen Konsequenzen (Gewichtszunahme, schlechte Ernährungsgewohnheiten, Gesundheit et cetera) zu berücksichtigen, weil der kurzfristige Genuss des Kekses im Vordergrund steht. Deshalb, weil dein präfrontaler Kortex von impulsiven und belohnungsgetriebenen Gehirnregionen überstimmt wird. Wenn du den Schokoladenkeks siehst, reagiert dein Belohnungssystem im Gehirn sofort, und der kurzfristige Genuss drängt sich in den Vordergrund. Dein präfrontaler Kortex hat in dieser hitzigen Debatte Schwierigkeiten, sich durchzusetzen, weil er von deinem Belohnungssystem lautstark überstimmt wird. Ähnlich geht es uns auch, wenn wir andere durch unser Jasagen glücklich machen. Nicht wenige von uns bekommen einen regelrechten Glücksgefühlsrausch, sobald sie anderen helfen. Sie sind sprichwörtlich süchtig danach, Glückskeks für andere zu sein. Auch das kann in gewisser Weise abhängig machen, so sehr, dass wir über unsere gesunden Grenzen gehen. Häufig hagelt es vom Umfeld oder der Gesellschaft Vorwürfe, wenn Menschen »sich nicht im Griff haben«. Dann heißt es: *»Meine Güte, jetzt bist du eh schon übergewichtig, nimm doch einfach ab und verzichte auf den ganzen Süßkram!«*, oder: *»Um Himmels willen, du bist Mutter von kleinen Kindern, gehst arbeiten, hast keine Hilfe im Haushalt und* *nimmst jetzt auch noch das Ehrenamt im Vorstand der Schule an, was ist los mit dir?«* Aber dieser wenig sensitiven Logik folgt der präfrontale Kortex dann eben nicht. Hier braucht es eine andere Herangehensweise und vor allem viel Milde und Mitgefühl. Denn ein notwendiges und gesundes Nein fällt leider nicht einfach so vom Himmel, sondern will oftmals hart erarbeitet werden!

Achtsamkeitsübungen, Notizen und die Körper-Scan-Technik

Eine Methode, die in der Körperpsychotherapie häufig verwendet wird, ist die Arbeit mit dem Körperbewusstsein und der Körperempfindung, um eine tiefere Verbindung zu den eigenen Bedürfnissen und Grenzen herzustellen. Hier ist eine konkrete Anleitung für die Körperwahrnehmung durch Achtsamkeitsübungen und die Körper-Scan-Technik:

Such dir einen ruhigen und ungestörten Ort, an dem du dich wohlfühlst. Setz dich in eine bequeme Position, entweder auf einem Stuhl oder auf einer Matte. Schließ deine Augen und beginne, langsam und tief zu atmen. Konzentriere dich darauf, wie sich dein Atem in deinem Körper bewegt. Lenke deine Aufmerksamkeit nur auf deine Atmung. Spüre, wie sich dein Bauch beim Ein- und Ausatmen hebt und senkt. Nimm wahr, wie die Luft in deine Lunge strömt und wieder abfließt. Sei ganz im Moment und konzentriere dich anfangs nur auf deinen Atem. Beginne langsam damit, deine Aufmerksamkeit sanft auf deinen Körper zu lenken, angefangen von deinen Zehen bis hin zu deinem Kopf. Spüre jede Region deines Körpers bewusst nach möglichen Anspannungen, Druck oder Unbehagen ab. Achte darauf, wie sich jeder Teil deines Körpers anfühlt, ohne ihn zu bewerten oder zu verändern. Sei einfach präsent und achtsam gegenüber den Empfindungen, die auftreten. Während du deinen Körper scannst, nimm wahr, welche Empfindungen oder Gefühle auftreten. Vielleicht spürst du Hunger, Müdigkeit, Spannungen oder Entspannung. Achte auf diese Signale und betrachte sie als Hinweise auf deine eigenen Bedürfnisse und Grenzen. Wenn du zum Beispiel Spannungen im Nacken spürst, könnte das ein Zeichen dafür sein, dass du eine Pause brauchst oder deine Haltung ändern möchtest. Beende die Übung langsam, indem du deine Aufmerksamkeit zurück zu deinem Atem lenkst. Öffne dann langsam deine Augen und nimm deine Umgebung wieder bewusst wahr. Schau ganz langsam von links nach rechts und orientiere dich im Raum. Atme in deinem Tempo weiter und verschränke, wenn du magst, deine Arme, um deine Schultern zart abzuklopfen. Nimm dir einen Moment Zeit, um zu reflektieren, was du während der Übung bemerkt hast und wie du dich fühlst.

Achtsamkeitsübungen und die Körper-Scan-Technik können regelmäßig praktiziert werden, um die Körperwahrnehmung zu verbessern und ein fundierteres Verständnis für deine eigenen Bedürfnisse und Grenzen zu entwickeln.

Falls eine Körperreflexionsübung für dich im ersten Schritt nicht infrage kommt oder du dich dabei unwohl fühlst, würde ich dir folgende Möglichkeit ans Herz legen: Verdecke für mindestens eine Minute mit der Handfläche dein rechtes Auge und atme dabei tief ein und aus. Wenn du magst, lege auch noch die Spitze deiner Zunge an die oberen Schneidezähne. Diese kurze Übung hilft, dich schnell zu entspannen und dadurch in der Lage zu sein, besser zu fühlen: *»Was brauche ich eigentlich gerade?«*

Eine weitere Übung, die meine Freundin Ilse regelmäßig anwendet, weil sie ihr unheimlich guttut, außerdem den Selbstwert und das Gefühl einer inneren Zufriedenheit steigert, möchte ich dir an dieser Stelle ebenfalls vorstellen: Notiere dir, was du wann getan und erledigt haben willst.

Wir machen täglich so vieles und haben am Ende doch das Gefühl, es reiche nicht aus. Notiere, wann du dich um die Wäsche, den Haushalt, berufliche Belange, die Kinder, das Kochen, organisatorische Telefonate oder Mails, den Garten et cetera gekümmert hast. Am Ende siehst du nicht nur, wie viel Zeit du mit den jeweiligen Tätigkeiten verbringst, sondern auch, was du alles im Laufe eines einzigen Tages erledigt hast. Gerade für Frauen, die »nur zu Hause« sind und das womöglich von ihrem Umfeld vorgehalten bekommen, ist diese Übung sehr effizient, weil sie daraufhin nicht mehr der Versuchung erliegen können, zu meinen, sie würden wirklich »nur zu Hause« und dabei »untätig« sein. Übe dich anschließend bitte darin, die Entspannung zu fühlen, die dadurch entsteht, dass du dir bewusst machst, was du täglich alles leistest.

Spüre nach, welche der vorgeschlagenen Übungen dir guttun und welche nicht. »Nachspüren« klappt, indem du versuchst, wahrzunehmen, wie sich dein Körper anfühlt und welche Gedanken dir während dieser Zeit durch den Kopf gehen. Fühlst du ein Unbehagen, einen Knoten im Bauch oder Hals – dann lasse es lieber. Denkst du die ganze Zeit daran, wie unangenehm die Übung ist, und gelingt dir die Selbstregulation der Gedanken nicht, dann lass bitte auch diese sein. Versuche es mit einer anderen Übung. Es ist möglich, dass das Spüren, wie es dir mit einer Entspannungstechnik geht, bereits eine wichtige Lektion an dieser Stelle für dich ist. Respektiere dabei immer deine eigenen Grenzen und versuche direkt zu Beginn einer Übung wahrzunehmen, wie du dich fühlst. »Funktioniere« dich bitte nicht durch Techniken, von denen du meinst, du müsstest sie praktizieren. Manches Mal ist es einfach nur von Bedeutung, auch an dieser Stelle Nein zu sagen. Ich schlage dir ein paar bewährte Strategien vor, und du entscheidest, welche davon für dich geeignet ist.

Wenn du beispielsweise den Drang verspürst, impulsiv auf etwas zu reagieren, deine Reaktion aber deine langfristigen Ziele gefährden würde, versuche, dir selbst eine Pause von zehn Minuten zu geben. Während dieser Zeit könntest du bewusst über die Konsequenzen deiner Handlung nachdenken. Frage dich: »*Wird es mir wirklich Freude bereiten, meinem Freund beim Umzug zu helfen, obwohl ich keine Zeit habe, eigentlich einen anderen Termin wahrnehmen müsste und sogar schon wegen starker Rückenschmerzen in Physiotherapie gehe? Ist mein Ja hier wirklich sinnvoll?*« In diesen zehn Minuten hat dein präfrontaler Kortex die Gelegenheit, seine Funktion als Zirkusdirektor wieder zu übernehmen und dir dabei zu helfen, eine fundiertere Entscheidung zu treffen. Diese Strategie ermöglicht es, den impulsiven Moment zu überbrücken und eine bewusstere Wahl zu treffen, die besser zu deinen langfristigen Zielen passt. Im täglichen Leben begegnen uns immer wieder solche Momente, in denen unsere Fähigkeit zur Selbstkontrolle auf die Probe gestellt wird. Sieh diese Situationen als Anlass, effektive Werkzeuge und Techniken zu erlernen, um besser mit dringenden Anforderungen oder Stress umzugehen und deine eigenen Grenzen erfolgreich zu setzen. Aber bitte nur jene, die dir auch wirklich guttun und ein Gefühl des Wohlwollens in dir auslösen.

Sobald du fühlst, dass du mit einer Aufgabe oder Bitte überfordert bist, empfehle ich dir, dich kurz aus der Situation zu nehmen und dein Gegenüber um Bedenkzeit zu bitten. Auch wenn wir in einer immer hektischeren Zeit leben und die Reaktionszeiten erwartungsgemäß immer kürzer werden, dürfen wir uns eine kurze Denkpause zugestehen, um in Ruhe abzuwägen.

Herr Direktor, wir haben ein Problem: Wenn die Schaltzentrale einen Defekt hat

Ist der präfrontale Kortex hingegen dauerhaft geschädigt, kann dies unangenehme, teils sogar sehr schwerwiegende Auswirkungen auf unser Verhalten, die Fähigkeit der Selbstregulation und unser Verantwortungsbewusstsein haben. Trotz der angebotenen Übungen und Therapien haben wir in diesem Fall weiterhin das Gefühl, die »Kontrolle« über uns verloren zu haben.

Ein häufiger Grund für Schäden im präfrontalen Kortex sind traumatische Hirnverletzungen, wie sie beispielsweise bei Autounfällen, Stürzen oder Sportverletzungen auftreten können. Diese können zu Hirnblutungen, Schädel-Hirn-Traumata und anderen Formen von Hirnschäden führen, die den präfrontalen Kortex beeinflussen können. Auch exzessives Headbanging kann sich negativ auf die Fähigkeit, sinnvolle Entscheidungen zu treffen, auswirken. Ich habe dazu vor vielen Jahren mit dem Hirnforscher Daniel Amen gesprochen, der untersucht hat, wie sich Schäden im präfrontalen Kortex auswirken können. Er war selbst erstaunt, festzustellen, dass gerade »Headbanger« häufig unter einer Dysfunktion dieses Teils des Gehirns litten.

Bestimmte neurologische Erkrankungen und psychische Störungen können ebenfalls den präfrontalen Kortex beeinträchtigen. Beispiele hierfür sind Schlaganfälle, Alzheimer- oder Parkinsonkrankheit, Schizophrenie und bipolare Störung. Bei bipolaren Störungen (früher auch häufig »manisch-depressiv« genannt) können Veränderungen im präfrontalen Kortex zu den charakteristischen Schwankungen der Stimmung, der Energie und des Aktivitätsniveaus beitragen. Viele Menschen, die an einer bipolaren Störung leiden, haben beispielsweise Probleme damit, ihre Impulse zu kontrollieren. Sie können zum Beispiel nicht Nein sagen, wenn es darum geht, etwas Unnötiges zu kaufen, und laufen Gefahr, sich zu verschulden.

Der übermäßige und vor allem regelmäßige Konsum von Alkohol und Drogen kann ebenso dazu beitragen, das Gehirn zu schädigen, einschließlich des präfrontalen Kortex. Suchtmittel können Entzündungen im Gehirn verursachen und zu Beeinträchtigungen der neurologischen Funktionen führen. In der Folge können diese es den Konsumenten stark erschweren, ihre Impulse zu kontrollieren und ihre Emotionen zu regulieren. Sie sind stärker reizbar und agieren häufig irrational.

Auch Infektionen des Gehirns oder des zentralen Nervensystems können Schäden am präfrontalen Kortex verursachen. Dies kann beispielsweise bei einer Meningitis der Fall sein. Tumore im Gehirn, insbesondere solche, die sich im Nahbereich des präfrontalen Kortex befinden, können die Funktion dieses Hirnbereichs ebenso beeinträchtigen, indem sie gesundes Hirngewebe komprimieren oder zerstören. Und schließlich können auch genetische Veranlagungen dazu führen, dass bestimmte Erkrankungen auftreten, die den präfrontalen Kortex betreffen. Diese genetischen Faktoren können das Risiko für bestimmte neurologische Erkrankungen erhöhen.

Auswirkungen von Präfrontalen-Kortex-Schäden können sich etwa in irrational-spontanem Verhalten zeigen. Die Betroffenen können dazu neigen, stark impulsiv-gesteuert zu handeln, ohne die langfristigen Konsequenzen zu berücksichtigen. Auch die Fähigkeit, Emotionen zu kontrollieren und angemessen auf sensorische Reize zu reagieren, kann beeinträchtigt sein, ebenso wie das Vermögen, Aufgaben zu planen und zu organisieren, was häufig zu Problemen im Alltag führt. Alle Auswirkungen haben eines gemein: Den Patienten fällt ein gesundes Neinsagen schwer.

Diese Informationen musst du vermutlich erst verdauen. Entweder deshalb, weil du selbst betroffen bist oder ein dir nahestehender Mensch. Oder weil du womöglich an Menschen und Erlebnisse aus deiner Vergangenheit denkst, deren Verhaltensweisen du womöglich damals verurteilt oder hart kritisiert hast, und jetzt erst verstehen kannst, was womöglich dahintergesteckt haben könnte. Die Hintergründe gewisser Verhaltensweisen zu verstehen, ermöglicht es uns häufig erst, mitfühlend mit uns und anderen zu sein. Wir werden uns in einem späteren Kapitel ansehen, wie wir mit Menschen umgehen können, deren präfrontaler Kortex nicht so arbeitet, wie er sollte.

Das zirkuseigene Spiegelkabinett – Weitere Faktoren im Gehirn, die unser Verantwortungsbewusstsein beeinflussen

Vielleicht hast du schon einmal etwas von den *Spiegelneuronen*, einer Art internem sozialen Netzwerk in unserem Gehirn, gehört. Diese Neuronen ermöglichen es uns, andere zu beobachten und von ihnen zu lernen. Wenn du daran denkst, dass du jemanden stolpern siehst, reagieren deine Spiegelneuronen, und plötzlich kannst du fast fühlen, wie es ist, selbst zu stolpern. Du wirst intuitiv zu dieser Person gehen und ihr helfen. Auch wenn ein Baby weint, springen die Spiegelneuronen einer gesunden Person an. Wir fühlen am eigenen Leib den Schmerz des Babys und möchten es instinktiv auf den Arm nehmen und trösten. Solidarität unter Menschen ist somit in gewisser Weise von der Natur angelegt worden, um den Bestand der Spezies aufrechtzuerhalten. Aber wir können uns diesen natürlichen Impuls durch Bildung, soziale Faktoren und Manipulation, Druck, Strafe oder Gruppenzwang auch in gewisser Weise »abtrainieren«, und das wurde in der Vergangenheit, besonders in den beiden Weltkriegen, auch häufig getan. Das Gegenteil kann natürlich ebenso der Fall sein. So kann durch positive Ermutigung die Entwicklung von Empathie und Hilfsbereitschaft auch verstärkt werden. Manche Menschen sind besonders sensibel und hochempathisch, für sie ist es übermäßig anstrengend und sehr herausfordernd, sich abzugrenzen. Sie »fühlen« das Leid des anderen am eigenen Körper und möchten es lindern, auch damit sie selbst entlastet sind.

Neuronen spielen eine wesentliche Rolle bei der Entwicklung von Empathie und dem Verständnis dafür, wie unsere Handlungen andere beeinflussen. Aber auch unsere Amygdala, das Gefühlszentrum unseres Gehirns, hat ein Wörtchen mitzureden. Die Amygdala, ein Teil unseres limbischen Systems, hilft uns, emotionale Signale wahrzunehmen und darauf zu reagieren. Wenn wir uns übermäßig verantwortlich fühlen, ist das oft so, weil unsere Amygdala uns die emotionalen Konsequenzen unserer Handlungen spüren lässt. Wenn du zum Beispiel die Bitte eines Freundes ablehnen musst, könntest du dich schuldig oder unwohl fühlen, da du befürchtest, deine Entscheidung könnte ihn enttäuschen. Dieses Gefühl wird von deiner Amygdala vermittelt. Studien zeigen, dass Menschen, bei denen dieser Bereich des Gehirns geschädigt ist, etwa durch Verletzungen, Traumata oder Infektionen, Schwierigkeiten haben, soziale Signale zu verstehen, was sich negativ auf ihr Verantwortungsbewusstsein, auch sich selbst gegenüber, auswirken kann. Aber auch Menschen, deren Darm stark belastet ist, können ein Problem damit haben, Grenzen zu setzen. Sie »fangen« sich jede Krankheit ein, weil ihr Immunsystem nicht mehr richtig funktioniert, und können sich oft gegenüber Menschen schwerer abgrenzen. Der Darm und das Gehirn sind über die Darm-Hirn-Achse eng miteinander verbunden. Eine Dysfunktion des Darms kann zu einer Beeinträchtigung der Produktion und Regulierung von Neurotransmittern führen, die für die Stimmung und das emotionale Wohlbefinden wichtig sind. Das wiederum kann zu vermehrtem Stress, Angst oder depressiven Verstimmungen führen. Ein gestörter Darm kann aber auch chronische Entzündungen im Körper hervorrufen. Chronische Entzündungen können nicht nur das Immunsystem belasten, sondern ebenso die allgemeine körperliche und psychische Belastbarkeit verringern. Das kann zur Folge haben, dass betroffene Personen sich überfordert fühlen und Schwierigkeiten haben, ihre eigenen Bedürfnisse durchzusetzen und Grenzen zu setzen. Hier ist es wichtig, den Körper zu stärken und ärztlichen Rat in Anspruch zu nehmen.

Und schließlich, wie könnte es anders sein, beeinflusst noch die Chemie in unserem Gehirn unser Verantwortungsgefühl. Unsere Biochemie und Hormone spielen eine entscheidende Rolle bei der Art und Weise, wie wir soziale Verantwortung wahrnehmen und darauf reagieren. Dopamin zum Beispiel ist ein entscheidender Neurotransmitter, der eine wichtige Rolle bei der Belohnung und Motivation spielt. Es beeinflusst, wie wir Entscheidungen treffen, welche Risiken wir eingehen und wie wir uns fühlen, wenn wir Belohnungen erwarten oder erhalten. Wenn es um das Setzen gesunder Grenzen und das Neinsagen geht, kann der Dopaminspiegel eine essenzielle Rolle spielen. Das kann sogar so weit gehen, dass jemand aufgrund eines zu hohen Dopaminspiegels sein gesamtes Vermögen an einen anderen verleiht, weil er sein Gegenüber nicht enttäuschen kann und »süchtig« nach der Belohnung – der Freude seines Mitmenschen – wird. Das Neinsagen kann schier unmöglich werden. Es »muss« Ja gesagt werden, um die eigene Zufriedenheit zu erleben – koste es, was es wolle. Den Gang zum Spezialisten, in diesem Fall zu einem Endokrinologen, sollte jemand, der sich wirklich schwer damit tut, gesund Grenzen zu setzen, auf jeden Fall nicht scheuen.

Forschungen haben auch gezeigt, dass Frauen und Männer aufgrund ihrer unterschiedlichen hormonellen

Profile anders gelagerte Herausforderungen bei der Wahrnehmung und Kommunikation von Verantwortung haben. Frauen erleben im Laufe ihres Lebens ständig hormonelle Veränderungen wie den Menstruationszyklus, Schwangerschaft, Geburt und die Wechseljahre. Diese Veränderungen können Auswirkungen auf die Stimmung und das emotionale Wohlbefinden haben. Während des prämenstruellen Syndroms (PMS) können Hormonschwankungen beispielsweise dazu führen, dass Frauen sich gereizter oder emotionaler fühlen und sie in Situationen, in denen Verantwortung übernommen werden muss, sensibler oder zurückhaltender agieren. Sie haben dann häufig nicht die Kraft, Nein zu sagen, oder Sorge, sich mitzuteilen. Aber auch die postnatale Depression, unter der circa 10–15 % aller Frauen leiden, findet ihre Ursache in unseren Hormonen. Bei einer postnatalen Depression kann es so weit kommen, dass eine Mutter keine Verbindung zu ihrem Kind aufbauen kann, sich zurückzieht und Gedanken entwickelt, die beinhalten, sich selbst oder dem Kind etwas anzutun. In diesem Fall muss dringend und schnell geholfen und der Hormonhaushalt wiederhergestellt werden, damit Mutter und Kind gesund miteinander leben können.

Als Mama von fünf Kindern habe ich fünf Mal das Wochenbett gehütet und die damit verbundene (nachvollziehbare) Neugier meiner Verwandten an dem Neugeborenen erlebt. Dennoch war es mir ein großes Bedürfnis, die ersten paar Tage einfach nur in Ruhe mit meinem Baby die Geburt zu verarbeiten, es willkommen zu heißen und mich nicht um die Belange anderer kümmern zu müssen. Ich war deshalb sehr dankbar, dass mir mein Partner das Grenzensetzen an der Tür abgenommen hat und ich mich einfach von der Geburt erholen konnte. Die Verwandten durften sich ruhig etwas in Geduld üben und wir gemeinsam langsam wieder im Alltag ankommen. Gerade in solchen Momenten wird nicht selten mit dem »schlechten Gewissen« gespielt und damit das frischgebackene Elternpaar an seine emotionalen Grenzen manövriert. »*Aber ich bin doch schon so neugierig auf euer Kind und habe so lange auf die Geburt gewartet, ich komme doch nur kurz vorbei und bleibe nicht lange, versprochen!*«, oder: »*Aber ich bin doch die Oma, ihr müsst mir doch erlauben, euch zu besuchen!*« Ja, das kann natürlich ein nachvollziehbarer Punkt sein, und die Argumentation ist auch verständlich, aber wenn die Kraft fehlt, weil die Hormone verrücktspielen, und diese kostbare erste Zeit einfach nur im engsten Familienkreis genossen werden möchte, muss das respektiert werden. Da gibt es kein Wenn und Aber, sondern nur ein: So-ist-es-eben. Wir können erwachsenen Verwandten ruhig zutrauen, Grenzen zu respektieren und sich mit Gegebenheiten abzufinden.

Das Ziel dieses Kapitels ist, ein tieferes Verständnis für diverse körperliche und biologische Faktoren zu entwickeln, um Frauen und Männern gleichermaßen zu helfen, ihre Fähigkeit zur Selbstregulierung und Verantwortungsübernahme zu stärken und Versagens- und Schuldgefühle zu nehmen. Wenn ich mich kenne und weiß, wer ich bin und wie mein Körper funktioniert, warum sollte ich dann noch am Selbst zweifeln? Doch bis dahin ist es für den Großteil von uns ein langer Weg, der uns in erster Linie dazu auffordert, geduldig und milde mit uns und den biologischen Vorgängen in uns zu sein.

Kapitel 9

DAS ERBE ALTER AFFEN – WIE VERGANGENE GENERATIONEN UNSERE GEGENWART BEEINFLUSSEN

In diesem Kapitel steigen wir richtig tief in die Psychologie ein. Das kann an der ein oder anderen Stelle irritieren, aber womöglich auch die Antwort sein, nach der du schon so lange gesucht hast. Du hast vielleicht schon einmal davon gehört, wie Ereignisse aus der Vergangenheit, wie etwa der Zweite Weltkrieg, bis in die Gegenwart hineinwirken können. Aber hast du dich jemals gefragt, wie genau das passiert? Die Antwort ist: transgenerationale Vererbung. Sie fußt auf der Idee, dass Merkmale oder Erfahrungen, die von einer Generation an die nächste weitergegeben werden, nicht nur durch genetische Vererbung, sondern auch durch Umweltfaktoren und Verhaltensweisen übertragen werden können. Einige Studien haben gezeigt, dass Erlebnisse und Expositionen früherer Generationen sogar die Gesundheit und das Verhalten der nachfolgenden Generationen beeinflussen können! Zum Beispiel wurden Zusammenhänge zwischen erlittenen Traumata von älteren Familienmitgliedern und einem erhöhten Risiko für psychische Störungen bei ihren Nachkommen festgestellt. Aber auch Schuldgefühle oder Ängste, die wir uns selbst eigentlich nicht erklären können, zählen dazu. Unglaublich, nicht wahr?

Wenn deine Großeltern etwa die Schrecken des Krieges erlebt haben, haben sie Bombenangriffe überstanden, geliebte Menschen verloren und unvorstellbare Grausamkeiten gesehen. Vielleicht hast du bemerkt, dass deine Familie eine besondere Sensibilität für bestimmte Themen hat oder dass du selbst manchmal unerklärliche Ängste oder Sorgen verspürst, die scheinbar aus dem Nichts kommen. Vielleicht hast du dich aber auch schon gewundert, wieso die Übernahme von Verantwortung ein spezielles Thema in deiner Familie ist. Vielleicht schwirrt ständig ein Gefühl von *»Ich mach mir Sorgen um dich«* als leise Botschaft durch die Familiendynamik. Das könnte alles Teil der transgenerationalen Vererbung sein.

Es gibt dafür verschiedene Erklärungsansätze. Einer davon ist die Idee der *transgenerationalen Traumatisierung*, die besagt, dass Traumata und ihre Auswirkungen durch verschiedene Mechanismen über Generationen hinweg weitergegeben werden können. Zum Beispiel könnten überlebende Eltern aufgrund ihrer eigenen unverarbeiteten Traumata Schwierigkeiten haben, eine sichere und stabile Umgebung für ihre Kinder zu schaffen, was sich wiederum auf deren emotionale Gesundheit und deren Verhalten auswirken kann. Das sogenannte »Rattenpark-Experiment«, welches von Markus Eichmann an der Universität Zürich durchgeführt wurde, zeigt die Auswirkungen von traumatischen Ereignissen auf das Verhalten und die Gesundheit von Ratten über mehrere Generationen hinweg. Das Experiment begann damit, dass Ratten in eine Umgebung gesetzt wurden, in der sie starken Stressoren ausgesetzt waren wie beispielsweise Überbelegung, Nahrungsmittelknappheit und aggressive Artgenossen. Diese Bedingungen führten dazu, dass die Ratten unter starker Anspannung standen und Verhaltensprobleme aufzeigten. Interessanterweise stellte Eichmann fest, dass die traumatischen Erfahrungen der Ratten nicht nur Auswirkungen auf ihr eigenes Verhalten hatten, sondern auch auf das ihrer Nachkommen, welche ähnliche Verhaltensprobleme und Anzeichen von Angst und Stress zeigten, obwohl sie selbst nie direkt den Stressoren ausgesetzt waren. Dieses Experiment liefert wichtige Hinweise darauf, dass traumatische Erfahrungen nicht nur individuelle Auswirkungen haben, sondern auch über Generationen hinweg weitergegeben werden können. Nicht nur bei Ratten, sondern auch bei uns Menschen.

Nehmen wir zum Beispiel Peter. Er fühlte sich oft von Schuldgefühlen geplagt, die ihn belasteten, ohne dass er genau wusste, woher sie kamen. Während einer systemischen Therapie entdeckte er, dass diese Schuldgefühle tief in der Familiengeschichte verwurzelt waren. Es stellte sich heraus, dass sein Großvater während des Zweiten Weltkriegs schwere traumatische Erfahrungen gemacht hatte, die ihn zeitlebens belastet haben. Diese Traumata wurden zwar nie direkt an Peter weitergegeben, aber die emotionalen Auswirkungen durchdrangen die Familie auf subtile Weise. Der Großvater war häufig nicht ansprechbar, die Großmutter überlastet und die Mutter von Peter überaus ängstlich. Peter hatte von klein auf Ängste, die er sich nicht erklären konnte. Er fühlte sich unterschwellig stets schuldig, hilflos und klein. Seine Familie, die ebenfalls unbewusst unter den Erlebnissen des Großvaters litt, konnte dies nicht adäquat auffangen. Peter erkannte, dass seine Schuldgefühle in gewisser Weise ein Echo dieser vergangenen Traumata waren, die sich über Generationengrenzen hinweg fortgesetzt hatten.

Peters Geschichte illustriert die erstaunliche Art und Weise, wie Erfahrungen und Emotionen von einer Generation auf die nächste übertragen werden können, ohne dass sich die Beteiligten dessen bewusst sind oder das Trauma selbst erlebt hätten. Sie zeigt aber auch die Bedeutung der systemischen Therapie, die dazu beitragen kann, solche latenten Zusammenhänge ans Licht zu bringen, und damit den Weg zu Heilung und Verständnis ebnen kann. Die Vergangenheit verschwindet nicht einfach, sondern lebt in gewisser Weise in uns allen weiter. In meinem Buch mit dem durchaus provokanten Titel *»Das Kind in mir kann mich mal«* beschreibe ich mögliche Lösungsansätze für dieses Phänomen. Einer davon ist, bewusst zu lernen, im Hier und Jetzt statt im Dort und Gestern zu leben und klar zu deklarieren: *»Ich bin ich. Ich lebe mein Leben und ihr (Ahnen) habt euer Leben gelebt. Das waren eure Erlebnisse, nicht aber meine! Ich gehe meinen eigenen Weg und öffne mich im Heute für meine eigenen Erfahrungen.«* Indem uns bewusst wird, dass wir uns auch innerhalb transgenerationaler Traumata abgrenzen können, schaffen wir einen neuen Raum der Möglichkeit des eigenen Erlebens. Wir müssen nicht auch noch die Affen der Alten mit uns herumschleppen.

Du kennst sicherlich den Satz: *»Ich trete in die Fußstapfen meiner Eltern.«* Damit beschreiben wir meist berufliche Werdegänge. Aber wenn du diesen Satz als Blaupause auf den Hintergrund von transgenerationalen Traumata legst, erlangt er weitaus größere Dimensionen. Er bezieht sich auf Erfahrungen, Erlebnisse und Empfindungen. Manche Kinder fühlen sich selbst im Erwachsenenalter auf unerklärlich ungesunde Weise mit ihren Eltern verbunden und für sie verantwortlich. Sie könnten unbewusst meinen: *»Mama, Papa, ich kann euch nur nahe sein, wenn ich dasselbe Leben wie ihr weiterführe.«* Dieser Satz ist von großer Bedeutung, weil er weitreichende Auswirkungen auf die Person haben kann. Du hast bereits gelernt, dass Nähe und Verbundenheit Grundbedürfnisse von uns allen sind. Somit streben Kinder von Geburt an danach, sich ihren Eltern nah und verbunden zu fühlen. Das geschieht dann auf gesunde Weise, wenn sich ihre Eltern wie Vorbilder verhalten, die nachahmenswert sind. Gelingt das aus diversen Gründen aber nicht, verbinden sich Kinder auf ungesunde Weise mit ihren Eltern. Vor allem dann, wenn Eltern recht distanziert waren, das Kind keinen emotionalen Zugang zu ihnen erhalten hat oder sie unter unbehandelten psychischen Krankheiten, Süchten und Abhängigkeiten gelitten haben. Es sagt sich: *»Ich lebe wie du, damit ich dir endlich nahe sein kann!«* Es ertappt sich womöglich Mitte 40 dabei, auch mit einem Trinker verheiratet zu sein (wie die Oma damals) oder immer beruflich eingespannt und emotional unnahbar für die eigenen Kinder zu sein (wie Onkel Rudi).

Transgenerationale Vererbung kann sich auf vielfältige Weise manifestieren und ist dadurch ein extrem spannendes Phänomen. Solltest du unliebsame Verhaltensweisen bei dir feststellen, für die du keine Erklärung finden kannst, reise in deine Vergangenheit zurück und versuche, etwas über deine Familiengeschichte herauszufinden, denn transgenerationale Vererbung könnte eine mögliche Ursache dafür sein. Und keine Sorge, es gibt zahlreiche Lösungen für dieses komplexe Phänomen. Ich empfehle, dich damit in Begleitung einer gut ausgebildeten Therapeutin oder eines kompetenten Coaches auseinanderzusetzen.

Helga, eine meiner Klientinnen, kritisierte ihren Mann permanent und wusste gar nicht, warum. Ihre Ehe stand auf dem Spiel, weil ihr Mann das so nicht mehr ertragen konnte. Er stellte sie vor ein Ultimatum: *»Entweder du vertraust mir endlich und hörst auf, mich zu kritisieren, oder ich gehe und werde diese Ehe beenden.«* Er liebte Helga, aber die Situation zu Hause war mittlerweile unerträglich für ihn geworden. Also entschied sich Helga, die Verantwortung für ihr Handeln zu übernehmen, und versuchte, mit den Anschuldigungen aufzuhören. Sie besuchte Seminare, las Bücher und ging in Therapie. Sie lernte, konstruktive Kritik zu üben, Ich-Botschaften zu verwenden und ihren Mann nicht mehr persönlich zu beleidigen oder zu beschuldigen. Doch sie ertappte sich nach einiger Zeit immer wieder dabei, ihn trotz der angedrohten Scheidung und des erlernten Wissens harsch und ungerechtfertigt anzugreifen. Als er kurz davor war, sie zu verlassen, rief sie mich an. Innerhalb einer systemischen Aufstellung wurde ihr bewusst, dass ihre Großmutter ihren Mann im Krieg verloren hatte. Die Oma war ihr Leben lang wütend auf ihren Mann gewesen, weil er sich geweigert hatte, mit ihr und den gemeinsamen Kindern zu Beginn des Krieges in die Schweiz zu ihrer Schwester zu gehen, und stattdessen entschieden hatte, in Deutschland zu bleiben. Sie hatte so eine große Wut auf ihn, weil er sie und die Kinder aus ihrer Sicht im Stich gelassen und sein Leben in einem sinnbefreiten Krieg geopfert hatte. Das konnte sie ihm nie verzeihen und dieses Gefühl trug sie ihr ganzes weiteres Leben mit sich. Während der Aufstellung wurde Helga bewusst, dass sie sich stets latent unsicher bei ihrem Mann fühlte und ihn deshalb so häufig kritisierte, um ihn, wie sie es ausdrückte, »nicht zu verlieren«. Sie übernahm unbewusst eine ähnliche Rolle wie ihre Großmutter. Dieser war es nicht gelungen, die Entscheidungen ihres Mannes zu kontrollieren. Helga wollte diesen Fehler nicht begehen.

Kritik hat sehr viel mit Kontrolle zu tun. Wenn wir jemanden kritisieren, versuchen wir, uns die Kontrolle über diesen Menschen zu sichern. Helga wollte mithilfe harscher Kritik ihren Mann kontrollieren, wusste aber bewusst gar nicht, warum. Bis zu der systemischen Aufstellung. Jetzt erkannte sie, dass sie unbewusst die Erfahrungen und somit auch die Ängste und die Wut ihrer Großmutter übernommen hatte. Sie hätte noch so viele Kurse in gewaltfreier Kommunikation machen können, hätte dadurch jedoch lediglich ihre Verstandesebene, nicht aber ihr emotional gefangenes Ich erreicht, das sich mit der Großmutter über ein transgenerationales Trauma verbunden hatte.

Wenn wir wie Helga die Traumata oder Verantwortlichkeiten anderer übernehmen, fühlt sich das wie eine Last, eine Bürde, ein unnötiges Gewicht an, das wir mit uns herumschleppen. Das Zurückgeben der Verantwortlichkeiten in Form der »Bürde« kann schwer sein. Helga ist es gelungen, und sie konnte sich dadurch endlich sorgenfrei auf ihre Partnerschaft einlassen. Wie genau hat Helga das geschafft? Folgende Sätze stellten für sie die Befreiung dar: »*Oma, schau, das ist dein Schicksal, deine Bürde. Das hat nichts mit mir zu tun. Das gebe ich dir in Würde zurück. Ich gehe meinen Weg, du bist den deinen gegangen, und das soll und darf so sein.*« Dieses Bewusstsein, zusammen mit dem neu erlangten Wissen, verhalf ihr letzten Endes, wieder tief durchzuatmen und ihre Ehe zu retten. Nach und nach konnte sie ihrem Mann mehr Vertrauen schenken und sich emotional immer besser fallen lassen.

Du könntest nun fragen: »*Was genau ist denn eine Bürde und wie kann das Zurückgeben einer solchen befreiend wirken?*« Du kannst dir eine Bürde wie eine Art Stein verbildlichen. Dieser Stein liegt mit unzähligen anderen in unterschiedlicher Größe auf dem Lebensweg, und sie alle werden in der Regel von uns selbst eingesammelt, zur Seite gelegt, kreativ neu verwertet oder einfach übersprungen. Die einzelnen Steine stehen für Herausforderungen, Sorgen, Ängste, belastende Aufgaben, Schicksalsschläge oder Traumata. Menschen, die mehr Verantwortung übernehmen, als sie eigentlich sollten oder können, sind »Bürden-Sammler«. Sie sind entweder der tiefen Überzeugung: »*Ich kann es besser tragen als du. Komm, gib ruhig her!*«, oder: »*Ich bin hier, um deine Bürde zu tragen. Das ist meine Lebensaufgabe.*« Die beiden Zugangsweisen sind von bedeutendem Unterschied. Denn die einen übernehmen bewusst die Aufgaben und Affen der anderen, weil sie überzeugt sind, dass sie besser mit ihnen umgehen können, und die anderen reduzieren sich auf die Rolle des Opfers, das dazu geboren wurde, die Verantwortlichkeiten der anderen zu tragen.

Bürden-Sammler sehen Bürden, packen sie und tragen diese mit sich herum. Vielleicht räumen sie sie auch zur Seite und sagen dann ganz stolz: »*Schau mal, mir ist es gelungen, deine Bürde zu meistern!*« Das klingt erst einmal so, als gäbe es etwas zu feiern. Aber lass mich eines klarstellen: Es gibt einen wesentlichen Unterschied zwischen »*Ich bin dir zur Seite gestanden, als du deine Probleme gelöst hast*« und »*Ich habe deine Probleme für dich gelöst!*«. Im ersten Fall sind wir wertvolle Wegbegleiter, ohne den Beitrag oder die Fähigkeit des anderen, seine eigenen Probleme bewältigt zu haben, abzuwerten. Letzteres aber untergräbt die Autonomie und Selbstwirksamkeit des anderen und führt dazu, dass er sich abhängig und unselbstständig fühlt. Häufig möchten Bürden-Sammler anschließend auch noch Lob. Sie verhalten sich wie ungehorsame Welpen, die das Leckerli aus deiner Tasche klauen und dafür gestreichelt werden wollen.

Ab und an treten sie sogar recht überheblich in Konkurrenz zu dir, dem Leben, Gott und dem Schicksal und sagen: »*Ich kann es besser als ihr alle! Seht nur her, ich zeige euch, dass für mich nichts zu schwer ist!*« Solch eine Überheblichkeit und Übergriffigkeit erntet natürlich nicht nur Lob und Bewunderung, sondern auch Wut und Ärger. Denn, wenn wir ehrlich sind, sind es nicht die selbst gemeisterten Bürden, die uns mit Selbstvertrauen, gesundem Stolz und Freude erfüllen? Denk an deine eigene Vergangenheit. Erinnerst du dich an ein Erlebnis, das einem großen Stein am Weg glich, aber durch dein Wirken in feinen Sand aufgelöst werden konnte? Im Grunde will jeder Mensch über seine Steine selbst entscheiden. Wir wollen selbst bestimmen, ob wir uns alleine oder mithilfe achtsamer Mitmenschen darum kümmern. Deshalb sind Bürden-Sammler in gewisser Weise auch Räuber. Sie berauben ihre Mitmenschen der Erfahrung: *»Ich habe diese Bürde gemeistert und bin daran gewachsen!«* Häufig argumentieren Bürden-Sammler ihr Handeln mit folgendem Satz: *»Ich habe es doch nur gut gemeint!«* Manchmal schließen sie ihre Argumentationskette noch mit dem Satz: *»Du solltest mir eigentlich dankbar sein!«* Sie verstehen nicht, dass sie ihr Gegenüber durch das übergriffige Handeln entmündigen und abwerten. Bürden-Sammler können mitunter recht toxisch sein. Ihre Überzeugung, alles besser (er-)tragen und lösen zu können, stellt im Grunde aber eine große innere Not dar, denn diese Menschen werden im Grunde stets Gefangene ihrer eigenen Fehlannahme sein.

Die Wahrheit ist: Nichts und niemand ist größer als die eigene Bestimmung, das eigene Schicksal und niemand kann die Bürde besser tragen als du selbst. Das ist eine notwendige und wertvolle Erkenntnis auf dem Weg zur Verantwortung. Wir sind durch jeden Schicksalsschlag dazu aufgefordert, eine Lösung zu finden. Selbstverständlich kann die Lösung sein, sich Hilfe und Unterstützung zu suchen. Sie kann aber auch bedeuten, dass wir über uns und unsere Probleme hinauswachsen, uns weiterentwickeln, die Verantwortung übernehmen und dadurch die Muster transgenerationaler Traumata durchbrechen. Bürden laden uns dazu ein, zu verstehen, dass wir den Ausgang unseres Schicksals stets selbst in der Hand haben und uns nicht zum Opfer der Umstände machen. Manche Bürde löst sich durch Verständnis auf. Andere durch Vergebung. Als Teenagerin habe ich Altgriechisch in der Schule gelernt. Dort wurde uns beigebracht, dass »Vergebung« (aphesis) nichts anderes als »Freilassung« oder »Entlassung« bedeutet. Indem wir den Tätern in unserem Leben, aber auch den Bürden vergeben, lassen wir sie frei und entlassen sie. Wir schicken sie weg. Wir vergessen ihre Taten nicht und heißen sie auch nicht gut, wir schicken sie einfach nur fort. Sich einer Bürde anzunehmen, bedeutet somit auch, zu erkennen: *»Ich bin in der Lage, diese Bürde auch wieder zu entlassen.«* Das gibt uns in gewisser Weise die Macht über das eigene Schicksal zurück.

Wenn die Affen der anderen co-abhängig machen

Gerade Kinder mit depressiven, süchtigen oder sehr leistungsorientierten Eltern wachsen schon sehr jung mit der Annahme auf, sie wären für das Schicksal, das Glück und den guten Ausgang der Krankheit oder Sucht ihrer Eltern verantwortlich. Wir haben zu Beginn dieses Buches bereits darüber gesprochen, steigen jetzt aber tiefer in das Thema ein. Diese Kinder werden in die Rolle der Bürden-Sammler gedrängt, sie tun das nicht freiwillig. Deshalb, weil weder die Eltern ihre Bürden selbst schultern noch sich das Umfeld darum kümmert. Das bedeutet konkret: Wenn Erwachsene nicht die Steine aus dem Weg räumen, müssen das die Kinder übernehmen. Auch das ist ein wesentlicher Aspekt der transgenerationalen Vererbung.

Meine Klientin Sandra arbeitete im Familienunternehmen, das von den Eltern aufgebaut worden war. Sie wurde damals nicht einmal gefragt, ob sie Lust darauf hätte, in das Unternehmen einzusteigen, es wurde einfach vorausgesetzt. Die Mutter, später sehr pflegebedürftig und krank, hielt lange Zeit die Familie, die unter zahlreichen Schicksalsschlägen wie schweren Krankheiten, Todesfällen und Insolvenzen zu leiden hatte, zusammen. Der Vater hielt sich aus allem raus, forderte von seinen vier Kindern aber unbedingte Treue und Mithilfe im Familienunternehmen. Das sorgte auch unter den Geschwistern für große Spannungen. Am Sterbebett »übertrug« die Mutter ihre Aufgabe an ihre

Tochter, indem sie sagte: *»Jetzt musst du dich hier um alles kümmern!«* Sandra wollte eine »gute Tochter« sein und versuchte alles, was sie konnte, aber die Last und Bürde der Mutter waren einfach zu viel. Sie litt an Burn-out und permanenten Schuldgefühlen.

Auszug aus Sandras Tagebuch: Ich habe leider keine Kapazitäten mehr, um »zu verstehen«. Ich schaffe das nicht mehr. Ich habe mich ungemein zurückgenommen in meinen Bedürfnissen. Mein Leben ist ein permanentes Mich-auf-andere-Einstellen, Zurücknehmen und »Verstehen-Müssen«. Die Frage ist: »Wer versteht mich?« Gibt es überhaupt Raum für mich? Habe ich bei irgendjemandem Priorität? Die Antwort muss ich mir selbst geben, ich weiß. Ich muss mir selbst endlich mal die Priorität geben. Das bedeutet: Ich muss endlich mein Umfeld damit konfrontieren, dass ich auch existiere und so etwas wie Wünsche und Bedürfnisse habe. Das bedeutet, ich kann nicht mehr einfach alles schlucken, weil … ich muss endlich für mich auf- und einstehen.

Eltern, die den Raum, die Sehnsüchte, Träume und Wünsche ihrer Kinder nicht achten, schieben die Bürden durch ihr Nichtstun oder aufgrund des Gefühls des eigenen Versagens ihren Kindern zu und teilen dadurch folgende Botschaft mit: *»Hier, kümmere du dich!«* Die Kinder beginnen anschließend damit, sich der Bürden der Eltern anzunehmen und alles daranzusetzen, damit es den Eltern (und ihnen selbst) gut geht. Erinnerst du dich noch an den Begriff der Omnipotenz aus Kapitel 5? Kinder denken: *»Okay, ich übernehme die Bürden, ist dann wohl mein Job.«* Mit dem Versuch, sich genau so zu verhalten, dass die Eltern Heilung finden, zahlen diese Kinder aber einen sehr hohen Preis, jenen ihrer Individualität und gesunden Entwicklung. Diesen Vorgang nennen wir auch *Co-Abhängigkeit.* Co-Abhängigkeit bezieht sich auf ein Muster von Verhaltensweisen, Einstellungen und Gefühlen, die darauf ausgerichtet sind, sich um die Bedürfnisse, Probleme und Emotionen einer anderen Person zu kümmern, oft auf Kosten der eigenen Wünsche und des eigenen Wohlbefindens. Menschen, die co-abhängig sind, haben oft Schwierigkeiten, Grenzen zu setzen, sich von ungesunden Beziehungen zu distanzieren und ihre eigenen Bedürfnisse zu erkennen und gelten zu lassen. Co-Abhängigkeit tritt häufig in Beziehungen auf, in denen eine Person unter einer Sucht, psychischen Erkrankung oder anderen problembehafteten Verhaltensweisen leidet, und die andere Person sich ungesund an diese Person bindet und versucht, deren Probleme zu lösen oder zu kontrollieren. Kinder, die sich in Co-Abhängigkeit befinden, begeben sich in diese Rolle aufgrund der Annahme, sie müssten sich um die Belange der Eltern kümmern, weil sie ansonsten einen großen Nachteil erfahren würden. Sie geben sich sozusagen für das Wenden des Schicksals auf. Aber nicht nur, um das Schicksal ihrer Eltern, sondern auch, um das eigene Schicksal zu wenden. Denn ein Kind weiß instinktiv, dass es bei beispielsweise suchtkranken Eltern weniger gut aufgehoben ist als bei emotional und psychisch gesunden Eltern. Um sein eigenes Schicksal also auch zu verbessern, stellt es sich über die von den Eltern abgelehnten Verantwortungsbereiche und übernimmt diese an deren statt. Das heißt konkret: Ein Kind bemerkt, dass die Eltern »ihren Job« nicht machen (können), und kümmert sich daraufhin um deren Aufgaben. Das führt dazu, dass dieses Kind viel zu früh »erwachsen« werden muss, was es ein Leben lang begleiten kann. Da sich die Eltern nicht ausreichend um es kümmern, lernt es schnell, Verantwortung für die Eltern, aber auch für sich selbst zu übernehmen. Mit viel Arbeit und Mühe erkennt ein co-abhängiges Kind meist erst Jahre später und innerhalb einer Therapie, was da eigentlich passiert ist – in seiner Familie, mit seinen Eltern, mit ihm selbst.

Nun zu einer möglichen Lösung: Es wird höchste Zeit, klar und deutlich zu vermitteln: »*Das ist dein Schicksal. Dein Schmerz. Deine Sucht. Deine Krankheit. Dein Dich-nicht-Kümmern. Ich bin nur das Kind. Ich bin die Kleine, die spielen gehen darf und sich nicht mit diesen Belangen herumschlagen muss. Ich gebe dir nun deine Bürde zurück, denn es ist nicht länger meine Angelegenheit, sondern deine! Ich lebe ab sofort mein Leben nach meinem Maßstab.*« Fühle einmal in diese Sätze hinein und denke anschließend darüber nach. Die meisten reflektieren, dass es sich unheimlich erleichternd anfühlt, sich von den Anforderungen und Bürden anderer zu befreien, und auch Sinn macht, das zu tun!

Diese Sätze fallen aber vielen auch unheimlich schwer. Kinder von Suchtkranken oder stark depressiven Eltern haben selbst als Erwachsene noch oft das Gefühl, sie würden ihre Eltern verraten. Sie fühlen sich schuldig und beschämt, vor allem haben sie aber den Eindruck, ihre Eltern im Stich zu lassen. Dieses Gefühl übertragen sie nicht selten auch auf andere Beziehungen. Sie opfern sich für ihre Partner oder Kinder, Arbeitskolleginnen oder Chefs ebenso auf und laufen Gefahr, in ein saftiges Burn-out zu schlittern. Die Lösung ist, …

- … zu erkennen, was in der Kindheit eigentlich wirklich passiert ist. Nämlich eine enorme emotionale Überforderung.
- … zu vergeben, sprich: Menschen und Bürden freizulassen: »*Ich entlasse dich, Mama, dich, Papa, aus der Rolle der-/desjenigen, der/dem ich zu helfen versucht habe, und entlasse mich ebenso aus der Rolle, dir helfen zu müssen.*«
- … klare Grenzen zu ziehen, indem wir verstehen: »*Ich bin für mein Leben verantwortlich und ihr für das eure.*«

- ★ … zu begreifen, dass das Zurückgeben der Bürde auch bedeutet, jemandem die Würde, sie selbst tragen zu können, zurückzugeben. Dieser Akt ist ein Akt der Liebe und genauso sollte er auch verstanden werden.

Das sind recht anspruchsvolle Schritte, die so leicht umsetzbar klingen, aber jeder, der sich schon einmal in so einer Lage befunden hat, weiß genau, wie schwer es sein kann, die alten Schuhe auszuziehen. Doch im Grunde geht es genau um den Titel des Buches:

> *Euer Zirkus ist nicht der meine. Ich lerne jetzt, wie ich Verantwortung übernehmen kann – für mich und nicht länger für alle anderen, die ihre abgeben!*

Der Zirkusseelsorger hat keine Ordination: Warum ich die Affen der anderen nicht ständig füttern darf

Besonders in Beziehungen, in denen du dich sorgst, dass dein Gegenüber sich nicht ausreichend um seine Angelegenheiten kümmern und dich dadurch in unangenehme Situationen verwickeln könnte, werden »seine Angelegenheiten« oft zu »deinen Angelegenheiten«. Dein Freund scheint ein Händchen dafür zu haben, zweifelhafte Entscheidungen zu treffen, sei es in der Karriere, in Beziehungen oder im Lebensstil. Du möchtest helfen, aber am Ende des Tages sind es »seine Angelegenheiten«. Die Verantwortung für sein Leben und seine Entscheidungen liegt bei ihm, auch wenn du manchmal denkst, er sei auf dem Weg ins Unglück. Warum fällt es uns so schwer, die Entscheidungen unserer Freunde zu respektieren? Nun, das hat viel mit dem Gefühl der Verbundenheit zu tun. Wir wollen, dass unsere Lieben glücklich und in ihren Vorhaben erfolgreich sind, und manchmal geraten wir in den Modus des »übermäßigen Sorgens«. Wir fühlen uns wie Lebensberater, die sie auf den rechten Pfad führen wollen.

Manches Mal betrachten wir aber auch unsere eigenen Erfahrungen und Entscheidungen als universelle Erfolgsrezepte. Wir denken: *»Hey, das hat bei mir super geklappt, also sollte es auch bei dir funktionieren!«* Aber wir vergessen dabei, dass jeder Mensch sein eigenes Abenteuer erlebt, geprägt von individuellen Erfahrungen, Werten und Zielen. Deshalb ist es wichtig, zu begreifen, dass unsere Freunde (by the way auch unsere Kinder, sobald sie Teenager sind) das Recht haben, ihr eigenes Leben zu führen, selbst wenn wir ihre Entscheidungen infrage stellen. Respekt für ihre Autonomie und die Möglichkeit, aus ihren eigenen Erfahrungen zu lernen, sind Grundpfeiler einer jeden Beziehung. Das Angebot, für einen Freund da zu sein und Rat anzubieten, wenn er danach fragt, zeigt unsere Liebe und Unterstützung, ohne die Kontrolle über sein Leben übernehmen zu wollen. Starke und ausgewogene Beziehungen können dann gepflegt werden, wenn individuelle Entscheidungen und Freiheiten akzeptiert werden. Denn schließlich ist das Leben eine Reise, auf der wir gelegentlich auf Wegen unterwegs sind, die für andere vielleicht nicht auf Anhieb Sinn ergeben, aber am Ende Teil unserer einzigartigen Geschichte sind. Lasse deine Freunde ihren eigenen Zirkus spielen und betrachte du als Zuschauer die Show, ohne permanent die Manege zu stürmen. Jeder hat seine eigene Zirkusnummer, seine eigenen Affen und wird bei Bedarf nachfragen, wenn Unterstützung gefordert ist. Und wer weiß, vielleicht entdeckst du dabei einen neuen Blickwinkel für deinen eigenen Zirkus des Lebens.

Sollte dir das nach wie vor schwerfallen, tauchen wir noch einmal in einen tiefer sitzenden Mechanismus ein, den du bereits aus dem vorangehenden Kapitel kennst. Vielleicht denkst du insgeheim: »*Ich kann es aber besser!*«, oder: »*Ich habe keine andere Wahl, ich muss das übernehmen!*«

Tritt, sobald du dich bei diesen Gedanken ertappst, einen Schritt zurück und frage dich:

- ★ Ist das wirklich wahr?
- ★ Kann ich es wirklich besser?
- ★ Gibt es wirklich nur die eine Option, dass ich mich selbst darum kümmere?
- ★ Laufe ich nicht viel mehr Gefahr, zu einem Bürden-Sammler und somit zu einem Räuber zu werden?
- ★ Beraube ich mich selbst meiner Freiheit und den anderen seiner Eigenständigkeit, wenn ich mir jetzt dieses Problem aufhalse?
- ★ Welchen Nutzen hätte ich dadurch wirklich?

Wäge ausreichend ab, anstatt in das alte Jasager-Muster zu verfallen. Lerne, dir genau zu überlegen, welche Konsequenzen dein Handeln hat und ob das wirklich für alle Beteiligten sinnvoll ist. Stelle den Preis deines Einsatzes dem gegenüber, auf welche Weise er sich lohnen wird. Viele hilfsbereite Menschen haben Sorge, zu Egoisten zu mutieren, die kein Mitgefühl und wenig Empathie für die Ängste und Sorgen anderer haben, sobald sie aufhören, sich um ihre Belange zu kümmern. Aber verstehe bitte eines: Wenn du dich auf gesunde Weise um deine Mitmenschen kümmerst, gibt es weder Täter noch Opfer. Es gibt Kosten, die wir bereit sind zu tragen, weil wir wissen, dass sie weder uns noch dem anderen Nachteile bringen. Aber es gibt keine Kosten, die der einen oder anderen Partei schaden. Aber sei dir stets einer Sache bewusst:

> *Nimmst du anderen ungefragt oder achtlos die Bürde, nimmst du ihm auch die Würde. Die Würde, sie selbst zu tragen.*

Unterschätze diesen Aspekt nicht. Sobald wir Mitmenschen zutrauen, dass sie ihre Angelegenheiten meistern können, sprechen wir ihnen weit mehr zu, als wir annehmen.

Als Mama von fünf Kindern darf ich seit einem Vierteljahrhundert täglich abwägen, wann es angebracht ist, meinen Kindern etwas zuzutrauen und sie einfach mal machen zu lassen, und wann es angebracht ist, ihnen liebevoll und unterstützend zur Seite zu stehen. Das Ganze hat sogar einen Fachbegriff inne: Erziehungsfähigkeit. Deshalb ermutige ich sie dazu, sich die eigene Fähigkeit zuzutrauen, den Aufgaben auch gewachsen zu sein. Ab und an sind diese Entscheidungen Gratwanderungen und oft wissen wir erst im Nachhinein, ob sie richtig oder falsch waren. Aber eines ist wichtig zu wissen: Wenn du dir die Zeit nimmst, deine und die Bedürfnisse deines Gegenübers zu achten, kannst du im Grunde nicht falsch handeln. Du kannst dann mit Fug und Recht behaupten, dass du gewissenhaft abgewogen hast, um das dir zu diesem Zeitpunkt Bestmögliche zu tun.

Der Zirkus muss weiterlaufen, selbst wenn die Mitarbeiter streiken

In jeder Familie gibt es Verantwortlichkeiten, die schlichtweg erledigt werden müssen. Sie *müssen* einfach getan werden. Es gibt hier wirklich keine Wahl! Die Verantwortung für das Gemeinsame tragen du und dein Partner zu gleichen

Teilen. Zum Gemeinsamen zählt alles, wofür ihr euch als Paar entschieden habt: die Kinder, die Tiere, der Haushalt, die Finanzen, die Fürsorge der Eltern, die Hobbys …, aber nicht das, wofür sich jeder einzeln, ohne den anderen, entschieden hat. Sollte in deinem Leben immer wieder eine ungeklärte Schnittmenge zu Problemen in nahen Beziehungen führen, frage dich an dieser Stelle:

- ★ *Was genau ist unsere Schnittmenge?*
- ★ *Was haben wir gemeinsam entschieden?*
- ★ *Wofür habe ich mich bewusst entschieden und wo wurde ich hineingedrängt?*
- ★ *Was würde ich gerne aus meinem Verantwortungsbereich abgeben?*

Anstatt angesichts einer zu erledigenden Aufgabe missmutig zu werden, ist offene Kommunikation der Schlüssel zur Lösung. Sprich bitte darüber! Folgende Übung kann dir dabei zusätzlich eine Hilfestellung sein.

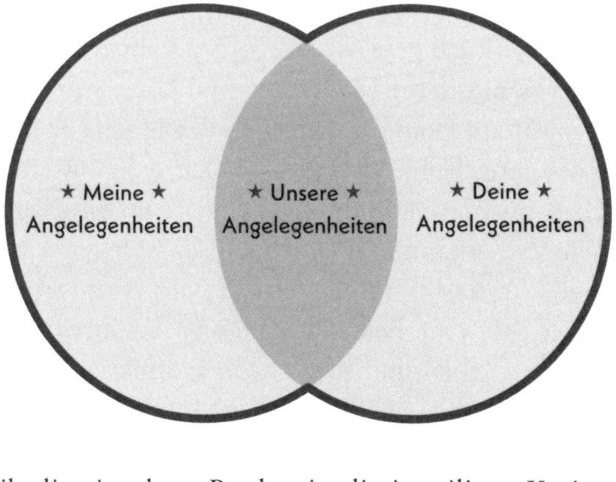

Schreib die einzelnen Punkte in die jeweiligen Kreise und verdeutliche damit bildlich die jeweiligen Zuständigkeitsbereiche. In den meisten Fällen ist diese kleine Übung ein Augenöffner, denn sie zeigt einerseits auf, welche Aufgaben anstehen, und andererseits, wo es ein Ungleichgewicht bei der Zuteilung gibt. Besonders effektiv ist diese Übung, wenn es sich bereits um Konflikte oder Streitigkeiten handelt. Sobald die Angelegenheiten konkret zwischen den Teilnehmenden aufgeteilt wurden, müssen auch die Konsequenzen des Vernachlässigens oder gar des Nicht-Erledigens klar definiert und im Übereinkommen besprochen werden. Ohne Konsequenzen kann es passieren, dass du wieder in die Situation gerätst, in der du dich um die Verantwortlichkeiten des anderen kümmerst. Wenn du etwas verändern möchtest, halte dich unbedingt an die jeweiligen Zuteilungen und vor allem an das Umsetzen der beschlossenen Konsequenzen!

Sofia stritt sich seit Jahren mit ihrem Bruder Jan über die Pflege der Eltern. In Sofias Augen kümmerte sich Jan viel zu wenig. Sie war wütend darüber, weil das Erbe gleichmäßig aufgeteilt werden sollte und die Eltern beide Geschwister darum gebeten hatten, sich um die weiteren Angelegenheiten zu kümmern. Doch die Realität sah so aus, dass Sofia ständig im Einsatz war und Jan sich nur ab und zu blicken ließ. Die Frage »Wer ist wofür zuständig?« wurde bisher nie wirklich geklärt. Die beiden kamen auf Drängen von Sofia zu mir in die Mediation, und Jan wurde durch die zuvor erwähnte Übung erst bewusst, wie sehr er Sofia bei vielen der Bereiche im Stich gelassen hatte. Er entschied sich zunächst, im Einverständnis mit Sofia einige Aufgaben zu übernehmen, erkannte aber schnell, dass er dazu nicht in der Lage war, und trat Sofia, erneut nach Absprache, einen Teil seines Erbes ab. Beide übernahmen Verantwortung für sich und ihr Leben und somit auch indirekt für den anderen. Sofia, indem sie endlich ihren Mund aufgemacht und gesagt hatte, was sie störte und was sie brauchen würde, und Jan, indem er sich auf die Gespräche und auf Lösungen eingelassen hatte. Leider verlaufen die Kommunikation und das Verdeutlichen im Alltag oft nicht so reibungslos, sondern eher holprig, und führen nicht selten zu Streitereien. Manchmal sind wir uns in den jeweiligen Zuständigkeiten nicht einig, und oft ist es auch nicht möglich, diese klar zu definieren. Nicht immer kann die Situation geklärt werden. Häufig auch deshalb, weil es alle Beteiligten braucht, um Lösungen zu finden. Beispielsweise erinnere ich mich an Evi und ihre Tochter, die in der 28. Schwangerschaftswoche geboren wurde, also ein Frühchen war und Defizite in ihrer Entwicklung aufwies, die ihr ein eigenständiges Leben im Erwachsenenalter noch schwer machten. Evi fühlte sich mehr und mehr überlastet in ihren Aufgaben, für die mittlerweile erwachsene Tochter zu sorgen, und sehnte sich, nach all den Jahren, nach Entlastung. Gemeinsam erarbeiteten wir, dass ihr Gefühl der Verantwortlichkeit Teil ihres Lebens sein und bleiben darf, aber ihr Gefühl der Zuständigkeitsbereiche sich ändern kann. Das bedeutete konkret, dass sie gemeinsam mit ihrer Tochter eine liebevolle Psychologin aufsuchte, die sich um das seelische Wohl von Evis Tochter kümmerte, ebenso fand sich eine Wohngruppe, in der sie sich sehr wohlfühlte. So konnte sich Evi die Verantwortlichkeit als liebevolle Unterstützerin mit anderen, fachkundigen Personen teilen, sich dadurch nach und nach in ihrer Zuständigkeit zurücknehmen und dadurch gleichzeitig Freiräume für ihr eigenes Wohlbefinden aufbauen.

Was lernen wir aus dieser Geschichte? Es gibt Situationen, aus denen wir uns nicht einfach gänzlich rausnehmen können oder wollen. Aber wir können uns Unterstützung suchen, und genau darin liegt unsere Verantwortlichkeit. Es ist nicht Evis Aufgabe, sich ihr Leben lang zurückzunehmen, um ausschließlich für ihre Tochter da zu sein, sondern sich ein Netzwerk aus Unterstützern zu suchen, damit sie ihrer Verantwortung als Mutter einer beeinträchtigten Tochter nachkommen und gleichzeitig ihr eigenes Leben entsprechend ihrer Zufriedenheit leben kann.

Es gibt Situationen, in denen wir unterscheiden müssen: Bin ich hier wirklich gefragt und zuständig oder habe ich ein verzerrtes Bild von Zuständigkeit? Als Mutter eines gesunden erwachsenen Kindes bist du ab einem gewissen Zeitpunkt nicht mehr dafür verantwortlich, wie dieser erwachsene Mensch sein Leben gestaltet. An dieser Stelle sind zwei Fähigkeiten gefordert: Vertrauen und Loslassen. Jetzt fragst du womöglich: *»Alles schön und gut, aber in meinem Fall geht es nicht um meine Kinder, sondern um meine Eltern – wie soll ich da loslassen und vertrauen?«*

Meine Klientin Joan befand sich beispielsweise mit 59 Jahren in einer Zwickmühle, die ihre Eltern betraf. Beide waren knapp 90 und dement. Sie weigerten sich allerdings, aus der Wohnung in ein Pflegeheim zu ziehen. Da Joan ihre Eltern über alles liebte, wollte sie nicht über ihre Köpfe hinweg entscheiden und diese bevormunden. Joan lebte im Ausland und hatte keine Geschwister. Sie kümmerte sich jedoch aus der Ferne um einen ambulanten Pflegedienst und sorgte, so gut sie konnte, für die Eltern, um deren Wunsch zu entsprechen. Als eines Abends ihr Vater verschwand, sah sich Joan dazu gezwungen, nicht nur die Polizei zu rufen, sondern auch einen Platz im Pflegeheim zu organisieren. Weil es schlichtweg an der Zeit war, ihre Eltern aufgrund dieser schweren Erkrankung in die Obhut anderer zu überführen. Es fiel Joan unglaublich schwer, weil sie eigentlich den Willen ihrer Eltern nicht missachten wollte. Aber sie sah keinen anderen verantwortungsvollen Ausweg, als diese schwere Entscheidung für sie zu treffen.

Manches Mal müssen wir uns um die Affen der anderen kümmern, weil es einfach keine andere Option gibt. Uns mit den Verantwortlichkeiten von Menschen zu befassen, die uns nahestehen und wichtig sind, ist nur dann eine Bürde, wenn es unsere Gesundheit, Beziehungen oder Finanzen negativ beeinflusst. Wenn wir aber wissen: *»Ich tue das Richtige und Notwendige«*, fällt es uns deutlich leichter, es auch mit einer inneren Gewissheit zu tun. Joan lernte durch unsere Gespräche nach und nach, einen gesunden Abstand zu bekommen und gleichzeitig zu wissen, dass sie richtig entschieden hatte.

Leon, ein anderer Klient von mir, erzählte mir folgende Geschichte: »Ich habe mich davor gedrückt, die alltäglichen Aufgaben als Vater zu erledigen. Mir war es einfach lästig, auf dem Spielplatz abzuhängen, Jausenbrote zu schmieren oder meinem Sohn zum zehnten Mal zu erklären, dass er seine Jacke aufhängen soll. Ich sah keinen Sinn darin und empfand keine Freude daran. Stattdessen wartete ich darauf, dass meine Kinder Teenager oder Erwachsene werden würden, damit ich mich auf Augenhöhe mit ihnen unterhalten können würde.« Leons Einstellung führte zu Konflikten, nicht nur mit seiner Frau, sondern auch mit seinen Kindern, die seine ablehnende Haltung zunehmend widerspiegelten und sich gegen ihn auflehnten. Dieser Teufelskreis verstärkte Leons Überzeugung, dass er in seiner Rolle als Vater ständig versagte, und gab ihm eine Rechtfertigung, noch mehr Verantwortung auf seine Frau abzuwälzen. Doch zum Glück hatte Leon eine weise und vor allem geduldige Partnerin an seiner Seite, die ihm immer wieder versicherte, dass er nicht zufällig Vater geworden war. Vielmehr hatte er diese Aufgabe bekommen, weil er sie bewältigen konnte. Es lag an ihm, sich dieser Herausforderung zu stellen und zum Meister seiner Vaterschaft zu werden. Durch diese Zuversicht und Geduld gelang es Leon schließlich, seine ablehnende Haltung gegenüber seinen Erziehungspflichten zu überwinden und sich seiner Verantwortung zu stellen.

Aber was ist, wenn wir mit jemandem konfrontiert sind, der sich nicht ändern will? Die »Störenfriede« des eigenen Lebens erfordern eine spezielle Strategie. Sie verlangen uns mehr ab, als uns lieb ist. Selbstverantwortung ist der Schlüssel zum persönlichen Wachstum und Erfolg im Leben. Es geht darum, die Verantwortung für unser eigenes Leben und unsere Entscheidungen zu übernehmen, anstatt die Schuld auf äußere Umstände oder andere Menschen abzuwälzen. Auch die Störenfriede haben ihre Berechtigung und können uns wichtige Lektionen erteilen. Wer weiß, warum sie zu Störenfrieden geworden sind? Es ist wichtig, zu verstehen, dass es auch in den eigenen Wünschen und Vorstellungen Grenzen gibt, besonders in zwischenmenschlichen Beziehungen. Eine wichtige Facette der Selbstverantwortung ist die Fähigkeit – ich kann es nicht oft genug sagen –, Verantwortung für das eigene Wohlbefinden und die eigenen Bedürfnisse zu übernehmen. Das bedeutet, für sich selbst zu sorgen, gesunde Entscheidungen zu treffen und sich um die eigene körperliche, emotionale und geistige Gesundheit zu kümmern, unabhängig von anderen. Es beinhaltet auch die Bereitschaft, Verantwortung für eigene Fehler zu übernehmen, anstatt sie anderen zuzuschreiben. Menschen können nicht dazu gezwungen werden, sich zu ändern, aber jeder kann für sich selbst entscheiden, Verantwortung zu übernehmen und positive Veränderungen anzustreben.

Um in konfliktreichen Beziehungen mit Störenfrieden umzugehen, könntest du die DEEP-Technik anwenden:

D: Verteidige dich nicht. (Don't defend.)
E: Erkläre dich nicht. (Don't explain.)
E: Engagiere dich nicht. (Don't engage.)
P: Nimm es nicht persönlich. (Don't personalize.)

Stehe zu deinen Handlungen und den daraus resultierenden Konsequenzen, sowohl den positiven als auch den negativen. Kommuniziere klar und deutlich deine Bedürfnisse und respektiere die Grenzen anderer, selbst wenn diese nicht bereit sind, mitzugehen. Achte deine eigenen Grenzen und bleibe fair und respektvoll, sowohl anderen als auch dir selbst gegenüber.

Vom Zaubertrick des Verschwindens: Diese Affen will ich nicht!

Doch was, wenn wir von den Problemen anderer zwangsbeglückt werden? Dem 40-jährigen Sohn, der dich ständig um Geld bittet, aber nie fragt, wie es dir eigentlich geht? Der Freundin, die täglich anruft, um bei dir ihren emotionalen Müll abzukippen, ohne sich selbst mit möglichen Lösungen auseinanderzusetzen, oder dem Ehemann, der trotz mehrfacher Beteuerung und Reue doch immer wieder fremdgeht und damit deine Grenzen deutlich überschreitet?

Du darst dich von Menschen, die auf deine Kosten keine Verantwortung übernehmen wollen, distanzieren! Du darfst zugleich aber auch deinen inneren Frieden wahren. Denn was für ein Leben wäre es, wenn wir unseres aufgeben müssten, nur weil ein anderer die Verantwortung für das seine nicht tragen will? Was für ein Leben wäre es, wenn wir es im Groll auf all jene verbringen würden, die nicht bereit sind, ihren Teil der Aufgaben zu übernehmen? Damit würden wir ihnen mehr Macht zugestehen, als sie haben dürften, und dadurch, wenn wir einen Schritt weiterdenken, würden wir ein Stück unserer Verantwortung für unser eigenes Wohlbefinden auch in deren Hände legen.

> *Du hast das Recht, Halt zu sagen, wenn es nicht mehr geht!*

Gedanken, die gegen eine Distanzierung sprechen, sind vielleicht: »*Würde XY sich mehr oder besser kümmern, hätte ich es leichter!*«, oder aber: »*Darf ich das denn überhaupt?*«

Wenn du davon ausgehst, dass das Verhalten eines anderen Menschen einen so großen Einfluss auf dein Leben hat oder deines auf das seine, ist es dringend an der Zeit, Verantwortung zu übernehmen und dein Gegenüber frei- und loszulassen. Schicke die Erwartung an dich und diesen Menschen fort, denn sie wird nie erfüllt werden. Akzeptiere, was ist, und halte nach Lösungen Ausschau, die erfüllbar sind. Nimm dein Problem (des Nicht-loslassen-Könnens) in die Hand und löse es ohne diese Person. Erkläre deinem erwachsenen Sohn klipp und klar, dass du ihn leider finanziell nicht mehr unterstützen kannst und willst, ihm aber zutraust, dass er eine Arbeit finden oder anderweitig Unterstützung erfahren kann. Erkläre ihm, dass du dir eine andere Form der Beziehung wünschst und dich durch sein Verhalten ausgenutzt fühlst. Basiert deine Beziehung auf Verständnis, sollte es deinem Sohn möglich sein, auf dich einzugehen. Wenn nicht, darfst du loslassen und deine Grenze ziehen. Sollte dir das nicht gelingen, hol dir Hilfe! Auch rechtliche Hilfe, wenn nötig.

Konkret: Was hätte Sofia aus unserem Beispiel vorhin tun können, wenn Jan nicht lösungsbereit gewesen wäre? Sie hätte sich mit ihrer Situation abfinden und sich dazu entscheiden können, ihren Teil zu investieren und den Eltern nach ihren Möglichkeiten zur Hand zu gehen, ohne Jan zu involvieren. Sie hätte sich sagen können: »Das ist mein Schicksal, und ich nehme es an.« Ja, das hätte sie tun können. Schließlich hat sie einen freien Willen. Das funktioniert aber nur dann, und wirklich nur dann, wenn Sofia nicht unter der Situation gelitten, sondern diese Entscheidung aus freien Stücken getroffen hätte. Sofia hätte sich aber auch entschließen können, rechtliche Schritte einzuleiten. Sie hätte weiters jemanden einstellen können, der Jans Verantwortlichkeiten übernommen hätte, um die Rechnung im Anschluss ihm zuzusenden, oder aber auch eine Pflegekraft organisieren können und sich die Kosten mit Jan zu teilen.

Bei gewissen Verantwortlichkeiten ist es notwendig, gut

abzuwägen, wozu du bereit bist und wozu nicht. Die Aussage *»Aber ich hatte ja keine Wahl, ich musste ja!«* bringt uns in die Rolle eines Opfers. Selbstermächtigung impliziert Entscheidungen, hinter denen wir stehen können. Wir sind nicht länger passive Opfer, sondern handeln aktiv und sitzen somit wieder am Steuerrad unseres Lebens. Verantwortung übernommen! Was für ein gutes Gefühl!

Der Lösungsansatz liegt im Bewusstsein. Wird allen Beteiligten bewusst, dass jeder gewisse Aufgabenbereiche nicht einfach so durch Zufall zugeteilt bekommen hat, sondern sich auch irgendwann einmal in seinem Leben, ob bewusst oder unbewusst, dafür entschieden hat, können wir uns auf Augenhöhe begegnen. Die Ausnahme stellen natürlich Kinder dar. Kinder sind darauf angewiesen, dass sie von verantwortungsbewussten Erwachsenen umgeben sind und natürlich Opfer der Umstände und ihres Umfeldes. Aber sobald wir erwachsen und mündig sind, sind wir keine Opfer mehr. Wir sind dazu in der Lage, eigenständig Entscheidungen zu treffen, entweder indem wir lernen, für uns einzustehen, oder aber auch indem wir lernen, die weiße Fahne zu hissen und damit aufzuhören, uns selbst oder den anderen zu bekämpfen. Kurzum: Wir können uns von der Du-Botschaft hin zur Ich-Botschaft transformieren. Du kennst vielleicht gewaltfreie Kommunikation? Sie umfasst nicht nur eine Technik, sondern auch eine innere Haltung. Es kommt nicht darauf an, die Ich-Botschaft lediglich zu kommunizieren, sondern auch, sie zu leben. Wenn wir verstehen, dass unser Gegenüber uns nicht immer und zwingend etwas Böses will und nicht grundsätzlich etwas tut oder unterlässt, um uns zu schaden, können wir uns darauf einlassen, für uns zu sprechen, frei von Anklage, Beschämung oder Verurteilung des Gegenübers. Wir müssen ihn nicht mehr für unser Leid verantwortlich machen und wenn wir es dennoch tun, machen wir es so, ohne noch mehr Scherben zu hinterlassen.

Sofia hätte hinter seinem Rücken schlecht über Jan

reden können. Sie hätte sich einreden können, ihm egal zu sein, dass er egoistisch agiert und sich um nichts und niemanden kümmert. Das hätte viel Leid und Schmerz verursacht – auf beiden Seiten. Stattdessen übernahm sie die Verantwortung und fand eine Lösung. Ich habe in den letzten beinahe 20 Jahren mit knapp 3 000 Paaren gearbeitet, viele von ihnen standen kurz vor oder nach einer Trennung. Meist trugen sie große Wut oder Verletzungen in sich und damit verbunden auch viel Schmerz. Anstatt für sich und ihre Entscheidungen Verantwortung zu übernehmen, feuerten sie meist mit Schuldzuweisungen auf den anderen los. Anstatt zu akzeptieren: *»Du, wir passen einfach nicht zusammen«*, versuchten sie, verbal aufeinander einzuprügeln. Die Leidtragenden waren nicht nur sie selbst, sondern immer auch ihre Kinder. Wie bitter!

Wenn wir Verantwortung für unser Leben übernehmen, sind wir auch in der Lage, zu sagen: *»Ich kann und will nicht mehr. Wir haben unser Bestes gegeben, mehr war offenbar nicht drin. Es ist Zeit, das einzusehen.«* Wir müssen nicht tausend negative Gründe aufzählen, warum der andere es nicht verdient hat, in Beziehung mit uns zu stehen. Wir müssen ihn weder abwerten noch kleinreden oder ihn diffamieren. Wir dürfen einfach entscheiden, weiterzugehen. Mit jedem Problem, mit jeder bewältigten Hürde und Aufgabe entwickeln wir mehr und mehr Selbstwert. Erlaube dir weiterzuziehen und lasse dein Gegenüber frei. Ja, auch dann, wenn ihr gemeinsame Kinder habt. Erlaube dir, den Partner ziehen zu lassen, aber akzeptiere ihn immer auch als Elternteil und somit als gleichberechtigtes Mitglied des Familiensystems. Respektiere hier die Grenzen der jeweiligen Rollen und gestehe deinen Kindern zu, beide Elternteile gleichermaßen lieben zu dürfen. Auch das gehört zur Erziehungsfähigkeit und gesunden Grenzlinie zwischen eigener Kränkung und Verantwortlichkeit.

Die Angelegenheiten des Lebens – die Affen des Schicksals

Diese Angelegenheiten betreffen all die Dinge, die in unserem Leben passieren und die wir nicht kontrollieren können. Es sind Ereignisse, Situationen und Umstände, die unabhängig von unserem Willen auftreten und oft unsere Emotionen, Gedanken und Handlungen beeinflussen. Sie kommen oft unangekündigt und fordern uns dazu auf, uns mit ihnen auseinanderzusetzen. Sie manifestieren sich plötzlich vor uns und erfordern eine Reaktion. Wir fühlen uns von ihnen nicht selten überrumpelt, wir zaudern und hadern. Kurzum: Die Eventualitäten des Lebens sind wie uneingeladene Gäste, die plötzlich vor der Tür stehen.

Gleich liest du einige Beispiele für solche »Angelegenheiten des Lebens« und wie unsere Gedanken und Überzeugungen darüber unser Wohlbefinden beeinflussen können: Das *Wetter* können wir beispielsweise nicht kontrollieren. Wenn wir jedoch glauben, dass der Regen unseren ganzen Tag ruiniert, dann sind es nicht die Regentropfen, die uns unglücklich machen, sondern unsere Gedanken darüber. Wie viele Menschen kennst du, die über das Wetter jammern? Im Winter ist es viel zu kalt, im Frühjahr zu früh wieder heiß und im Sommer sollte es mehr regnen und nicht über 30 Grad haben. Diese Menschen fühlen sich womöglich nicht wie Opfer der Umstände, aber sie machen sich dazu. Es ist durchaus eine Kunst, Begebenheiten, die wir nicht ändern können, anzunehmen und uns trotz allem zu erlauben, eine gute Zeit zu verbringen, nicht wahr? Diese Kunst beginnt mit deiner Entscheidung.

Verkehrsstaus sind ein weiteres Beispiel. Wenn wir uns über sie ärgern, beeinflusst das unseren Stresspegel. Wenn wir jedoch unsere Einstellung ändern und die Zeit im Auto als Gelegenheit für Entspannung oder für ein gutes Hörbuch nutzen, kann sich unsere Wahrnehmung der Situation verändern. Ich muss gestehen, ich bin alles andere als ein Fan von Staus. Ich lebe bewusst auf dem Land, um diese, so gut es geht, zu vermeiden. Aber wenn ich mal in einen gerate, drehe ich die Musik laut auf, höre einen Podcast oder witzle mit meiner Familie. Ich versuche, den Stau als Übung zu sehen, eine Angelegenheit des Lebens als für anstatt gegen mich zu betrachten.

> ***Manche Dinge benötigen einfach nur einen kleinen Perspektivenwechsel, und unsere Gefühle fahren vom Keller in eines der Obergeschoße.***

Bevor du das nächste Mal jemand wild gestikulierend im Verkehr zurechtweist, könntest du, anstatt dich zu ärgern oder dich darüber zu kränken, einfach tief durchatmen, die Lieblingsmusik etwas lauter stellen, an ein schönes Erlebnis aus deiner Vergangenheit denken und dem anderen Verkehrsteilnehmer gedanklich mehr Freude und Gelassenheit wünschen – denn die fehlen ihm offensichtlich. Zwinge deine genervten Affen auf deine Schultern zurück und deklariere klar: *»Ihr setzt euch nicht zu mir! Ich habe keinen Platz für euch.«* Denn eines sollte dir bewusst sein: Sobald du dich dazu verleiten lässt, dich über das Verhalten des anderen Autofahrers zu ärgern, lädst du seine Affen auf deine Schultern ein. Das möchten wir an dieser Stelle des Buches allerdings nicht mehr, was meinst du?

Besonders die *Diagnose einer Krankheit* kann eine enorme emotionale Belastung darstellen. Wenn es um Gesundheit geht, kann das Schicksal hart zuschlagen und einen Perspektivenwechsel extrem schwer machen. Doch selbst in dieser herausfordernden Situation können unsere Gedanken und Überzeugungen über den möglichen Ausgang einen erheblichen Einfluss auf unser Wohlbefinden haben. Wenn wir davon überzeugt sind, dass die Diagnose das Ende bedeutet, und wir uns bereits innerlich aufgeben, wird sich das ganz anders auf unsere Bewältigung der Situation auswirken, als wenn wir uns selbst sagen: »*Ja, diese Diagnose ist zweifellos ein harter Schlag. Aber sie wird meine Lebensfreude und Entschlossenheit nicht untergraben können!*« Es liegt an uns, wie wir auf diese Art von Herausforderungen reagieren und welche Einstellung wir ihnen gegenüber beziehen. Wir haben immer die Wahl und auch die Freiheit, zu entscheiden, wie wir uns in Bezug auf Ereignisse fühlen. Viele von uns sind aber auf »negative Ereignisse« so programmiert, dass sie automatisch in Sorge, Angst, Wut oder Hoffnungslosigkeit verfallen. Warum ist das so? Vorwiegend sind gesellschaftliche Prägungen dafür verantwortlich. Wir lernen schon recht früh, dass Krankheit, Tod, Krisen, Scheidungen oder andere Schicksalsschläge etwas Dramatisches und Einschneidendes sind. Angelegenheiten, die keiner von uns erleben möchte, obwohl zumindest eine von ihnen, der Tod, ausnahmslos jeden von uns treffen wird. Wir alle sind mit diesen Realitäten früher oder später konfrontiert, ob wir wollen oder nicht. Trotzdem vermeiden wir einen gesunden Umgang damit. Wir gehen vielmehr davon aus, dass diese Angelegenheiten des Lebens einem Schicksalsschlag gleichkommen, der uns etwas von dem wegnimmt, was wir uns so mühsam aufgebaut haben oder uns zusteht. Wir interpretieren und bewerten die Ereignisse als »gegen uns gewandt«. Wir erleben großteils bereits von klein auf, dass beispielsweise der Tod ein Einschnitt ist, der die Hinterbliebenen verzweifelt zurücklässt. Ein natürlicher und gesunder Umgang wird den wenigsten beigebracht. Diesen müssen wir uns, sofern wir es denn möchten, meist hart erarbeiten und mit Mühen erlernen.

In den letzten beiden Jahren verunglückte mein erst

62-jähriger Papa bei einem Unfall, meine Mama und meine Schwiegermutter erhielten beide die Diagnose Hirntumor, mein Schwiegervater erkrankte an ALS (Amyotrophe Lateralsklerose), bei meinem Mann wurden zwei Tumore entdeckt und ich selbst bekam ebenso eine unschöne Diagnose. Nun, das alles war unbestritten nicht leicht zu verkraften. Der tiefe und feste Glaube daran, dass das Leben – trotz allem – in jedem gelebten Moment gut, schön und wahr bleiben darf und wir uns unter keinen Umständen davon abbringen lassen werden, hilft in solchen Zeiten. Wenn wir die Entscheidung treffen, dem Leben weiterhin positiv zugewandt zu bleiben und alles daranzusetzen, ihm, solange es uns vergönnt ist, mit Wohlwollen und Dankbarkeit zu begegnen – warum sollten wir beim Auftauchen dieser ungebetenen Gäste dann mit ihm abschließen? Wir können genauso gut sagen: *»Okay, jetzt, wo ihr schon da seid, setzt euch hin, trinkt eine Tasse Tee und dann verlasst bitte schleunigst wieder unser Zuhause.«* Sobald die Angelegenheiten des Lebens anfangen, uns zu dominieren, haben wir nicht verstanden, worum es im Leben eigentlich geht. Schreckliche Ereignisse sind nur dann als solche anzusehen, wenn wir sie in die Schublade des Grauens packen. Schicksalsschläge haben auch das Potenzial, jeden einzelnen Tag noch mehr zu schätzen, statt ihn zu zerstören. Ich persönlich habe durch sie begriffen, dass ich, komme, was wolle, niemals zulassen werde, dass mir irgendein Ereignis diese Wertschätzung dem Leben gegenüber nehmen kann und wird. Selbstverständlich gab es dunkle Stunden! Zeiten, in denen der Mut und die Kraft fehlten, aber sie luden hartnäckig und immer wieder dazu ein, die Zuversicht, die Hoffnung, die Dankbarkeit und Liebe zurückzuerobern. Und weißt du, was? Es hat sich gelohnt. Das Gute, Schöne und Wahre dominiert in den Gedanken und somit auch im Leben. Es ist nicht immer einfach – ehrlich gesagt, alles andere als das –, aber ich möchte, dass meine Kinder lernen und verstehen, dass nicht alle Affen, die auf unseren Schultern abgesetzt werden, dort auch ihr Unwesen treiben können. Auch nicht die Affen des Schicksals. Diesen Affen werden gezielt ihre Bedrohlichkeit und Aggressivität genommen, wir werden ihre Dompteure, sodass wir uns darauf ausrichten können, Lösungen und Heilung zu finden.

Wir dürfen bei jedem Affen, den das Leben auf unsere Schultern packt, neu entscheiden, wie wir mit ihm umgehen. Affen lassen sich nicht so einfach verscheuchen, aber sie lassen sich trainieren.

Und schlussendlich kannst du auch deine Sichtweise bezüglich *Beziehungsproblemen* hinterfragen. Denn auch sie sind – gerade, wenn es um die Ursprungsfamilie geht – schicksalhaft. Wir können rückwirkend nicht mehr beeinflussen, wer unsere Eltern sind und wie sie sich uns gegenüber verhalten haben. Das müssen wir als Tatsachen akzeptieren. Die Frage, was mit uns passiert wäre, wären wir in eine andere Familie geboren worden, können wir uns zwar stellen, aber sie führt uns nirgendwohin. Im besten Fall erlangen wir die Erkenntnis, dass wir dieses Schicksal nun mal tragen müssen. Im schlechtesten Fall endet die Antwort in einem Kampf, den wir nicht gewinnen können.

Aber es gibt auch weniger schicksalsträchtige Beziehungen wie die zu unserem Partner. Ihn haben wir im besten Fall bewusst gewählt. In jeder zwischenmenschlichen Beziehung tauchen früher oder später Konflikte und Herausforderungen auf. Wie wir auf diese Differenzen reagieren beziehungsweise wie sehr sie uns belasten, hängt oft maßgeblich von unseren tief verwurzelten Ansichten über Liebe, Partnerschaft und die Fähigkeit zur Konfliktlösung ab. Streitigkeiten in Beziehungen lassen sich leichter überwinden, wenn wir ein grundsätzlich positives Bild von Beziehung haben. Haben wir hingegen in der Vergangenheit vieles erlebt, das uns zutiefst verletzt hat, fällt es uns deutlich schwerer, emotional offen und sachlich zu bleiben. Oftmals fühlen wir uns gerade in sehr nahen Beziehungen schneller aus unserer Mitte gebracht und meinen womöglich: »*Wenn du dich nur ändern würdest, hätte ich es viel leichter im Leben!*«, »*Wäre ich ohne dich, hätte ich es viel leichter!*« Diese Vorstellung, dass die Verantwortung für unser Glück und Wohlbefinden von unserem Gegenüber abhängt, kann zu erheblichen Spannungen führen. Wenn wir davon ausgehen, ein anderer wäre dafür zuständig, dass es uns gut geht, legen wir einen Großteil der Verantwortung für uns und unser Leben in die Hände eines anderen. Deshalb ist es erst mal wichtig, zu erkennen, dass unsere eigene Zufriedenheit und unser innerer Frieden niemals von anderen Menschen abhängig sein sollten, sondern von der Art und Weise, wie wir die Situation bewerten und interpretieren.

Nehmen wir zum Beispiel eine Situation, in der zwei Menschen in einer Beziehung unterschiedliche Vorstellungen darüber haben, wie sie ihre Zeit miteinander verbringen sollten. Wenn eine Person fest davon überzeugt ist, dass wahre Liebe bedeutet, jede freie Minute zusammen zu sein, und Konflikte in einer Beziehung als Zeichen des Scheiterns ansieht, wird sie wahrscheinlich stark unter Stress geraten, wenn ihr Partner nach persönlichem Raum verlangt. Wenn hingegen beide Partner eine gemeinsame Überzeugung teilen, dass gesunde Beziehungen Platz für individuelle Entfaltung erfordern, und Konflikte als normale Entwicklungsschritte in einer Partnerschaft betrachten, werden sie wahrscheinlich offener für Kommunikation und Konfliktlösung sein. Es wird klar, dass unsere inneren Glaubenssätze und Sichtweisen erheblichen Einfluss darauf haben, wie wir Beziehungen erleben und auf Beziehungsprobleme reagieren. Dieses Buch soll dich in erster Linie dabei unterstützen, zu erkunden, wie du deine Überzeugungen reflektieren und gegebenenfalls anpassen kannst, um eine erfüllende und harmonische Beziehungsgestaltung zu ermöglichen. Denn im Grunde geht es bei Verantwortung immer um Beziehung. Welche Beziehung pflege ich zu mir selbst, zu anderen, zur Welt, zum Leben?

Trage ich die Affen anderer auf meiner Schulter, so finde ich keine Ruhe, um mich auf das Wesentliche zu konzentrieren.

Mach dir bewusst, dass deine Gedanken eine erstaunliche Kraft besitzen, die dein Wohlbefinden maßgeblich beeinflusst. Dieses Konzept ist kein esoterisches Blabla, sondern eine Tatsache. Du hast bereits erfahren, dass die Neurowissenschaft zeigen konnte, dass unsere Gedanken und Emotionen Muster in unserem Gehirn erzeugen. Wenn du dich also wiederholt auf negative Gedanken oder Sorgen konzentrierst, mit dem Schicksal haderst, verstärkst du die entsprechenden neuronalen Verbindungen, was zu erhöhtem Stress und negativem Denken führen kann. Auf der anderen Seite kann das Kultivieren von positiven Gedanken und einer optimistischen Einstellung die Freisetzung von Neurotransmittern wic Dopamin und Serotonin fördern, die unser Wohlbefinden steigern. In der Quantenphysik gibt es die Theorie, dass unsere Gedanken und Einstellungen die Energie und Materie um uns herum beeinflussen können. Auf subatomarer Ebene besteht eine erstaunliche Verbindung zwischen dem Bewusstsein und der physischen Realität. Das bedeutet, dass deine Erwartungen und Glaubenssätze tatsächlich dazu beitragen können, die Art und Weise zu gestalten, wie Ereignisse in deinem Leben eintreten.

Ein beeindruckendes Beispiel aus der wissenschaftlichen Forschung zeigt, dass Menschen, die regelmäßig Meditations- und Visualisierungstechniken anwenden, nicht nur ihre psychische Gesundheit verbessern, sondern auch physische Veränderungen in ihrem Körper erleben. So verrückt es auch klingt, aber als ich vor 15 Jahren, während der Schwangerschaft mit meinem dritten Kind, aufgrund von schweren Komplikationen ein halbes Jahr ausschließlich liegen musste, bauten sich die Muskeln in meinem Körper nicht ab. Die Physiotherapeuten waren sehr erstaunt darüber. Wie ist es dazu gekommen? Ich war gedanklich täglich mehrere Stunden joggen und gehe davon aus, dass dieses Gedankenspiel für meine Muskeln so real war, dass sie sich dazu ermutigt gefühlt haben, mitzumachen. Es gibt mittlerweile auch zahlreiche Studien darüber, die das Konzept des mentalen Trainings unterstützen. Deine Gedanken haben eine große Kraft – nutze diese für statt gegen dich!

Einige mentale Praktiken können sogar die Expression bestimmter Gene beeinflussen, Entzündungen reduzieren und das Immunsystem stärken. Forschungsergebnisse zeigen, dass intensive Achtsamkeitsmeditation zur Regulation des Blutzuckerspiegels beitragen und antivirale Reaktionen aktivieren kann und gleichzeitig entzündungsbedingte Krankheiten verringern kann. Eine Achtsamkeitsroutine kann somit also dazu führen, dass unser Immunsystem gestärkt wird. Letztendlich ist dein Geist dein bester Verbündeter auf deiner Reise zu einem erfüllten Leben. Indem du deine Gedanken bewusster lenkst, kannst du nicht nur deine innere Welt positiv beeinflussen, sondern auch die äußere Realität um dich herum gestalten. Das bedeutet nicht, dass du von Herausforderungen verschont bleibst! Hier würdest du wieder einer gewissen Allmachtsfantasie unterliegen. Aber es verleiht dir die Fähigkeit, mit ihnen auf eine Weise umzugehen, die dein Wohlbefinden und deine Zufriedenheit fördert. Wir finden eine konkrete Analogie hierzu auch in der Bibel, im Gleichnis von den zwei Brüdern, von denen der eine sein Haus auf Sand baut und der andere auf Fels. Ein Haus auf einem schwachen Untergrund übersteht keine Stürme, ein Haus auf einem starken hingegen schon. Deine Gedanken sind die Fundamente deines inneren Hauses. Wenn du deine Gedanken auf einem festen Boden der Akzeptanz, des positiven Denkens und der Selbstwirksamkeit aufbaust, wirst du feststellen, dass dein inneres Haus den Stürmen des Lebens trotzen kann.

Von der Manege in den Alltag – Vier Fragen, die alles verändern können

Was wir bisher besprochen haben, fasse ich noch einmal kurz zusammen: Die Angelegenheiten des Lebens gleichen oft dem Wetter – unvorhersehbar und unberechenbar. Doch deine Reaktion darauf liegt in deinen Händen. Du hast die Fähigkeit, deine Gedanken zu diesen Angelegenheiten zu hinterfragen und dadurch dein emotionales Wohlbefinden zu verbessern. Wenn du dich ständig über den Regen beschwerst, wirst du dich selbst der Möglichkeit und des Genusses berauben, barfuß im Regen zu tanzen. Deine Gedanken haben die erstaunliche Kraft, deine Wahrnehmung der Realität zu verändern.

Eine weitere Methode, die ich dir deshalb ans Herz legen möchte, um negative Gedankenmuster zu überwinden, ist »The Work«, die von Byron Katie entwickelt wurde. Sie besteht aus vier grundlegenden Fragen, die dazu dienen, deine Gedanken und Überzeugungen kritisch zu prüfen, und dir dabei helfen können, gesunde Grenzen zu ziehen und Verantwortungsbereiche klar zu definieren. Der Prozess der vier Fragen ähnelt einer Reise in die Welt der kognitiven Verhaltenstherapie (KVT), einem psychologischen Werkzeugkasten, der uns hilft, unsere Gedanken, Gefühle und Verhaltensweisen zu verstehen. Die KVT dreht sich um die Verbindung zwischen unseren Gedanken und unserem Wohlbefinden. Eine Tatsache, die sowohl Byron Katie als auch die KVT betonen, ist, dass unsere Gedanken oft die Quelle unseres emotionalen Chaos sind. Sie können übertrieben negativ sein oder uns dazu bringen, in Schwarz-Weiß-Mustern zu denken (entweder ist alles großartig oder alles eine Katastrophe). Diese kognitiven Verzerrungen sind wie fehlerhafte »Apps« in unserem Gehirn.

Die vier Fragen, um sich dieser fehlerhaften »Apps« bewusst zu werden, lauten:

Ist der Gedanke wahr?

Diese Frage fordert dich auf, deine Gedanken und Überzeugungen auf ihre Wahrhaftigkeit zu untersuchen. Oft nehmen wir automatisch an, dass unsere Gedanken wahr sind, ohne sie jemals zu hinterfragen. Indem du diese Frage stellst, zwingst du dich, genauer hinzusehen.

- Ist der Gedanke wahr, dass ausnahmslos jeder immer über meine Grenzen geht?
- Ist der Gedanke wahr, dass ich anderen egal bin?
- Ist der Gedanke wahr, dass ein anderer sich erst ändern müsste, ehe ich glücklich sein könnte?
- Ist der Gedanke wahr, dass niemand sieht, wie viel ich leiste?
- Ist der Gedanke wahr, dass ich keine Möglichkeit habe, Grenzen zu ziehen?
- Ist der Gedanke wahr, dass ich der Situation hilflos ausgeliefert bin?

Kannst du absolut sicher sein, dass der Gedanke wahr ist?

Hierbei geht es darum, die Gewissheit deiner Gedanken infrage zu stellen. Viele unserer Überzeugungen sind nicht so unumstößlich, wie wir glauben. Diese Frage eröffnet die Möglichkeit, dass es andere Sichtweisen oder Interpretationen geben könnte. Spiel die Gedanken erneut durch und prüfe, ob du mit der absoluten Gewissheit von 100 Prozent sagen kannst:

- ⋆ Ist der Gedanke wirklich wahr, dass ausnahmslos jeder immer über meine Grenzen geht?
- ⋆ Ist der Gedanke wirklich wahr, dass ich anderen egal bin?
- ⋆ Ist der Gedanke wirklich wahr, dass ein anderer sich erst ändern müsste, ehe ich glücklich sein könnte?
- ⋆ Ist der Gedanke wirklich wahr, dass niemand sieht, wie viel ich leiste?
- ⋆ Ist der Gedanke wirklich wahr, dass ich keine Möglichkeit habe, Grenzen zu ziehen?
- ⋆ Ist der Gedanke wirklich wahr, dass ich der Situation hilflos ausgeliefert bin?

Du darfst, sofern du an dieser Stelle ehrlich bist, feststellen, dass die einzelnen Gedanken lediglich deiner Wahrnehmung und Interpretation entsprechen, nicht aber einer absoluten Wahrheit. Du müsstest erkennen, dass du keinen dieser Sätze mit einer Sicherheit von 100 Prozent beantworten kannst, schon alleine deshalb, weil es in deinem Leben sicherlich auch Erfahrungen außerhalb dieser Absolutheit gab und gibt.

Wie reagierst du auf bestimmte Gedanken? Was passiert, wenn du bestimmte Gedanken glaubst?

Diese Frage erkundet die Auswirkungen deiner Gedanken auf dein emotionales Wohlbefinden und Verhalten. Oft erkennen wir, dass das Festhalten an bestimmten Gedanken Stress, Ärger oder Leiden verursacht.

Was lösen die folgenden Gedanken in dir aus – fühle in dich hinein. Verkrampft sich dein Magen, fällst du gedanklich in ein Loch oder fühlst du dich schlecht?

- ⋆ Ausnahmslos jeder geht immer über meine Grenzen!
- ⋆ Meine Empfindungen und Bedürfnisse sind anderen egal!

- ★ Der andere muss sich erst ändern, bevor ich glücklich sein kann!
- ★ Niemand sieht, wie viel ich leiste!
- ★ Ich habe keine Möglichkeit, Grenzen zu ziehen!
- ★ Ich bin der Situation ausgeliefert!

Wer wärst du ohne diese Gedanken?

An dieser Stelle wirst du aufgefordert, dir vorzustellen, wie dein Leben ohne die belastenden Gedanken aussehen würde. Lass dich geistig auf das Szenario ein, wie du dich fühlen, wie du leben und wie du denken und agieren würdest, gäbe es diese Gedanken nicht.

Die Frage *»Wer wäre ich ohne diese Gedanken?«* eröffnet neue Perspektiven und ermöglicht dir, dich von der Einengung deiner Überzeugungen zu befreien.

Stell dir vor, wie dein Leben aussehen könnte, wenn du den Gedanken, dass ausnahmslos jeder über deine Grenzen geht, änderst in: *»Nein, ich habe aufmerksame Weisheitswächter in mir, die rechtzeitig Bescheid geben, sobald jemand meine Grenzen überschreitet. Anschließend bin ich dazu in der Lage, diese auf eine klare, aber liebevolle Weise zu kommunizieren, sodass es mir mit dem Großteil meiner Lieben immer besser gehen wird.«*

Wenn wir unsere Gedanken auf »leicht erfüllbar« umstellen, können wir wieder voll und ganz die Verantwortung über unsere Gefühle, Gedanken und Handlungen übernehmen. Wir machen uns unabhängiger von den Taten und Worten anderer und werden somit freier.

- ★ Unerfüllbarer Gedanke: *»Ich muss perfekt in allem sein, was ich tue.«* Leicht erfüllbarer Gedanke: *»Ich gebe mein Bestes und lerne aus meinen Erfahrungen.«*

- Unerfüllbarer Gedanke: »*Ich muss von allen gemocht werden.*« Leicht erfüllbarer Gedanke: »*Ich konzentriere mich darauf, authentisch zu sein und gute Beziehungen zu pflegen.*«
- Unerfüllbarer Gedanke: »*Ich darf keine Fehler machen.*« Leicht erfüllbarer Gedanke: »*Fehler sind eine Gelegenheit zum Lernen und Wachsen.*«
- Unerfüllbarer Gedanke: »*Ich muss immer glücklich sein.*« Leicht erfüllbarer Gedanke: »*Es ist in Ordnung, auch mal schlechte Tage zu haben. Ich finde Wege, um mit schwierigen Gefühlen umzugehen.*«
- Unerfüllbarer Gedanke: »*Ich muss alles alleine schaffen.*« Leicht erfüllbarer Gedanke: »*Es ist okay, um Hilfe zu bitten und Unterstützung anzunehmen.*«
- Unerfüllbarer Gedanke: »*Ich muss in kürzester Zeit alles erreichen.*« Leicht erfüllbarer Gedanke: »*Ich setze mir realistische Ziele und arbeite Schritt für Schritt darauf hin.*«

Durch die Anwendung dieser Beispiele kannst du dich selbst dazu ermutigen, deine Gedankenmuster und Überzeugungen zu überdenken. Und du weißt ja mittlerweile, die Art und Weise, wie wir denken, hat für uns alle einen erheblichen Einfluss auf unser emotionales Wohlbefinden.

Kapitel 10

DOMPTEURIN UNTER LÖWEN – ÜBERGRIFFIGE PERSÖNLICHKEITSSTRUKTUREN

Zwischenmenschliche Beziehungen sind ein zentraler Teil unseres sozialen Lebens, umso wichtiger ist es, übergriffige Persönlichkeitsstrukturen zu erkennen, zu verstehen und effektiv mit ihnen umzugehen. Sie treten uneingeladen in unsere Manege, überrumpeln und überfordern uns und sind ganz einfach Grenzüberschreiter. Gleich vorneweg: Wenn du dich nur unter gewissen Umständen und in Anwesenheit gewisser Personen schwertust, deine Bedürfnisse wahrzunehmen, auszusprechen und dafür einzustehen, könnte hinter deinem Gegenüber eine übergriffige Persönlichkeitsstruktur stecken. Die Identifizierung dieser Strukturen kann nicht nur dazu beitragen, unsere eigenen Grenzen zu schützen, sondern auch toxische Dynamiken in Beziehungen zu minimieren. Das folgende Kapitel wird dir einen umfassenden Einblick in die Welt übergriffiger Persönlichkeiten bieten, angefangen bei ihrer Definition bis hin zu wirksamen Abwehrstrategien.

Die Lebenskraft eines Menschen erlischt nicht aufgrund der Masse an Menschen um ihn herum, sondern wegen jener Menschen, die seine Grenzen überschreiten und ungefragt in sein Leben eindringen. Ähnlich wie Schiffe nicht aufgrund des sie umgebenden Wassers sinken, sondern wegen des Wassers, das in sie eindringt, sollten wir darauf achten, dass wir uns vor diesen Einflüssen schützen, die unsere inneren Grenzen verletzen könnten.

Was sind übergriffige Persönlichkeitsstrukturen?

Übergriffige Persönlichkeitsstrukturen sind so vielfältig wie die Geschmacksrichtungen von Eiscreme – und in unserem Leben genauso wenig willkommen wie Zahnarztbesuche. Sie zeichnen sich in der Regel durch ein chronisches Verhalten aus, in die persönlichen Grenzen anderer hineinzuschlittern, als wären diese Grenzen nur Bananenschalen auf dem Gehsteig des Lebens. Das ist natürlich alles andere als spaßig, aber wir werden gemeinsam herausfinden, wie wir diesen Bananenschalen-Entertainern Einhalt gebieten können.

Wodurch sich Grenzüberschreiter entlarven? Hauptsächlich durch verbale Übergriffe! Sie sind die Meister der unangebrachten Worte. Hierbei handelt es sich um abfällige Bemerkungen, beleidigende Kommentare oder das Eindringen in die Privatsphäre durch unangemessene Statements. Eine übergriffige Person gibt etwa private Informationen aus deinem Leben preis, die du eigentlich nicht teilen möchtest, so als ob dein Leben eine unendliche Quelle des Klatsches wäre. Es ist, als würde sie deine Geheimnisse mit einem Megafon auf dem Marktplatz verkünden, obwohl du ihr klipp und klar gesagt hast: »*Hey, das geht niemanden sonst etwas an!*« Übergriffige Personen sind aber auch wie dieser eine Freund, der immer denselben Witz über deinen neuen Haarschnitt macht: »*Na, wieder beim Hundefriseur gewesen?*« Es sind Menschen, die sarkastisch und herablassend mit dir interagieren und bei denen du schon vorab jedes Mal weißt, dass es wieder unangenehm werden wird. Sarkastische Menschen haben by the way nie gelernt, mit unangenehmen Gefühlen und Emotionen umzugehen. Deine Freundin könnte also Neid verspüren, das Gefühl aber nicht verarbeiten können und ist deshalb sarkastisch. Diese Information soll das Verhalten deiner Freundin keineswegs schönreden, sondern lediglich eine Erklärung sein.

Wie könntest du auf verbal übergriffige Menschen reagieren? Am besten mit dem Aufzeigen deiner persönlichen Grenzen. Dadurch übernimmst du Verantwortung für dein Wohlbefinden und erlaubst dem Gegenüber nicht mehr, kommentarlos deine Grenzen zu übertreten. Es gibt erforschte Techniken, die in Konfliktsituationen wirksam sein können. Eine davon ist die Ich-Botschaft. Diese Methode hilft, deine Gefühle und Bedürfnisse klar und respektvoll zu kommunizieren, ohne den Konflikt zu verschärfen. Sie beruht darauf, konstruktiv zu bleiben und nicht in einen destruktiven Strudel zu geraten. Hier sind einige praktische Beispiele:

»Ich fühle mich unwohl, wenn du so über mein Privatleben sprichst. Ich bitte dich, das zu respektieren.« Diese Botschaft drückt deine Gefühle aus und fordert Respekt ein, ohne den anderen anzugreifen.

»Deine Kommentare verletzen mich, und ich glaube nicht, dass das unserer Beziehung guttut. Können wir darüber sprechen, wie wir miteinander umgehen wollen?« Dieser Satz betont die negativen Auswirkungen des Verhaltens auf die Beziehung und lädt zur Kommunikation ein.

Wenn dir das zu steif ist, erinnere dich daran, dass Humor eine großartige Möglichkeit ist, Konflikte zu entschärfen und gleichzeitig deine Grenzen zu setzen. Wenn jemand unangemessene Fragen stellt, könntest du einfach sagen: *»Tut mir leid, ich habe nicht vor, mein Leben als Reality-Show zu verkaufen.«* Gerade dann, wenn du weißt, dass dein Gegenüber das ernste Feedback als »Gefühlsduselei« oder mit den Worten *»Sei doch nicht so empfindlich, das war doch nur Spaß!«* abspeist, ist Humor die Wunderwaffe.

Bei beleidigenden Bemerkungen könntest du aber auch mit einem Augenzwinkern antworten: »*Ja, ich bin beeindruckt, wie kreativ du bist. Ich dachte, die BILD-Zeitung hat ein Abonnement auf solche Schlagzeilen. Wo bleibt mein Honorar?*«

Bei wiederholten verbalen Angriffen könntest du humorvoll erklären: »*Weißt du, deine Worte sind so unangebracht, dass du wahrscheinlich der Grund dafür bist, warum Siri sich manchmal ausschaltet, um nicht zuhören zu müssen.*«

Manchmal ist Ignorieren aber doch die beste Strategie. Du könntest lächeln und einfach sagen: »*Oh, bitte verzeih, ich habe da eben nicht zugehört. Ich habe gerade einen inneren Monolog über das Geheimnis der Schwerkraft geführt. Das war wichtiger.*«

Es gibt aber auch Menschen, die es nicht bei Worten belassen und körperlich werden. Manche, indem sie in deinen persönlichen Raum eindringen, dir sprichwörtlich »zu nahe treten«, andere, indem sie dich ständig anfassen, streicheln oder umarmen wollen. Du kennst vielleicht die Tante, die unbedingt ein Küsschen auf die Backe will, obwohl sich das Kind schon hinter Mamas Rock versteckt hat. Denke an deinen persönlichen Raum wie an einen unsichtbaren Hula-Hoop-Reifen um deine Taille. Ein übergriffiger Mensch ist jemand, der versucht, in deinen Hula-Hoop-Reifen zu kriechen, ohne Einladung und vielleicht sogar ohne guten Grund. Das kann unangenehm und beängstigend sein. Wenn jemand bei einem Gespräch beispielsweise ständig so nahe rückt, dass du die Zahnpasta in seinem Atem riechen kannst, dann hat er deinen Hula-Hoop-Raum definitiv betreten. Wichtig ist hierbei, zu wissen, dass niemand in deinen persönlichen Raum eindringen darf, es sei denn, du lädst ihn dazu ein. So wie du niemanden ungefragt in deine Wohnung lassen würdest, solltest du auch niemanden ohne dein Einverständnis in deinen persönlichen Raum vordringen lassen. Körperliche Übergriffe passieren, wenn jemand diese unsichtbare Grenze ohne deine Zustimmung überschreitet. Das umfasst alle Formen von unerwünschten Berührungen, weil es ein Nichtachten der physischen Grenzen anderer Menschen darstellt.

Es ist enorm wichtig, deine persönlichen Grenzen zu schützen, so wie du deine Wohnungstür abschließt, um unerwünschte Gäste fernzuhalten. Denn es gibt auch Menschen, die gewalttätig werden und ihre körperliche Kraft einsetzen, um dir zu schaden. Dieses Verhalten ist ein absolutes No-Go! Bei allen genannten Beispielen braucht es klare Grenzen und keine Diskussionen. Sobald das körperliche Verhalten eines anderen für dich unangenehm ist, musst du es ihm unverzüglich mitteilen. Jetzt kann es natürlich sein, dass du das übergriffige körperliche Verhalten eines anderen bis jetzt womöglich gar nicht als solches wahrgenommen hast und dir jetzt plötzlich Beispiele einfallen. Vielleicht deshalb, weil du dich daran gewöhnt hast, dass Menschen körperlich deine Grenzen überschreiten, und du gar nicht realisiert hast, dass das falsch ist. Frag dich an dieser Stelle: »Wie wurde mit meinen persönlichen körperlichen Grenzen als Kind umgegangen?«

Der deutsche Philosoph und Schriftsteller Richard David Precht erzählte in einem Podcast, dass er als Kleinkind in eine Gehhilfe gesetzt wurde, die mit einem Gummiband an die Heizung gebunden wurde, wenn seine Eltern zum Tanzen gehen wollten. Einer meiner Klienten wurde die ersten Monate seines Lebens um sieben Uhr morgens in das Bettchen gelegt, bis seine Mama um 14 Uhr wieder von der Arbeit nach Hause kam. Diese körperlichen Zwangsbeglückungen hinterlassen Spuren und auch Schäden. Bei jedem andere, aber sie wirken nach. Es gibt nach wie vor Eltern, die ihre Kinder einfach mal ungefragt irgendwohin tragen. Wir können das regelmäßig auf dem Spielplatz beobachten. Das Kind will noch bleiben und spielen, schwups kommen Mama oder Papa, die heimgehen möchten, schnappen sich kommentarlos das Kind und setzen es in den Kinderwagen. Früher war es gang und gäbe, mit kleinen Kindern wenig zu kommunizieren, sie weder in Entscheidungen einzubinden noch ihnen das Geschehen zu erklären. Im Grunde ein Eingriff in ihre Privatsphäre, der durch ein Ungleichgewicht der Machtverhältnisse entsteht. Bei körperlichen Übergriffen missbraucht einer seine Macht, um sie dem anderen zu demonstrieren. Ein absolutes No-Go!

Deine Reaktion auf körperliche Übergriffe sollte sowohl resolut als auch angemessen sein. Kinder können sich bedauerlicherweise selbst oft nicht zur Wehr setzen, du aber schon. Wie? Darüber sprechen wir jetzt detaillierter.

* *Deutliche Verbalerklärung:* Sag der Person klar und direkt, dass sie deinen Raum zu respektieren hat und dass sie sich bitte zurückziehen soll. Zum Beispiel: *»Verzeihen Sie, aber könnten Sie bitte ein wenig Abstand halten. Ich fühle mich unwohl«, »Lassen Sie mich sofort in Ruhe, sonst rufe ich um Hilfe!«*
* *Körpersprache nutzen:* Manchmal kann nonverbale Kommunikation effektiver sein als Worte. Schiebe die Person sanft, aber bestimmt von dir weg und mach deutlich, dass du deinen persönlichen Raum wahren willst.
* *Flucht:* Wenn sich die Situation bedrohlich anfühlt, zögere nicht, den Ort zu verlassen, so rasch wie möglich!
* *Um Hilfe bitten:* Falls du dich in Gefahr fühlst oder dir nicht anders zu helfen weißt, scheue dich nicht, um Hilfe zu rufen oder die Aufmerksamkeit anderer Menschen auf deine Situation zu lenken. Rufe: »Feuer!« Darauf reagieren Menschen eher als auf »Hilfe!«. Wähle sofort den Notruf, wenn möglich.

- ★ *Selbstverteidigung:* Wenn du dich in einer extrem gefährlichen Situation befindest, in der deine körperliche Sicherheit bedroht ist, ist es ratsam, dich selbst zu verteidigen oder professionelle Hilfe in Anspruch zu nehmen. Denk daran, dass deine Sicherheit oberste Priorität hat, und setze dich nur dann physisch zur Wehr, wenn keine anderen Optionen zur Verfügung stehen und du dich in akuter Gefahr befindest. Es ist immer wichtig, solche Situationen mit Bedacht anzugehen und sich bei Bedarf an Fachleute wie Sicherheitskräfte oder die Polizei zu wenden. Ich möchte dir an dieser Stelle auch Selbstverteidigungskurse sehr ans Herz legen.

In Situationen, in denen du dich unwohl fühlst und deine persönlichen körperlichen Grenzen verletzt werden, ist es oft am besten, das klar und respektvoll zu kommunizieren oder zu zeigen, anstatt mit Humor zu reagieren. Das liegt daran, dass humorvolle Antworten manchmal missverstanden oder als Einladung für ein weiteres Fehlverhalten interpretiert werden können. In vielen Fällen ist deshalb eine direkte und ernsthafte Reaktion angemessener und effektiver.

Emotionaler Missbrauch

Emotionaler Missbrauch ist im Gegensatz zu körperlichen Übergriffen so subtil, dass er manchmal schwer zu erkennen ist, kann aber die emotionale Gesundheit einer Person immens beeinträchtigen. Er arbeitet wie ein Gift, das sich langsam in deine Gefühle einschleicht und dich davon überzeugt, dass du schuld an allem bist, von der schlechten Wettervorhersage bis zur Unordnung in der Garage.

Unter emotionalen Missbrauch fallen Manipulation, Schuldzuweisungen, Einschüchterung und das gezielte Spielen mit den Gefühlen anderer. Es fühlt sich an, als würde jemand ständig versuchen, dich emotional zu manipulieren, um seine eigenen Ziele zu erreichen. Emotionaler Missbrauch ist eine besonders ausgeklügelte und schädliche Form von Übergriffen auf die persönlichen Grenzen anderer. Anders als bei physischen Übergriffen oder verbalen Attacken, bei denen die Verletzungen oft offensichtlich sind, ist emotionaler Missbrauch häufig schwieriger zu erkennen und leider auch herausfordernd zu beweisen, was ihn besonders perfide macht! Schauen wir uns deshalb genauer an, wie emotionaler Missbrauch im Detail aussieht.

Manipulation durch Schuldzuweisungen, Lügen und Einschüchterung

Die manipulative Person versucht, dein Verhalten, deine Entscheidungen und deine Gefühle zu kontrollieren, indem sie Taktiken wie Schuldgefühle, Lügen oder emotionale Erpressung einsetzt. Die Person macht dich für ihre eigenen Probleme und Unzulänglichkeiten verantwortlich und schiebt dir die alleinige Schuld zu.

Die Person sagt zum Beispiel: »*Wenn du mich wirklich lieben würdest, würdest du das für mich tun.*« Das ist natürlich ein völliger Unsinn. Liebe lässt sich nicht daran messen, etwas für jemanden zu tun, das einem widerstrebt. Es ist wirklich wichtig, dass du sofort einschreitest, wenn jemand dich durch Schuldgefühle zu manipulieren versucht. Verinnerliche, dass du nicht für die Gefühle oder Handlungen anderer verantwortlich bist. Ziehe klare Grenzen und erkläre, dass du dich nicht manipulieren lassen wirst, um dich schuldig zu fühlen. Ich möchte das anhand eines Dialogs verdeutlichen:

Manipulative Person: »*Wenn du mich wirklich lieben würdest, würdest du das für mich tun.*«

Du: »*Ich verstehe, dass du das möchtest, aber ich fühle mich unwohl dabei, das zu tun. Ich möchte, dass du verstehst, dass meine Liebe zu dir nicht davon abhängt, ob ich das tue oder nicht. Es ist wichtig für mich, meine eigenen Grenzen zu respektieren und authentisch zu bleiben.*«

Manipulative Person: »*Aber du hast mich schon so oft enttäuscht. Ich dachte, du würdest für mich da sein.*«

Du: »*Es tut mir leid, dass du dich enttäuscht fühlst, aber ich kann nicht für etwas verantwortlich gemacht werden, das außerhalb meiner Kontrolle liegt. Ich bin gerne bereit, dir auf andere Weise zu helfen und dich zu unterstützen, aber ich kann nicht meine eigenen Bedürfnisse und Grenzen vernachlässigen, um deine zu erfüllen.*«

Manipulative Person: »*Du denkst nur an dich selbst. Du kümmerst dich nicht wirklich um mich.*«

Du: »*Es tut mir leid, dass du das so siehst. Ich versuche, auf meine eigenen Bedürfnisse und Grenzen zu achten, während ich gleichzeitig für dich da bin. Ich hoffe, dass wir eine Möglichkeit finden können, die für uns beide funktioniert.*«

In diesem Beispiel bleibst du ruhig, bestimmt und beharrlich in deiner Kommunikation und artikulierst dich klar, ohne dich schuldig machen zu lassen. Du betonst deine Liebe und Unterstützung für die andere Person, während du gleichzeitig deine eigenen Bedürfnisse und Grenzen respektierst und deutlich aussprichst. Das zeigt ein gesundes Verhalten und eine effektive Reaktion auf manipulative Taktiken. Du musst dich weder erklären noch selbst übergriffig werden, um dein Gegenüber in die Schranken zu weisen.

Ein anderes Beispiel: Die manipulative Person lügt oft. Sie verbreitet falsche Informationen oder täuscht, um dich dazu zu bringen, etwas zu tun oder zu glauben, was in ihrem eigenen Interesse liegt. Die Person verfälscht Tatsachen über vergangene Ereignisse, um ihre Version der Realität zu unterstützen.

Manipulative Person: *»Ich habe gehört, dass du letzte Woche schlecht über mich geredet hast. Warum tust du das?«*

Du: *»Das stimmt nicht, ich habe nicht schlecht über dich geredet. Woher hast du das?«*

Manipulative Person: *»Ich habe es von mehreren Leuten gehört. Du kannst es nicht leugnen.«*

Du: *»Es tut mir leid, dass du das gehört hast, aber das ist einfach nicht wahr. Ich habe nicht über dich gesprochen.«*

Manipulative Person: *»Du bist einfach nicht ehrlich. Ich kann es in deinen Augen sehen, dass du lügst.«*

Du: *»Ich versichere dir, dass ich die Wahrheit sage. Wenn du Beweise dafür hast, dass ich über dich geredet habe, würde ich gerne darüber sprechen und das Missverständnis klären.«*

Manipulative Person: *»Ich brauche keine Beweise, um zu wissen, was ich gehört habe. Du versuchst nur, dich herauszureden.«*

Du: *»Es tut mir leid, dass du das so siehst. Ich bin bereit, mit dir darüber zu sprechen und zu versuchen, das Missverständnis auszuräumen, aber ich kann nicht akzeptieren, dass du mich ohne Beweise beschuldigst.«*

Ein weiteres Beispiel wäre folgendes:

Manipulative Person: *»Ich habe dir doch gesagt, dass ich gestern bis spät in die Nacht gearbeitet habe, aber du hast mir nicht geglaubt.«*

Du: *»Ich habe Verständnis dafür, dass du viel zu tun hast, aber ich habe Zweifel an deinen Aussagen. Es wäre hilfreich, wenn du mir mehr Informationen über deine Arbeit geben könntest, damit ich dich besser verstehen kann.«*

Manipulative Person: *»Ich habe dir doch gesagt, dass*

ich Überstunden gemacht habe. Du vertraust mir einfach nicht!«

Du: »*Ich möchte dir vertrauen, aber ich brauche Beweise, um deine Aussagen zu überprüfen. Wenn du mir konkrete Informationen geben könntest, könnte das dazu beitragen, Missverständnisse zu klären und Vertrauen aufzubauen.*«

Manipulative Person: »*Warum kannst du mir nicht einfach glauben? Du denkst immer das Schlechteste von mir!*«

Du: »*Es ist wichtig für mich, eine ehrliche und transparente Beziehung zu führen. Ich möchte sicherstellen, dass wir uns gegenseitig vertrauen können, und dazu gehört auch, dass wir offen über unsere Aktivitäten und Entscheidungen sprechen. Ich bin bereit, dir zu glauben, wenn du mir Beweise dafür lieferst.*«

Forder Beweise an und überprüfe die Informationen, wenn möglich. Bleib ruhig und behalte deine Fakten im Auge. Verweigere es, auf falsche Darstellungen einzugehen, und bestehe auf Ehrlichkeit und Transparenz in der Beziehung und Kommunikation.

Der Täter kann auch versuchen, dich einzuschüchtern oder zu bedrohen, um dich kleinzureden und unter Kontrolle zu halten. Dieses Vorgehen kann Angst und Unsicherheit verursachen. So kann die manipulative Person absichtlich deine Gefühle ausnutzen, um dich dazu zu bringen, das zu tun, was sie will. Das kann durch die bewusste Auslösung von Schuldgefühlen oder das Spielen mit deinen Ängsten geschehen.

Um emotionalen Missbrauch zu erkennen und angemessen darauf zu reagieren, ist es wichtig, entweder auf hinweisgebende Freunde zu vertrauen oder auf deine eigenen Gefühle und Gedanken besonders gut zu achten und ihnen auch zu vertrauen! Wenn du das Gefühl hast, dass du in einer Beziehung oder Situation emotional ausgebeutet wirst, solltest du nicht nur in Erwägung ziehen, Grenzen zu setzen, sondern dir auch Hilfe von vertrauenswürdigen Freundinnen, Familienmitgliedern oder Fachleuten holen. Das sollte auch relativ rasch geschehen, denn die Gefahr, dass du beginnst, an dir und deinen Gefühlen zu zweifeln, ist groß. Vielleicht sagst du dir dann: »*Nun, er meint es sicher nicht so*«, oder: »*Ich reagiere sicher über.*« Spiele deine Empfindungen aber auf keinen Fall herunter. Sprich deutlich deine Bedenken gegenüber der Person aus und erkläre, welche Verhaltensweisen für dich inakzeptabel sind. Kommuniziere klar, dass dir deine Grenzen wichtig sind.

»*Ich brauche meinen persönlichen Raum und meine Grenzen. Bitte respektiere das.*« – Dieser Satz macht deutlich, dass du deine Grenzen schützt und Wert auf deine Privatsphäre legst.

»*Ich werde nicht länger akzeptieren, dass du mich körperlich berührst, ohne meine Zustimmung einzuholen.*« – Hier ziehst du eine klare Grenze bezüglich körperlicher Übergriffe.

»*Deine Kommentare und Bemerkungen verletzen mich und beeinträchtigen meine emotionale Gesundheit. Ich werde nicht zulassen, dass du weiterhin so mit mir umgehst.*« – Dieser Satz benennt den emotionalen Missbrauch und zeigt, dass du dies nicht länger hinnehmen wirst.

»*Ich möchte, dass du aufhörst, mich zu manipulieren oder Schuld auf mich abzuwälzen. Ich werde nicht zulassen, dass meine Gefühle für deine Zwecke ausgenutzt werden.*« – Hier sprichst du dich, ohne Zweifel zu lassen, gegen die emotionale Manipulation aus.

Suche Unterstützung

Sprich mit Freunden, Familienmitgliedern oder einer Therapeutin über deine Erfahrungen. Schäme dich bitte nicht dafür. Tu auch nicht alles, um die heile Welt vorzuspielen, wenn das nicht der Realität entspricht. Ein gesundes, starkes und unterstützendes Umfeld kann dir helfen, deine Gefühle zu verarbeiten, und dir zur Seite stehen. Es kann schwierig sein, darüber zu sprechen, sich emotional missbraucht zu fühlen, aber Kommunikation ist entscheidend. Hier sind einige Sätze, die du verwenden kannst, um anderen mitzuteilen, wie du dich fühlst und welche Art von Unterstützung du benötigst:

»*Ich möchte mit dir über etwas sprechen, das mir auf dem Herzen liegt. In letzter Zeit habe ich das Gefühl, emotional belastet zu sein, und ich brauche deine Hilfe.*« – Dieser Satz eröffnet das Gespräch und zeigt, dass du Unterstützung suchst.

»*Ich habe bemerkt, dass bestimmte Verhaltensweisen mich sehr verletzen und belasten. Könnten wir darüber sprechen und gemeinsam eine Lösung finden?*« – Hier betonst du die Zusammenarbeit, um das Problem anzugehen.

»*Ich brauche jemanden zum Zuhören und zum Austauschen meiner Gefühle. Hast du ein offenes Ohr für mich und kannst mir helfen, damit umzugehen?*« – Dieser Satz drückt dein Bedürfnis nach jemandem aus, der dir zuhört und dir hilft.

»*Ich glaube, ich brauche professionelle Unterstützung, um besser mit meinen Gefühlen umzugehen. Könntest du mir bei der Suche nach einem Therapeuten oder einer Beraterin helfen?*« – Hier zeigst du, dass du professionelle Hilfe in Betracht ziehst und Unterstützung bei der Suche benötigst.

Die Schlüsselwörter in diesen Sätzen sind »sprechen«, »Unterstützung« und »zusammen«. Du signalisierst, dass du eine offene Kommunikation wünschst und darauf hinarbeitest, Lösungen gemeinsam zu finden.

Emotionaler Missbrauch kann oft dazu führen, dass du dich schuldig oder unsicher fühlst. Bleib dennoch standhaft bei deinen Entscheidungen und Grenzen. Erwäge bitte auch unbedingt eine Beendigung der Beziehung. Wenn der Missbrauch fortgesetzt wird und sich nicht ändert, ist es unabkömmlich, die Beziehung sofort aufzugeben, um deine eigene Gesundheit und dein Wohlbefinden zu schützen. Bitte arbeite daran, zu verstehen, dass emotionaler Missbrauch nicht deine Schuld ist und du das Recht hast, dich dagegen zu wehren und deine persönlichen Grenzen zu schützen. Das Beenden einer Beziehung aufgrund von anhaltendem Missbrauch ist eine schwierige, aber manchmal notwendige Entscheidung. Hier findest du eine kurze Schritt-für-Schritt-Anleitung, um deine Entscheidung zu erklären:

- ⋆ *Vorbereitung:* Reflektiere gründlich über deine Entscheidung und stell sicher, dass du dir deiner Gefühle und Bedürfnisse bewusst bist. Es kann hilfreich sein, deine Gedanken und Gründe schriftlich festzuhalten.
- ⋆ *Das Gespräch suchen:* Wenn du dich sicher und bereit fühlst, suche ein ruhiges und privates Gespräch mit der übergriffigen Person. Erkläre, dass du ein wichtiges Anliegen hast und darüber sprechen willst.
- ⋆ *Ehrlichkeit:* Sei ehrlich, aber respektvoll. Äußere deine Gedanken, aber nicht deine Angst. Denn aus deiner Angst nährt sich ein Täter. Vermeide Vorwürfe und Schuldzuweisungen. Sag beispielsweise: »*Ich habe viel darüber nachgedacht, und ich glaube, es ist für uns beide das Beste, wenn wir unsere Beziehung beenden.*«
- ⋆ *Erklärung der Gründe:* Teile die Gründe für deine Entscheidung mit. Zum Beispiel könntest du sagen: »*Die anhaltenden Belastungen und der Missbrauch in unserer Beziehung haben meine Gesundheit und mein Wohlbefinden stark beeinträchtigt, und ich kann das nicht länger zulassen.*« Sag nicht mehr und lass dich auch nicht in weitere Gespräche hineinziehen.
- ⋆ *Grenzen setzen:* Betone, dass deine Entscheidung endgültig ist und dass du klare Grenzen ziehen musst, um

dich selbst zu schützen. Du könntest sagen: *»Ich habe Grenzen und Bedürfnisse, die respektiert werden müssen, und ich werde sie in Zukunft schützen.«*

- *Keine Diskussion:* In vielen Fällen wird die übergriffige Person versuchen, die Beziehung zu verteidigen oder die Trennung zu verhindern. Es ist wichtig, standhaft zu bleiben und klarzustellen, dass deine Entscheidung endgültig ist und du keine Diskussion darüber führen wirst. Manches Mal ist es auch notwendig, deine Sachen kommentarlos zu packen und dich nicht mehr zu erklären.
- *Unterstützung:* Such dir Unterstützung von Freunden, Familie oder einer Therapeutin, um diesen Prozess zu bewältigen. Es kann emotional belastend sein, eine Beziehung zu beenden, und Unterstützung kann dir helfen, damit umzugehen. Lösche den Kontakt aus deinem Handy und beantworte keine Mails, WhatsApp-Nachrichten oder Anrufe. Entzieh dich der Person gänzlich. Solltet ihr gemeinsame Kinder haben, kannst du die Korrespondenz über einen Freund, eine Anwältin oder Mediatorin, das Jugendamt oder Gericht laufen lassen.
- *Selbstpflege:* Nach der Trennung ist Selbstfürsorge entscheidend. Nimm dir Zeit, um dich zu erholen und deine eigene Gesundheit wiederherzustellen. Deine Sicherheit und dein Wohlbefinden müssen oberste Priorität haben. Das Beenden einer Beziehung kann schwierig sein, aber wenn sie von Missbrauch geprägt ist, ist es die beste Entscheidung für deine Gesundheit.

Die Dynamik des Machtmissbrauchs

Übergriffige Persönlichkeiten streben oft danach, die Kontrolle über andere Menschen und ihre Umgebung zu behalten. Sie versuchen, Entscheidungen und Handlungen anderer zu dominieren und zu steuern. Machtmissbrauch ist so eine übergriffige Taktik, bei der die betreffende Person versucht, die Regie in deiner Zirkusnummer zu übernehmen. Diese Dynamik kann sehr destruktiv sein, und es ist wichtig, sie zu erkennen und angemessen darauf zu reagieren. Leider findet sich Machtmissbrauch in nahezu allen menschlichen Interaktionen, aber vorwiegend in beruflichen Kontexten. Deshalb empfehle ich in so einem Fall ein rasches Handeln, in Form eines Beraters.

Wenn die übergriffige Person wie ein Regisseur auftritt, der ständig versucht, dein Drehbuch zu ändern, ohne Rücksicht auf deine eigenen Bedürfnisse und Wünsche, kann sich das wie eine unerwünschte Umgestaltung deines Lebens anfühlen, bei der du plötzlich die Rolle des Statisten in deiner eigenen Show spielst. Deshalb üben wir nun gemeinsam, wie du damit umgehen könntest.

Wenn jemand deine Entscheidungen zu dominieren versucht, könntest du sagen: »*Ich schätze deine Meinung, aber ich bin mir sicher, dass dies die richtige Entscheidung für mich ist*«, oder: »*Ich schätze deine Ratschläge, aber ich werde meine eigenen Entscheidungen treffen*«, oder: »*Du bist wirklich gut im Regieführen, aber das ist mein Stück und ich spiele hier die Hauptrolle.*«

Wenn jemand versucht, deine Aufgaben zu übernehmen, könntest du erklären: »*Danke für dein Angebot, aber ich werde das selbst erledigen.*«

Wenn jemand deine Pläne ohne deine Zustimmung ändert, könntest du sagen: »*Ich kann verstehen, wenn du etwas anderes vorhast, aber ich habe meine Pläne bereits ge-*

macht«, oder humorvoller: *»Ich habe gerade das Drehbuch geändert, und ich denke, es wird eine Solo-Performance.«*

Wenn du mit einer unangebrachten Forderung konfrontiert wirst, könntest du antworten: *»Ich verstehe, dass du das möchtest, aber das passt nicht zu meinen Zielen und Bedürfnissen«*, oder humorvoller: *»Ich wusste nicht, dass du die Souffleuse bist! Ich habe meine Texte im Griff, danke.«*

Wenn jemand in deine Privatsphäre eindringt, könntest du sagen: *»Ich schätze unsere Beziehung, aber es gibt Dinge, die ich privat halten möchte«*, oder: *»Es ist mir wichtig, meine Zeit sorgfältig zu planen, und ich habe bemerkt, dass unerwartete Besuche mich aus dem Gleichgewicht bringen. Könnten wir das bitte im Voraus absprechen?«* Hier drückst du dein Bedürfnis nach Planung aus und bietest gleichzeitig eine Lösung an.

Wenn der Machtmissbrauch anhält, könntest du sagen: *»Ich habe festgestellt, dass unsere Interaktionen ungesund für mich sind, daher werde ich mich vorübergehend zurückziehen, um darüber nachzudenken, wie wir weitermachen können.«*

Erkennung übergriffiger Persönlichkeitsstrukturen

Die Identifizierung übergriffiger Persönlichkeitsstrukturen kann eine Herausforderung sein, da sie oft geschickt getarnt sind. Es erfordert eine aufmerksame Beobachtung und ein tiefes Verständnis der zugrunde liegenden Dynamiken. Hier sind einige Anzeichen, die dir bei der Erkennung helfen können.

* *Mangel an Empathie:* Eine häufige Charakteristik ist das Fehlen von Empathie für die Gefühle und Bedürfnisse anderer. Wenn sich jemand wenig darum schert, wie seine Handlungen andere beeinflussen, könnte dies ein Warnsignal sein. Auch ein übermäßiges Bedürfnis nach Kontrolle und Dominanz ist ein Hinweis auf übergriffiges Verhalten. Übergriffige Persönlichkeiten sind manchmal wie diese Film-Superschurken, die einfach nicht bemerken, dass die Welt nicht nur um sie herum existiert. Wenn du also jemanden kennst, der wiederkehrend unsensibel auf deine Belange reagiert und nur um sich kreist, könnte das ein subtiler Hinweis sein.
* *Unfähigkeit, Verantwortung für das eigene Verhalten zu übernehmen:* Übergriffige Menschen neigen dazu, anderen die Schuld für ihre Probleme zuzuschieben und sich selbst als Opfer darzustellen. Diese Menschen scheinen einen ständigen Vorrat an Ausreden zu haben, um sich selbst von jeglicher Schuld freizusprechen. Ihr Verhalten erinnert an die Ausreden eines schlechten Superhelden, der immer jemand anderen für seine Misserfolge verantwortlich macht. *»Nein, ich habe den Schurken nicht verpasst, er hat sich nur schneller bewegt als erwartet!«* Übergriffige Persönlichkeiten scheinen in einem konstanten Zyklus der Schuldverschiebung gefangen zu sein.
* *Machtstreben:* Menschen, die nach Macht streben, versuchen, die Kontrolle über ihre Umgebung und die Menschen um sich herum aufrechtzuerhalten, selbst wenn dies die persönliche Freiheit und Integrität anderer verletzt. Zum Beispiel könnten sie versuchen, dein Leben oder deine Entscheidungen zu dominieren. Häufig haben übergriffige Personen ein geringes Selbstwertgefühl und suchen nach externer Bestätigung und Macht, um ihre eigenen Unsicherheiten zu kompensieren. Sie könnten beispielsweise ständig Lob und Auf-

merksamkeit von anderen einfordern und gekränkt oder eingeschnappt reagieren, sobald sie zu wenig Beachtung oder Zuwendung bekommen.

- *Unehrlichkeit:* Übergriffige Menschen neigen dazu, andere zu täuschen und Unwahrheiten zu verbreiten, um ihre eigenen Interessen zu schützen. Das kann in Form von Lügen, Halbwahrheiten oder dem Verschweigen wichtiger Informationen geschehen.
- *Respektlosigkeit:* Übergriffige Personen zeigen oft wenig Respekt für die persönlichen Grenzen und die Autonomie anderer. Sie setzen sich über ihre Grenzen hinweg, ohne Rücksicht auf ihre Wünsche oder Bedenken.
- *Isolation:* In einigen Fällen versuchen sie, andere von sozialen Unterstützungsnetzwerken zu isolieren. Das dient dazu, ihre Kontrolle zu stärken und das Opfer von potenziellen Unterstützungsquellen zu trennen.

Löwenbändigen: Grenzen setzen gegenüber übergriffigen Persönlichkeitsstrukturen

Das Setzen von klaren und effektiven Grenzen gegenüber übergriffigen Persönlichkeitsstrukturen ist entscheidend, um die persönliche Integrität zu schützen und toxische Beziehungen zu vermeiden. Hier sind noch einmal die wichtigsten Schritte, wie du dich klar distanzieren kannst, zusammengefasst.

- *Selbstreflexion und Selbstbewusstsein:* Der erste Schritt besteht darin, dir über deine eigenen Bedürfnisse, Werte und Grenzen bewusst zu werden. Das ermöglicht dir, klar zu definieren, was für dich akzeptabel ist und was nicht.

* *Kommunikation:* Eine offene, ehrliche und respektvolle Kommunikation ist von entscheidender Bedeutung. Sprich ruhig und bestimmt über deine Gefühle und Grenzen, wenn du dich unwohl fühlst oder unangemessenes Verhalten feststellst.
* *Nein sagen:* Lerne Nein zu sagen, wenn deine Grenzen überschritten werden. Das erfordert Selbstbewusstsein und die Fähigkeit, deine eigenen Bedürfnisse über die Wünsche anderer zu stellen.
* *Selbstfürsorge:* Pflege dich selbst, um deine emotionale Widerstandsfähigkeit zu stärken. Das umfasst auch die Suche nach Unterstützung bei Therapeuten oder Beraterinnen, wenn dies notwendig ist.
* *Entfernung:* In einigen Fällen kann es notwendig sein, dich physisch oder emotional von übergriffigen Personen zu entfernen, um deine eigenen Grenzen zu schützen. Das kann schwierig sein, aber es ist manchmal der einzige Weg, um deine Gesundheit und Sicherheit zu gewährleisten.

Der innere Kritiker

Aber es gibt im Leben nicht nur Konflikte mit anderen Menschen oder übergriffigen Persönlichkeiten, sondern auch Konflikte, die wir mit uns selbst austragen müssen, sobald wir uns für oder gegen etwas entscheiden. Wir tragen eine Art inneren Kritiker in uns, der uns bewertet und auf die Finger schaut. Das Prinzip geht auf die Arbeit von Psychologinnen und Psychologen wie Melanie Klein und Donald W. Winnicott zurück, die die Idee entwickelten, dass wir alle ein inneres Team von Stimmen oder »Ich-Zuständen« haben. Einer davon ist der innere Kritiker, der dazu neigt, uns selbst zu beurteilen, und sehr streng, manchmal sogar gnadenlos dabei sein kann. Der innere Kritiker ist wie eine überkritische Person, die nie zufrieden ist und immer etwas zu bemängeln hat. Er kann uns infrage stellen oder uns in schwierigen Zeiten niederdrücken. Dieser innere Kritiker kann uns daran hindern, unsere Bedürfnisse zu erkennen und angemessen für uns selbst einzustehen. In gewisser Weise ist er ein Überbleibsel aus vergangenen Erfahrungen und Erziehungsstilen und erfordert das Setzen unserer eigenen Grenzen. Er kann uns in Situationen hineinziehen, in denen wir uns selbst sabotieren, oder uns dazu bringen, uns schuldig zu fühlen, wenn wir Grenzen setzen. Das Wissen um seine Existenz kann der erste Schritt sein, um ihn zu verstehen und schließlich zu beruhigen oder umzupolen.

Das Ziel ist dabei nicht, den inneren Kritiker loszuwerden, sondern eine gesündere Beziehung zu ihm aufzubauen. Ähnlich wie eine strenge Lehrerin oder ein erbarmungsloser Trainer kann der innere Kritiker uns dazu inspirieren, unser Bestes zu geben und zu wachsen. Aber wir müssen auch lernen, ihn in seine Schranken zu verweisen, wenn er zu weit geht und uns daran hindert, unsere Bedürfnisse zu respektieren. In gewisser Weise können wir sagen, dass ein bewusster Umgang mit unserem inneren Kritiker ein Akt der Selbstfürsorge und Selbstakzeptanz vor allem in Bezug auf unsere persönlichen Grenzen ist. Es geht darum, uns selbst so zu behandeln, wie wir es mit einem Freund oder geliebten Menschen tun würden, und nicht zuzulassen, dass wir ständig gemaßregelt werden. Wir müssen dem inneren Kritiker eine deutliche und klare Grenze aufzeigen und bei seinem nächsten Angriffsversuch laut und deutlich *»Stopp!«* sagen. Wenn wir diese innere Balance finden, sind wir besser in der Lage, Konflikte, sei es mit anderen oder mit uns selbst, auf eine gesunde und konstruktive Weise zu managen. Der innere Kritiker stellt unsere Bedürfnisse und Grenzen nämlich infrage und sorgt somit dafür, dass wir das notwendige Gespräch gar nicht erst beginnen. Wir befinden uns anschließend in einem inneren Konflikt und führen Selbstgespräche: »*Was, wenn ich mein Bedürfnis mitteile und mein Gegenüber damit nicht umgehen kann und mich belächelt? Was, wenn ich dann Ablehnung erfahre und allein dastehe? Was, wenn es gar nicht so schlimm ist und ich mich nicht so anstellen soll? Was aber, wenn ich genau richtig liege und endlich aussprechen sollte, was offensichtlich ist?*«

Wenn wir uns in einem inneren Konflikt befinden, ist es so, als ob verschiedene innere »Teammitglieder« miteinander diskutieren würden. Diese Teammitglieder repräsentieren verschiedene Aspekte unserer Persönlichkeit, Überzeugungen und Erfahrungen. Wir können es uns wie eine Fußballmannschaft in unserem Inneren vorstellen. Da ist einmal unser *innerer Kritiker,* der oft hart und selbstkritisch ist. Er sorgt sich, Fehler zu machen oder von anderen negativ beurteilt zu werden, und neigt dazu, uns zurückzuhalten. Er ist bei inneren Konflikten oft stark präsent. Das *rationale Ich* hingegen versucht, die Dinge objektiv zu betrachten, und trifft Entscheidungen aufgrund von Fakten und Vernunft. Es neigt dazu, logisch und besonnen zu sein. Ein weiteres Teammitglied ist das *emotionale Ich*, das unsere Gefühle betrifft und starken Einfluss auf unsere Entscheidungen haben kann, da es auf unseren tiefsten Emotionen und Erfahrungen basiert. Das *besorgte Ich* macht sich oft Sorgen und äußert Ängste oder Bedenken. Es neigt dazu, vorsichtig und ängstlich zu sein, ganz anders als das *selbstbewusste Ich.* Dieses Teammitglied ist optimistisch und selbstsicher. Es ermutigt uns, Chancen zu ergreifen und Risiken einzugehen. Um unsere zwischenmenschlichen Beziehungen kümmert sich das *soziale Ich.* Es macht sich Gedanken darüber, wie unsere Entscheidungen auf andere wirken und wie sie unsere sozialen Beziehungen beeinflussen könnten.

Wenn wir in einem inneren Konflikt stehen, treten die

genannten Teammitglieder in einen Dialog miteinander. Jeder Beteiligte hat seine eigenen Interessen, Ansichten und Perspektiven. Der innere Kritiker kann beispielsweise Bedenken äußern, während das rationale Ich versucht, logische Argumente zu liefern. Das emotionale Ich kann starke Gefühle ins Spiel bringen, und das besorgte Ich kann Ängste äußern.

Die Kunst besteht darin, diese inneren Teammitglieder zu erkennen und zu verstehen. Wenn wir uns ihrer Existenz bewusst sind, können wir fundiertere Entscheidungen treffen und Konflikte in uns selbst besser lösen. Anschließend haben wir womöglich ein deutlich besseres Gefühl, mit anderen über unsere Bedürfnisse, Grenzen und Gefühle zu sprechen, weil wir diese den einzelnen Teammitgliedern zuordnen können und daher verstehen, wieso sie uns unterschiedliche Ratschläge zuflüstern. Es geht darum, ein Gleichgewicht zwischen diesen verschiedenen Stimmen zu finden und eine innere Harmonie herzustellen, die es uns ermöglicht, in Einklang mit unseren Werten und Bedürfnissen zu handeln.

Manches Mal im Leben geschehen Ereignisse, die uns dazu einladen, neu zu denken und zu handeln. Sobald wir uns zu viel aufbürden und meinen, wir hätten keine andere Wahl, sind wir dazu aufgerufen, zu lernen, besser auf unsere mentale, aber auch physische Gesundheit zu achten.

Meine Mama war vor ihrer Rente Psychotherapeutin im Hochsicherheitstrakt eines Gefängnisses. Sie liebte ihre Arbeit und half den Inhaftierten, wo sie nur konnte. Sie fühlte sich dazu berufen und wusste, dass der Ort, den beinahe jeder ihrer Kollegen mied, genau richtig für sie war. Doch eines Tages, nach vielen, vielen Jahren, fühlte sie diesen Ruf nicht mehr. Sie erkannte, dass es nicht mehr die Zeit war, täglich mit Schwerverbrechern zu sprechen, und hörte schweren Herzens damit auf, dieser Arbeit, die sie so viele Jahre erfüllt hatte, nachzugehen.

Eine meiner Freundinnen bemerkte nach etwa vier Jahren, in denen sie sich um ihre Kinder zu Hause gekümmert hatte, dass sie diese alleinige Tätigkeit nicht mehr ausfüllte. Sie sehnte sich nach mehr. Es kostete sie große Überwindung, das an ihren Mann, die Kinder und die Familie zu kommunizieren. War sie doch vor Jahren so vehement dafür eingestanden, ihre Karriere zu beenden und sich um ihre Kinder zu kümmern. Sie hatte sich damals im Job ausgebrannt gefühlt und wollte ihrem Leben einen anderen Sinn geben. Nun, vier Jahre später, erkannte sie, dass sie ihre Erfüllung darin sah, beides zu leben. Die Mutterrolle und ihre Arbeit als Grundschullehrerin. Sie bat ihre Familie darum, ihrer Entscheidung kein »Wir haben es dir doch gesagt« entgegenzuwerfen, sondern mit ihr an Lösungen zu arbeiten, wie sich der Alltag neu gestalten ließ. Es ist nicht immer einfach, zu kommunizieren, dass wir an unsere persönlichen Grenzen gelangt sind. Es erfordert Tatkraft, Mut, Ausdauer und Geduld. Aber es lohnt sich. Immer. Denn dein Wohlbefinden, deine Selbstachtung ist mehr wert als die Angst vor Veränderung.

Kapitel 11

DER HOCHSEILAKT DER SELBSTFÜRSORGE

Gerade in unserem Alltag, der oft so hektisch und chaotisch ist, spielt Selbstfürsorge eine Rolle, die häufig unterschätzt wird. Selbstfürsorge ist keine neumodische Marotte oder ein Luxus, den sich nur wenige leisten können – sie ist ein grundlegender Baustein unseres Wohlbefindens. Denk daran, wie du dich fühlst, wenn du aus einem Nickerchen aufwachst, das so großartig war, dass selbst ein Faultier vor Neid erblassen würde. Das ist Selbstfürsorge in Aktion.

Studien unterstützen die Ansicht, dass Neinsagen eine Form der Selbstfürsorge ist, die dazu beiträgt, Überforderung zu vermeiden und ein gesünderes Gleichgewicht im Leben zu erreichen. Als berufstätige Mama von fünf Kindern weiß ich nur zu gut, wie wohlig sich Selbstfürsorge anfühlen kann und wie wenig wir darauf achten. Gerade dann, wenn wir uns total »eingespannt« fühlen und uns durch den Alltag hindurchfunktionieren, kommt sie regelmäßig zu kurz. Schwups ist es schon wieder Abend und wir fragen uns: *»Habe ich heute eigentlich schon mal fünf Minuten etwas nur für mich gemacht?«* Vor allem, wenn wir sehr viel Verantwortung tragen, fällt die Antwort meist mit einem nüchternen Kopfschütteln aus. Klug, wie wir sind, verschieben wir Selbstfürsorge dann auf den nächsten Tag, aufs Wochenende oder in den Urlaub hinein. Doch je länger wir uns nicht um sie kümmern, umso gefährlicher wird es für uns. Selbstfürsorge bedeutet nicht, ab und zu ein Bad zu nehmen oder mal spazieren zu gehen, sondern Verantwortung für uns in Form von Fürsorge direkt in den Alltagsablauf zu integrieren und somit zu einer täglichen Gewohnheit zu machen. Wenn du dich jetzt fragst, wie das gehen soll, verstehe ich das nur zu gut und mache dir daher in diesem Kapitel ein paar Vorschläge.

Nahrung für den Artistenkörper

Denk daran, dass dein Körper im Grunde genommen eine Maschine ist, die richtigen Treibstoff benötigt. Eine bunte Vielfalt an Nahrungsmitteln, vollgepackt mit Vitaminen, Mineralien und gesunden Nährstoffen. Gerade junge Eltern berichten mir häufig, dass sie meist die »Resteverwerter« des Kindertellers sind und keine Zeit haben, sich das zuzubereiten, was ihnen selbst guttut oder schmeckt. Da machen schnell mal Pasta, Knödel und Pommes das alltägliche Menü aus, weil es schnell gehen muss und die ewige Diskussion um Brokkoli einfach an den Kräften zehrt. *»So ist es einfacher, unkomplizierter und weniger stressig«*, lautet das Argument.

Aber auch Berufstätige, die viel unterwegs sind, neigen dazu, sich mit Fast Food und schnellen Zwischenmahlzeiten zu verpflegen: *»In der Kantine schmeckt es einfach nicht und unterwegs gibt es nichts Gesundes!«*, lautet hier die Ausrede. Doch wohin führt diese Haltung nach einigen Jahren? Richtig! Zu einem kranken Körper, dem Vitamine und wichtige Nährstoffe fehlen und der aufgrund dieses Mangels natürlich nicht mehr reibungslos funktionieren kann. Da hilft es dann auch nicht, wenn du dich einmal pro Jahr einer Heilfastenkur unterziehst, aber ansonsten, mit Verlaub, nur »Müll« zu dir nimmst. Gewohnheit und Routine sind hier oberstes Gebot! Wenn du in Sachen täglich ausgewogener Ernährung Selbstfürsorge betreibst, wirst du nicht nur seltener krank sein und mehr Energie haben, um die Zirkuswelt unbeschadet zu überstehen, du wirst auch entdecken, dass es mittlerweile zahlreiche Start-ups gibt, die sich mit gesundem Essen für Kochfaule oder to go befasst haben und dir dadurch den Alltag erheblich erleichtern können. Nutze Apps wie MyFitnessPal, Yazio oder Lifesum, die dir helfen, deine Nahrungsaufnahme zu verfolgen und sicherzustellen, dass du die richtigen Nährstoffe zu dir nimmst.

Nimm dir einmal pro Woche Zeit, um deine Mahlzeiten zu planen und vorzubereiten. Das kann bedeuten, größere Mengen gesunder Mahlzeiten vorzukochen (Meal-Prepping), damit du an stressigen Tagen schnell auf eine nahrhafte Mahlzeit zugreifen kannst. Lagere weiters gesunde Snacks wie Nüsse, Obst, Gemüse oder Vollkorncracker in deiner Nähe, die du schnell und einfach zwischendurch essen kannst. Dies hilft, ungesunden Versuchungen zu widerstehen. Versuch auch, regelmäßige Essenszeiten einzuhalten. Das hilft, Heißhungerattacken zu vermeiden, und sorgt dafür, dass dein Energielevel stabil bleibt. Und schließlich noch ein sehr wichtiger Punkt: Trink ausreichend Wasser über den Tag verteilt. Eine gute Hydratation ist entscheidend für die allgemeine Gesundheit und hilft auch, das Hungergefühl zu kontrollieren.

Auch ein Artistenkörper braucht Pausen

Ein fitter Körper ist wie ein Superheldenkostüm, das du bei deiner Hochseilnummer tragen solltest. Um den zu bekommen, gehört neben Ernährung und ausreichend Bewegung (5 000 bis 10 000 Schritte pro Tag wären toll) auch Schlaf dazu. Mit fünf Kindern habe ich eines gelernt: Erholsamer Schlaf ist überlebensnotwendig! Du glaubst gar nicht, wie viele Menschen ich getroffen habe, die entweder auf dem Sofa, im Kinderbett oder in einem Schlafzimmer schlafen, das gleichzeitig Büro oder Wohnzimmer ist. Selbstfürsorge hat viel damit zu tun, sich einen Ort zu gönnen, der deiner Erholung dient. Gib diesem Platz in deinem Zuhause mehr Bedeutung und du wirst den Unterschied schon nach wenigen Wochen merken. Selbst in einer Zweizimmerwohnung ist es möglich, dir zumindest das eigene Bett kuschelig und angenehm zu gestalten. Investiere ein paar Euro mehr in eine richtig gute Matratze, stell dir ein angenehmes Licht und eine hübsche Pflanze in den Raum, verwende ätherische Öle für einen entspannenden Duft und du wirst sofort den Unterschied merken.

Schlaf bitte ausreichend – das ist wie eine Zeitmaschine für deinen Körper und deinen Geist. Während du schläfst, regeneriert sich dein Körper, und dein Gehirn sortiert und verarbeitet Gedanken und Emotionen wie ein Supercomputer. Denk daran, dass Schlafmangel dich in einen mürrischen Zombie verwandeln kann, der die Welt weder erobern noch als qualitativ hochwertig ansehen kann. Oftmals höre ich als Argument: *»Ich kann nicht mehr als vier Stunden schlafen! Ich habe so viel zu tun!«*

Wenn du zu der Spezies gehörst, deren Tage mit 24 Stunden viel zu kurz sind, ist das ein Zeichen dafür, dass du dir zu viel aufbürdest und Verantwortung delegieren musst.

Eine Frage, die ich dir an dieser Stelle gern stellen möchte, ist folgende: »*Ist die Art, wie du deinen Alltag gestaltest, deiner Gesundheit und deinem Wohlbefinden dienlich oder hinderlich?*« Wenn du tief in dich hineinhorchst und dir dabei etwas mulmig wird oder womöglich sogar ein paar Tränen in die Augen steigen, dann sagt dir dein Innerstes: »*Hey du, da stimmt was nicht, bitte sorge besser für dich.*« Auch ein Gefühl der Sehnsucht, das vielleicht manchmal in dir auftaucht, kann anstelle deiner inneren Stimme sprechen und dir selbiges mitzuteilen versuchen. Wenn es zu deiner Lebensphilosophie wird, anderen den Vortritt zu lassen, kann sich die mangelnde Selbstfürsorge nicht nur gesundheitlich, sondern auch mental negativ auf dich auswirken.

Eine regelmäßig praktizierte Selbstfürsorge hilft, Stress abzubauen – diesen unerwünschten Gast in unserem Leben, der so oft unangemeldet hereinplatzt. Sie reduziert Ängste und steigert das allgemeine Wohlbefinden. Stell dir vor, wie du dich fühlen würdest, wenn du entspannt in einem ruhigen Zen-Garten sitzen könntest, ohne dich um die nervige Pflege von echten Bonsais kümmern zu müssen. Du würdest wahrscheinlich schnell deinen inneren Frieden finden und realisieren, dass es absolut in Ordnung ist, dich um dich selbst zu kümmern, ohne ein schlechtes Gewissen zu haben. Und wenn du das tust, wirst du feststellen, dass nicht nur dein innerer Zen-Garten blüht, sondern auch deine Gesundheit und deine Lebensfreude. Also, nimm dich selbst an die Hand, geh in deinen eigenen Zen-Garten der Selbstfürsorge und lass dich von den Blüten des Wohlbefindens verzaubern.

Deine Beziehungen werden ebenfalls von deiner Selbstfürsorge profitieren. Wenn du dich selbst gut behandelst, wirst du wie ein geduldiger Yogi, der anderen mit Mitgefühl und Verständnis begegnen kann. Du weißt es ja sicherlich selbst, sobald du dich gestresst fühlst, schwindet die Geduld, das offene Ohr oder das Verständnis für die Herausforderungen anderer. Das geht den meisten Menschen so. Stress sorgt dafür, dass wir in Alarmbereitschaft sind und uns nur noch um uns selbst kümmern können. Deine Beziehungen werden aufblühen, wenn du dich besser um dich kümmerst, ausreichend Auszeiten hast und entspannter bist. Du wirst anschließend auch weniger Drama in deinem Leben haben. Deine Gelassenheit und dein inneres Gleichgewicht werden auf andere abstrahlen, und du wirst zur Oase der Ruhe inmitten des Zirkustrubels. Konflikte werden weniger eskalieren, denn du bist nicht mehr mit ihnen überfordert, sondern kannst sie auf reife und konstruktive Weise lösen. Kurz gesagt, Selbstfürsorge ist der Schlüssel zu einer harmonischen und erfüllten zwischenmenschlichen Interaktion.

Selbstfürsorge als Quelle der Kreativität

Und vergessen wir auch nicht die Elemente der Produktivität und Kreativität. Ja, du hast richtig gehört. Selbstfürsorge lässt dich Dinge effizienter und einfallsreicher angehen. Wenn du dich selbst nicht überarbeitest, kannst du viel mehr erreichen. Deine kreativen Ideen sprudeln förmlich aus dir heraus, als hättest du eine Flasche Inspiration geöffnet. Die Qualität deiner Arbeit steigt, und du erledigst Aufgaben mit Leichtigkeit. Selbst komplexe Herausforderungen werden zu spannenden Abenteuern, die du souverän meisterst. Das Beste kommt zum Schluss: Lebenszufriedenheit.

Selbstfürsorge ist wie das Sahnehäubchen auf deinem Kuchen des Lebens. Du wirst dich glücklicher und erfüllter fühlen, als hättest du gerade die perfekte Tasse Kakao an einem kalten Wintertag genossen. Das Lächeln auf deinem Gesicht wird keine Maske mehr sein, sondern ein Ausdruck echter Freude. Du wirst die kleinen Dinge im Leben wieder schätzen und ein tieferes Verständnis dafür haben, was wirklich zählt. Deine Lebenszufriedenheit wird steigen, und du wirst diese positive Energie auf dein gesamtes Umfeld ausstrahlen. Bereits antike Philosophen wie Sokrates und Aristoteles betonten die Bedeutung der Selbstkenntnis und Selbstsorge. Sie glaubten, dass die wahre Stärke darin liegt, sich selbst zu verstehen und für das eigene Wohlbefinden zu sorgen. Sokrates' berühmter Ausspruch »Erkenne dich selbst« weist auf die Notwendigkeit der Selbstreflexion hin, die ein zentraler Bestandteil der Selbstfürsorge ist. Die Philosophie lehrt uns, dass Selbstfürsorge keine Egozentrik ist, sondern eine grundlegende Voraussetzung, um ein erfülltes Leben zu führen. Wenn Sokrates und Aristoteles heute in einem Café sitzen und über Selbstfürsorge philosophieren würden, würden sie wahrscheinlich darüber sprechen, wie das Streben nach Weisheit auch das Streben nach Selbstsorge einschließt. Die Denker der Antike wussten nämlich schon, dass ein gesunder Geist und ein gesunder Körper Hand in Hand gehen.

Also, wenn du jemals gezweifelt hast, ob Selbstfürsorge wichtig ist, denk an all diese Vorteile. Es ist nicht egoistisch, sich selbst zu schätzen und gut für sich zu sorgen. Ganz im Gegenteil, es ist der erste Schritt, um ein echter Superheld für sich selbst und andere zu werden. Und vergiss nicht, du bist der Star in deiner Manege – gönne es dir, die Hauptattraktion zu sein! Du hast es dir verdient.

Kapitel 12

DER ZIRKUS ZIEHT WEITER – APPLAUS FÜR DIE HAUPTROLLE

Vielen Dank und auf Wiedersehen, meine Damen und Herren …

Nachdem wir diesen weiten Weg zusammen gegangen sind, du vieles über dich selbst, deine Glaubenssätze und (manchmal vielleicht dringend zu reduzierenden) Verantwortungsbereiche erfahren hast und dieses neue Wissen hoffentlich in produktiver, optimistischer und vor allem achtsamer Weise in dein Leben integrieren kannst, stelle ich dir noch einmal die alles entscheidende Frage:

Was ist dein Antrieb im Leben?

Wofür lohnt es sich für dich jeden Tag aufs Neue, aufzustehen und dem Tag positiv und optimistisch oder vielleicht doch eher ängstlich und zweifelnd entgegenzusehen? Was sind deine Beweggründe, anderen zu helfen? Ist es ein Erlebnis, vor dem du andere bewahren möchtest? Sind es Schuldgefühle? Ist es der Gedanke, sie hätten keine andere Wahl? Glaubst du womöglich, dass du deshalb auf dieser Welt bist, um anderen zu gefallen, anstatt dein Leben auch für dich selbst so zu gestalten, dass du Freude daran hast?

Was auch immer dich dazu bringt, Ja zu Anforderungen zu sagen – finde die wahren Hintergründe heraus, denn nur so kann dir eine Balance im Leben und auf dem Drahtseil gelingen. Denn eines musst du wirklich verstehen: Sobald es zu viel wird, funktionieren wir uns durchs Leben. Wir leben es aber nicht mehr. Wir sperren uns selbst wie ein Entfesselungskünstler in eine Kiste, kennen aber die Zahlenkombination nicht, um das Schloss zu öffnen. Und der Schlüssel zu unserer Kiste liegt in den Händen all jener, die fordern und erwarten. Das kann nur zu Burn-out, Mental Overload, Depression oder innerer Lähmung und Überforderung führen. Deshalb möchte ich dich an dieser Stelle erneut ermutigen, deine Beweggründe zu überdenken und so anzupassen, dass du dich erfüllt und aufgetankt fühlst und jederzeit die Kiste öffnen kannst. Du hast das Recht dazu und darfst das!

Es geht nicht darum, zu lernen, sich für alles verantwortlich zu fühlen, sondern für das Wesentliche. Dafür, was in deinem Leben von tragender Bedeutung ist. Es geht darum, dass du deinen Fokus, deine Liebe und deine Leidenschaft genau dort einbringst, wo es zählt – und zwar für dich und dein Leben! Diesen Raum darfst du beanspruchen, halte dich an dieser Stelle also nicht zurück und stehe für dich ein.

Gerade sehr empathische und engagierte Frauen tendieren dazu, über ihre Grenzen zu gehen und sich für andere aufzuopfern. Sie sind liebevolle Wesen, die das Beste für andere möchten. Wie bedauerlich ist es, dass viele von ihnen aufgrund dessen irgendwann keine Kraft mehr finden können, das zu tun, weil sie einfach viel zu viel gegeben, anstatt auch mal auf sich geachtet zu haben.

Wenn notwendige Veränderungen nicht von der Spitze aus passieren, werden sie von der Basis in Form einer Revolution eingefordert. Das passiert im Kleinen – der Familie – wie im Großen – der Gesellschaft. Was ist damit gemeint? Dein Innerstes ruft nach Veränderung, wenn du dich überlastet, wütend, ausgelaugt oder zunehmend depressiver fühlst. Es fordert dich dazu auf, dringend etwas zu verändern, vor allem, wenn du durch die zahlreichen Anforderungen nur noch durchs Leben funktionierst. Warte nicht so lange, bis dir eine Revolution in Form eines psychischen Zusammenbruchs, Burn-outs oder einer gesamtkörperlichen Erschöpfung widerfährt, die viel Zerstörung mit sich bringt. Handle jetzt, solange die Gebäude deiner inneren Verwaltung noch intakt sind. Nimm dich selbst und deine Gefühle ernst und setze da Grenzen, wo du nur noch funktionierst. Das bedarf Mut, aber es wird sich lohnen.

Wenn du eine Verbindung zu deinem Inneren hast und das Gute, Schöne und Wahre aus diesem herausströmen spürst, warum solltest du dann etwas an dir infrage stellen? Ein Mensch, der sich nicht in Zweifel ziehen muss, ist ein freier Mensch. Er muss nicht mehr danach Ausschau halten, wer er ist, er ist einfach. Ein Mensch, der nicht an sich zweifeln muss, ist ein geduldiger Mensch. Er muss nicht mehr gestresst und gehetzt durchs Leben laufen, weil er weiß, dass alles, was zu ihm gehört, auch zu ihm finden wird. Ein Mensch, der nicht an sich zweifeln muss, ist ein zufriedener Mensch. Er muss nicht mehr der Liebe und Anerkennung anderer hinterherlaufen, weil er weiß, er wird geliebt und anerkannt. Er ist dazu in der Lage, Grenzen zu setzen, weil er sich selbst respektiert und liebt.

Mögest du die Kraft finden, deine Bedürfnisse auszudrücken und dich selbst liebevoll zu achten. Möge dich das Wissen, wie kostbar du bist, auf deinem Weg in ein erfülltes und gesundes Leben begleiten. Mögest du nie vergessen, dass jedes gesunde Nein zum anderen ein notwendiges Ja zu dir ist.

Ich glaube an dich – jetzt bist du am Zug: Du bist nun an der Reihe, an dich zu glauben, für dich einzustehen und den Raum zu beanspruchen, der dir zusteht. Denn *du bist dein Wunder* – genau das eine Wunder, auf das du schon so lange gewartet hast, genau das bist du!

In Verbundenheit,

deine Katharina

Scanne den QR Code und registriere dich kostenfrei auf meiner Plattform mit über 100 Meditationen, Videokursen, Arbeitsbüchern und Kursen.

Alternativ kannst du dich auch auf meiner Webseite: www.mindshift-leadership.com kostenfrei dafür registrieren.

Folge mir auch gern auf Instagram mit vielen Tips rund um Psychologie, Beziehung und Familienleben.

ANHANG

Quellenverzeichnis

Ainsworth, M. D. S., Blehar, M. C., Waters, E., & Wall, S. (1978). Patterns of attachment: A psychological study of the strange situation. Lawrence Erlbaum Associates.

Black, D. S., & Slavich, G. M. (2016). Mindfulness meditation and the immune system: A systematic review of randomized controlled trials. Annals of the New York Academy of Sciences, 1373(1), 13–24. https://doi.org/10.1111/nyas.12998

Braga, L. L., Mello, M. F., & Fiks, J. P. (2012). Transgenerational transmission of trauma and resilience: A qualitative study with Brazilian offspring of Holocaust survivors. BMC Psychiatry, 12, 134. https://doi.org/10.1186/1471–244X-12–134

Brisch, K. H. (2014). Bindungsstörungen: Von der Theorie zur Therapie. Klett-Cotta.

Brisch, K. H. (2013). Bindung und seelische Entwicklung: Grundlagen, Prävention und klinische Praxis. Klett-Cotta.

Buric, I., Farias, M., Jong, J., Mee, C., & Brazil, I. A. (2017). What is the molecular signature of mind-body interventions? A systematic review of gene expression changes induced by meditation and related practices. Frontiers in Immunology, 8, 670. https://doi.org/10.3389/fimmu.2017.00670

Caballero, C., & Bauer, C. C. C. (2014). Mindfulness training reduces stress and amygdala reactivity to fearful faces in middle-school children. Behavioral Neuroscience, 128(5), 644–653. doi:10.1037/a0037497

Cloud, H., & Townsend, J. S. (2017). Boundaries: When to Say Yes, How to Say No to Take Control of Your Life. Grand Rapids, MI: Zondervan. Cloud & Townsend, 2017.

Creswell, J. D., Taren, A. A., Lindsay, E. K., Greco, C. M., Young, S., & Lee, T. H. (2016). Alterations in resting-state functional connectivity link mindfulness meditation with reduced interleukin-6: A randomized controlled trial. Biological Psychiatry, 80(1), 53–61. https://doi.org/10.1016/j.biopsych.2016.01.008

Davidson, R. J., & Goleman, D. (2017). Altered Traits: Science Reveals How Meditation Changes Your Mind, Brain, and Body. Avery.

Davidson, R. J., Kabat-Zinn, J., Schumacher, J., Rosenkranz, M., Muller, D., & Santorelli, S. F. (2003). Alterations in brain and immune function produced by mindfulness meditation. Psychosomatic Medicine, 65(4), 564–570. https://doi.org/10.1097/01.PSY.0000077505.67574.E3

DeAngelis, T. (2019). The legacy of trauma: An emerging line of research is exploring how historical and cultural traumas affect survivors' children for generations to come. American Psychological Association. Retrieved from https://www.apa.org/monitor/2019/02/legacy-trauma

Desbordes, G., Negi, L. T., Pace, T. W., Wallace, B. A., Raison, C. L., & Schwartz, E. L. (2012). Effects of mindful-attention and compassion meditation training on amygdala response to emotional stimuli in an ordinary, non-meditative state. Frontiers in Human Neuroscience, 6, 292. doi:10.3389/fnhum.2012.00292

Gapp, K., Jawaid, A., Sarkies, P., Bohacek, J., Pelczar, P., & Mansuy, I. M. (2014). Implication of sperm RNAs in transgenerational inheritance of the effects of early trauma in mice. Nature Neuroscience, 17(5), 667–669. https://doi.org/10.1038/nn.3695

Gillette, R., Son, E. S., Ton, L., Gore, A. C., & Crews, D. (2018). Consequences of vinclozolin exposure for anxiety-like behavior and epigenetic alterations in the amygdala and hippocampus of subsequent generations. Environmental Epigenetics, 4(2), dvy010. https://doi.org/10.1093/eep/dvy010

Guillot, A., & Collet, C. (2005). Contribution from neurophysiological and psychological methods to the study of motor imagery. Brain Research Reviews, 50(2), 387–397. doi:10.1016/j.brainresrev.2005.09.004

Kaliman, P., Álvarez-López, M. J., Cosín-Tomás, M., Rosenkranz, M. A., Lutz, A., & Davidson, R. J. (2014). Rapid changes in histone deacetylases and inflammatory gene expression in expert meditators. Psychoneuroendocrinology, 40, 96–107. https://doi.org/10.1016/j.psyneuen.2013.11.004

McKinsey & Company: The state of burnout for women in the workplace

Mansuy, I. M. (2014). Transgenerational epigenetic inheritance of trauma: Evidence and implications for the brain. Nature Neuroscience, 17(5), 667–669. https://doi.org/10.1038/nn.3695

Munzert, J., Lorey, B., & Zentgraf, K. (2009). Cognitive motor processes: The role of motor imagery in the study of motor representations. Brain Research Reviews, 60(2), 306–326. doi:10.1016/j.brainresrev.2008.12.024

Pascual-Leone, A., Nguyet, D., Cohen, L. G., Brasil-Neto, J. P., Cammarota, A., & Hallett, M. (1995). Modulation of muscle responses evoked by transcranial magnetic stimulation during the acquisition of new fine motor skills. Journal of Neurophysiology, 74(3), 1037–1045. doi:10.1152/jn.1995.74.3.1037

Psychology Today. (2019). The Power of Saying No. Retrieved from https://www.psychologytoday.com

Positive Psychology. (2021). How to Set Healthy Boundaries & Build Positive Relationships. Positive Psychology, 2021.

Ranganathan, V. K., Siemionow, V., Liu, J. Z., Sahgal, V., & Yue, G. H. (2004). From mental power to muscle power–gaining strength by using the mind. Neuropsychologia, 42(7), 944–956. doi:10.1016/j.neuropsychologia.2003.11.018

Roth, F. M. S., & Winkler, I. (2018). Schwartz' Values and Motivation Theory. In B Corp Entrepreneurs (pp. 21–45). Palgrave Pivot, Cham. https://doi.org/10.1007/978-3-319-90167-1_4

Salzgeber, S. (2016). Psychische Traumatisierung bei Kindern und Jugendlichen: Erkennen, verstehen, helfen. Hogrefe.

Salzgeber, S. (2018). Kindesmisshandlung und Vernachlässigung: Erkennen und Handeln. Springer.

Schwartz, S. H., Cieciuch, J., Vecchione, M., Davidov, E., Fischer, R., Beierlein, C., et al. (2012). Refining the theory of basic individual values. Journal of Personality and Social Psychology, 103(4), 663–688. https://doi.org/10.1037/a0029393

Statista: Burnout or mental illness Germany 2021

Statista: Burnout or mental illness Germany 2023

Tawwab, N. G. (2021). Set Boundaries, Find Peace: A Guide to Reclaiming Yourself. Tawwab, 2021.

Verywell Mind. (2019). How to Say No to People. Retrieved from https://www.verywellmind.com

Yehuda, R., Daskalakis, N. P., Bierer, L. M., Bader, H. N., Klengel, T., Holsboer, F., & Binder, E. B. (2015). Holocaust exposure induced intergenerational effects on FKBP5 methylation. Biological Psychiatry, 80(5), 372–380. https://doi.org/10.1016/j.biopsych.2015.08.005

Wichtige Anmerkung: Sämtliche in diesem Buch skizzierte Erzählungen und Fallbeispiele sind anonymisiert und aus zahlreichen Gesprächen und Interaktionen konstruiert.